主　编　林增明

副主编　赵守正等

ZHEJIANG UNIVERSITY PRESS

浙江大学出版社

·杭州·

图书在版编目（CIP）数据

殿下志／林增明主编；赵守正等副主编. —杭州：
浙江大学出版社，2023.12
ISBN 978-7-308-24501-2

Ⅰ. ①殿… Ⅱ. ①林… ②赵… Ⅲ. ①村史－温岭
Ⅳ. ①K295.55

中国国家版本馆 CIP 数据核字（2023）第 249238 号

殿下志
DIANXIA ZHI

主　编　林增明
副主编　赵守正等

责任编辑　杨利军
责任校对　汪淑芳
封面设计　周　灵
出版发行　浙江大学出版社
　　　　　（杭州市天目山路 148 号　邮政编码 310007）
　　　　　（网址：http://www.zjupress.com）
排　　版　杭州好友排版工作室
印　　刷　杭州宏雅印刷有限公司
开　　本　787mm×1092mm　1/16
印　　张　20.75
插　　页　13
字　　数　400 千
版 印 次　2023 年 12 月第 1 版　2023 年 12 月第 1 次印刷
书　　号　ISBN 978-7-308-24501-2
定　　价　128.00 元

殿下全貌

2023年殿下全貌 青垟摄影季远物摄影

解放前后殿下概貌
赵军修图

2010年殿下全貌
殿下档案室提供

2017年殿下全貌
殿下档案室提供

■ 美丽殿下

笑簑山包头绿道凉亭　陈士良摄影

殿下桥凉亭　林增明摄影

冠屿山公园·赤龙园洗心池，位于石仓旧址　赵一堂摄影

月溪河畔　赵一堂摄影

箬溪河畔　陈士良摄影

民居蝶变

20世纪50—70年代上笑箦（毛竹下赵氏、童氏，后透赵氏，箦竹下骆氏、蔡氏、新屋赵氏、金氏）老房子　林照岳修图

20世纪50—70年代笑箦屏风墙里赵氏老房子　林照岳修图

20世纪50—70年代笑箦林氏、杨氏老房子　林照岳修图

20世纪50—70年代笑箦新屋（赵氏、金氏）老房子　林照岳修图

百岁坊和20世纪50年代殿下坊里大赵氏老房子　林照岳修图

20世纪50年代殿下赵氏砖木结构老房子　林时漳摄影

20世纪50年代殿下赵氏木结构老房子　林时漳摄影

翻修过的20世纪50年代殿下赵氏砖木结构老房子　陈士良摄影

赵氏老房子内部结构及部分老家具　林时漳摄影　　　即将退出历史舞台的殿下大寨屋　林时漳摄影

大寨屋一角　陈士良摄影　　　　　　　　殿下路大寨屋　林时漳摄影

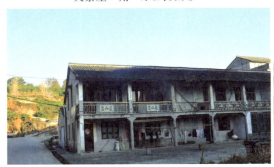 

岙头颈大寨屋　陈士良摄影　　　　　　　箯箕大寨屋　林照岳摄影

今日月溪河畔人家　陈士良摄影　　　　　今日箬溪河畔人家　陈士良摄影

今日殿下桥畔人家　赵守云摄影

方山大道人家　林增明摄影

殿下小康型住宅　陈士良摄影

殿下商品房住宅　陈士良摄影

古桥今貌

1952年重修的殿下桥　林照岳修图

1997年重修的殿下桥　林时漳摄影

2021年12月重修的殿下桥　林增明摄影

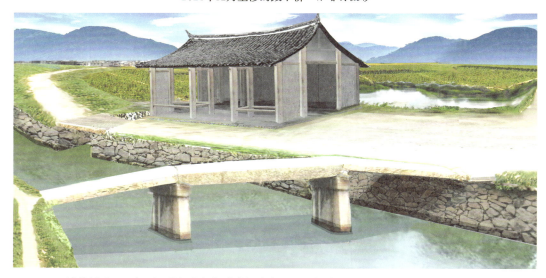

滩头桥（1004年至20世纪末）与滩头桥路廊（1863年重修，至20世纪末）　林照岳修图

20世纪末建造的滩头桥　林增明摄影

闸桥　林增明摄影

2021年12月新建的横跨月溪
的太湖河桥　林增明摄影

2021年12月新建的横跨箬溪
的冠城河桥　林增明摄影

村部变迁

1960—1991年位于荷花池的殿下村部与回龙庙
林照岳修图

1992年建成的位于前山的殿下村部
林时漳摄于2017年

1992年建成的殿下村戏台　林时漳摄影

2017年8月，即将竣工的殿下村新村部
林时漳摄影

2018年建成的位于屿山的殿下村文化礼堂（村部）　陈士良摄于2022年

境内单位

1956—1958年照洋乡政府驻地箦篿度透里透　林照岳修图

20世纪六七十年代的冠城小学、冠城中学　林照岳修图

1978年冠城中学全体教师合影　郏秀兰老师提供

冠城中学1976届初中毕业生合影　郏秀兰老师提供

冠城中学1982届初中毕业生合影　郏秀兰老师提供

冠城中学1979届高中毕业生合影　郏秀兰老师提供

大溪镇幼儿园　林增明摄影

方山小学　林增明摄影

大溪中学　林增明摄影

大溪镇第二中学　林增明摄影

台州供电公司洋城110kV变电站　陈士良摄影

三和超市　林增明摄影

保界庙宇

回龙庙大殿　林增明摄影

清龙飞道光石碑　林增明摄影

铁甲将军殿 "用康保民" 匾
林增明摄影

铁甲将军殿外貌　陈士良摄影

铁甲将军殿内殿　林增明摄影

"重建铁甲将军殿记"
石碑　林增明摄影

铁甲将军殿殿后泉窟
林增明摄影

殿下莲花

台州市博物馆收藏展出的殿下莲花道具和文字说明（位于中间部分）林增明摄影

殿下莲花道具　吴玉秀提供

2013年4月温岭市第八个文化遗产日展演殿下莲花演出照　陈海旭摄影

2014年6月"乡音曲韵"台州市传统曲艺展演殿下莲花演出照　陈海旭摄影

"兄弟之夜"温岭台北老乡联欢会殿下莲花演出照　吴玉秀提供

2018年温岭市"非遗进百村"巡演殿下莲花演出照　吴玉秀提供

2018年大溪镇文化礼堂品牌活动殿下莲花演出照　吴玉秀提供

2018年乡村文化礼堂交流演出（沈岙村）殿下莲花演出照　吴玉秀提供

2016年温岭市音乐专家来村指导
吴玉秀提供

2016年台州市博物馆拍摄殿下莲花专题片
吴玉秀提供

2014年殿下莲花赴台州市演出前排练
吴玉秀提供

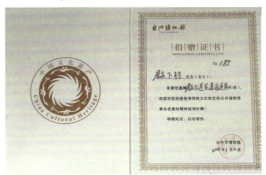

殿下莲花表演道具捐赠台州市博物馆证书
殿下档案室提供

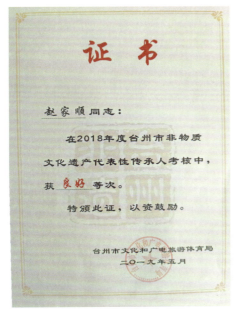

2018年台州市非物质文化遗产代表性
传承人考核证书　殿下档案室提供

1991年冠城乡代表队殿下莲花获大
溪区"社教"文艺调演特等奖
殿下档案室提供

2014年殿下莲花表演获"乡音曲韵"
台州市传统曲艺展演优秀表演奖
殿下档案室提供

■ 集体荣誉

所获表彰

红色足迹

李修凤烈士牺牲处（三角红色标示点）位于高田池　林增明摄影　　　赵一团参战纪念章　郑平平提供

赵一华获战斗英雄
称号慰问手册
赵一华提供

1973年6月田下大队团
员、民兵雁荡山拉练
祭扫烈士陵园活动
林增明提供

2013年党员瞻仰中国
工农红军第十三军第
二师纪念碑活动
殿下档案室提供

2017年党员瞻仰解放
一江山岛纪念塔
殿下档案室提供

1973年3月8日田下大队武装民兵训练合影　林增明提供　　　2001年党员考察商业街建设　殿下档案室提供

2021年党员参观建德梅城革命纪念馆活动
殿下档案室提供

2021年建党100周年党员千岛湖活动　殿下档案室提供

老有所乐

2012年4月全村60岁以上老人北京旅游活动合影

赵加文（赵守云父亲）90岁拉胡琴风采不减当年
赵守云摄于2023年

2014年全村60岁以上老人海南岛
旅游活动（部分人员合影）

赵沛（赵守华父亲）写书法
展身手（时年87岁）
赵守华提供

赵沛著作留子孙
赵守华提供

93岁林大法（林照岳父亲）捞番
薯刚劲有力　林照岳摄于2022年

92岁许妹香（林照岳母亲）穿针
引线靠自己　林照岳摄于2023年

91岁赵素琴（金海英母亲）同龄女性
中的"女秀才"林照岳摄于2023年

打麻将磨炼头脑　林时漳摄影

看电视专注有神　林时漳摄影

织草帽视力清晰　林增明摄影

摆阵势自娱自乐　林增明摄影

乐呵呵高兴就好　林时漳摄影

档案印记

冠山赵氏宗谱　殿下档案室提供

包裹1956年度账册的旧报纸　殿下档案室提供

殿下村原始档案资料
（部分）
殿下档案室提供

1962—2020年殿下村户口册
殿下档案室提供

温岭县山林所有权证
县长签字页
殿下档案室提供

温岭县山林所有权证双方管理单位确认页
殿下档案室提供

温岭县山林所有权证相关大队经办人确认页
殿下档案室提供

醒农社第10队1956年度秋收决算社员分配明细表
殿下档案室提供

1964年第二次全国人口普查登记表
殿下档案室提供

捐款捐物

村文化礼堂捐赠榜　殿下档案室提供　　　　2023年5月朱为人为村图书室捐书　殿下档案室提供

村民捐赠的各类物品

编纂掠影

2015年春节，殿下村部举办的村志编纂筹备会 林照富摄影

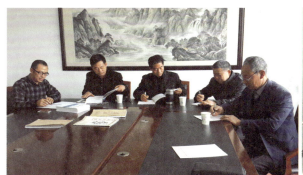

2019年12月，编委会于椒江召开第三次研讨会，　　　2022年5月，编委会于椒江召开第四次研讨会，
　研讨殿下历史发展脉络　林增明提供　　　　　　检查落实疫情后编纂进度　林增明提供

2017年8月，殿下志编委会于村部访谈剪影　林时漳摄影

赵有恩在整理20世纪60年代的殿下村账册　　　　赵守正与赵有恩一起查找修志资料
林时漳摄影　　　　　　　　　　　　　　　　　　林时漳摄影

殿下村志修志发起人赵守云（中）、赵守正（左）　　赵守云、赵守正、赵一志、林大生、赵本富
和主编林增明（右）合影　　　　　　　　　　　　在讨论殿下历史　林增明摄影

殿下村志编委会顾问主任合影。前排左起：叶一颖、林增明、赵明友、陈士良、赵晔民；后排左起：赵敏、赵小敏、赵守建、赵守云、赵锐

殿下村志主要编辑人员合影。左起：赵晔民、赵晓波、赵有恩、赵军、赵守正、林增明

殿下村志编委会主要成员合影。前排左起：赵本富、赵守正、赵法明、赵晔民、陈士良、林增明；第二排左起：赵晓波、赵守建、赵清波、叶一颖、赵守云、赵锐；后排左起：赵军、赵勇皓、赵敏、赵小敏、赵明友、赵坚勇

殿下村志修志人员合影。前排左起：赵本富、赵玉青、赵法明、陈士良、赵晔民、赵有恩、赵本顺、林大生、赵道友、赵守正、金海英、林增明；后排左起：赵一志、赵勇皓、赵清波、赵贤苏、赵坚勇、赵军、赵守建、林照岳、赵守云、赵晓波、赵霄峰、赵海丽、吴玉秀

殷人志

《殿下志》编纂委员会

名誉主任 林增明　赵晔民

主　　任 赵守云　赵守建

副 主 任 赵守正　赵勇皓　赵坚勇　赵本富

委　　员 赵晓波　赵　军　赵清波　赵法明　赵有恩

顾　　问 赵小敏　赵明友　赵　敏　叶一颖　赵　锐　陈士良

《殿下志》编纂人员

主　　编 林增明

副 主 编 赵守正　赵晔民　赵有恩　赵　军　赵晓波

编辑助理 赵清波　赵法明　赵仁恩　赵本顺　赵玉青

审　　稿 林家骊(浙江大学教授、博士生导师)

邱　熠(台州职业技术学院研究员)

书名题字 黄海斌(温岭市政协原主席)

统稿校对 林增明

撰　　稿 赵守正　赵晔民　赵有恩　赵　军　赵晓波

提供资料 赵守正　赵有恩　赵晔民　赵　军　赵振更　赵仁恩

赵守云　赵晓波　赵守华　林大生　赵清波　赵本富

赵法明　赵本顺　赵玉青　金海英　赵霄峰

大溪镇人民政府　大溪中学　大溪二中　方山小学

大溪镇幼儿园　台州供电公司洋城 110kV 变电站

口述人员 赵春法　赵守云　赵守正　赵玉香　赵斯伦　赵守满

赵茂友　赵一志　赵法兴　赵加仁　赵振梯　赵凌根

林大法　赵加文　赵加顺　赵小玉　赵素琴　潘二姐

赵贤燕　杨和连　赵小美　陈玉梅　陈梅领　李小英
赵夏清（箓箓）

提供照片　林时漳　陈士良　林照岳　林照富　吴玉秀　赵霄峰

行政联络　赵清波　赵贤苏　赵道友　赵法明　赵霄峰　赵海丽

曾领导《殿下志》编纂工作的村"两委"

第十届村"两委"

　　党支委：赵守云　赵和铀　赵勇皓　赵霄峰

　　村　委：赵坚勇　赵建军　赵守德　吴玉秀　赵军卫

第十一届村"两委"

　　党支委：赵勇皓　赵清波　赵加章　赵　赞　赵国增

　　村　委：赵坚勇　赵友清　赵守德　吴玉秀　赵军卫

第十二届村"两委"

　　党支委：赵守建　赵建敏　赵　赞

　　村　委：赵守建　赵宇灵　赵　辉　赵江醒　吴玉秀

序

殿下村是温岭市大溪镇下辖的一个村。林增明同志托我为《殿下志》写个序,他是这个村的贤达,也是村志的主要编纂人。我接到任务久久没能下笔,一是需要时间对这部村志作一通读,二是需要将一将此志的特点,寻找编纂者的思路和贡献。不然,我可能会辜负编纂者和村民的意思表达。经过两周的阅读,我深深被编纂者的用心打动。《殿下志》前有大事记与概述,总体介绍殿下情况;正文分 10 章,分别记录政区、自然环境、人口、经济、政治、文化教育、社会、人物、杂志和往事钩沉;正文后有附录若干篇、捐助榜和后记。

是什么让一群人花大量时间和精力去撰写一部村志?我在嘉靖《太平县志》中找到一种地方性知识,才觉得找到了解读的钥匙。王度在明代嘉靖年间曾才汉修、叶良佩纂之《太平县志》序中评论云:"今观其书,志《地舆》而封守明,则人思慎;志《食货》而国计衷,则人思节;志《职官》而修废具,则人思理;志《人物》而监戒昭,则人思劝。凛凛乎良史氏之风哉!"放在今天,就是要通过记录地理形成史,让人清楚家国关系,更加慎重地对待国之大者;通过记录村庄经济发展过程,更加了解中国现代化的艰难历程,树立取舍用度有节的观念;通过记载村庄人物,树立典型,汲取经验,昭示未来。殿下村的村志尤其重点记录了从初始农业的电气化、机械化到"三来一补"工业化的过程,其以土地资源的集约利用作为要素投入,形成了工业园区模式。这就是"小村庄、大历史"。

温岭古代史学家叶良佩认为:"其大归有三:事核则信,文美则传,义精则法戒立。"《殿下志》按照这三个要求,还有一定的改善空间。我祝愿这部村志,更臻完备!

章 伟
台州职业技术学院党委副书记、校长

前　言

殿下是有近600年历史的古村，位于温岭市大溪镇。

这里为什么会叫"殿下"？"殿下"本是中国古代对皇太后、皇后、太子、亲王等的尊称（对皇帝的尊称则是"陛下"），在现代社会也是对君主制国家王储、王子、公主等的敬称。相传宋代曾有皇裔流落到这一带并定居。明代时，在今天殿下村这个地方，赵氏家族建了一座保界庙，叫"回龙庙"，俗称"殿下庙"，奉宋八贤王为庙主正神，口耳相传，地因庙名，故叫殿下。八贤王是古典文学作品《杨家府演义》《北宋志传》《三侠五义》《万花楼》等作品中的虚构人物。熊大木《北宋志传》中的"八王"署名是宋太祖的儿子赵德昭。戏剧《贺后骂殿》中的"八王爷"则署名赵德芳，这是宋太祖的另一个儿子。《杨家府演义》中的"八王爷"署名是赵德崇（宋太宗长子赵元佐的原名）。而历史上宋真宗的弟弟中被称为"八大王""贤王爷"的是太宗第八子赵元俨。"八贤王"这个虚构人物，通过戏剧小说满足了人们崇敬忠臣、惩处权贪的心理要求。

真正的"殿下"是谁，现已不可稽考。因为南宋灭亡，元朝对于前朝皇室子孙肯定要赶尽杀绝，所以他们只好隐姓埋名，藏匿民间。现在的黄岩、温岭等许多地方，多有赵姓人家，有些有谱可寻，有些就找不到源头了。但是"殿下"这个地名却确切流传下来了，并且居民以赵姓人居多。

殿下是个好地方。殿下诗人赵沛《殿下回龙山》云："天为吾乡营胜地，此身何必住蓬莱。"诗中将殿下的秀丽山水比作"蓬莱"胜地。

殿下依山傍水,背靠回龙山,门前箬溪、月溪双溪环抱,有靠有照,更有良田800亩;殿下历史悠久,赵氏兄弟迁居殿东殿西,历近600年长盛不衰;殿下乃文化之乡,大溪当代教育发祥地,"非遗"殿下莲花诞生地,照洋、冠城政府驻所地,冠屿八保赵氏礼拜地;殿下经济发达,"早稻亩产超纲要""粮食产量第一名""工业十强村",创业足迹,见诸报端,颂在人口。

殿下人,弘扬"醒农"之精神——回龙佛韵,隐逸志远;莲花赓续,和合仁义;德明尚学,书家遗泽;箬水廉风,清浊分明;英烈风骨,气节永存!

弘扬殿下祖先辉煌业绩,记述历代殿下人生活轨迹,讲好殿下"蓬莱""醒农"故事,是当代殿下子孙义不容辞的担当和责任,于是,《殿下志》在21世纪20年代的我们手上诞生了。

《殿下志》详细记述了从土改、互助组到初级社、高级社、人民公社,殿下农业合作化的全过程;全程再现了殿下的人口发展状况,包括人口数量、结构变化,姓氏家族历史,1949—2015年每户人口出生和死亡、生存和发展、姓氏和年龄结构等;如实还原了殿下的重大事件史实真相,如李修凤烈士牺牲、德明中学和冠屿小学办学、日本人窜扰,以及"非遗"殿下莲花与神秘回龙庙的情况;立体描述了殿下的生态环境全貌,涉及山、水、池、路、桥、自然村、小地名、民居、祠堂、庙宇、景点、机关事业企业单位等;全面展示了殿下的人才和产业实力,包括古今人物等各种名录以及产业发展情况;清晰梳理了殿下的村史宗谱脉络,包括赵氏先人介绍、姓氏家族变迁、村名变化沿革、别名得来缘由、代表性家史、传说故事以及寻亲踪迹呼唤等。

《殿下志》,历八年,终出版。今奉上,慰祖先,传子孙。取精华,存不足,待后人!

编　者

2023 年 8 月

凡　例

一、本志以历史唯物主义观点为指导，真实记述殿下近 600 年的发展历史和现状，述史明理，力求成为殿下子孙了解家族先人，讲好殿下故事的乡土教材和历史字典，也为相关学科的专业研究者提供翔实样本。

二、本志记事务求上溯事物之发端，下至 2022 年年底止，大事记和个别事延伸到 2023 年 6 月底。部分内容则因资料断档、损毁时间截止于 2015 年等，则作特别注释。

三、本志记述地域范围以 2022 年年底殿下村行政区域为主，对历史上曾属殿下范围的人和事适当记述，域内各级政府机关、企事业单位适当延伸。

四、本志采用叙事式，一般不作评述。

五、本志纪年，辛亥革命前用朝代年号，之后用民国年号，均于首次出现时注明公元纪年。中华人民共和国成立后用公元纪年。本志所称解放前(后)以 1949 年 5 月 28 日温岭县城解放为界。

六、人物收录，革命烈士收录牺牲在殿下境内的外籍人士，本志先进模范人物收录县(市)以上人民政府表彰人士。本志收录担任副科(局)级、营级职务或具有副高职称以上的各界人士，增录对殿下有历史影响的人士及 20 世纪五六十年代的教师。历史人物收录邑庠生、国学生等和对社会有影响的著名人士。

七、本志资料主要来自殿下村档案室保存的 70 多年来的会计、文书资料，《大溪镇志》记述的材料,以及实地调查、访谈所得、民间谱牒和摄影资料等。

八、对于《大溪镇志·社会》中"风俗""方言"两章已有详细记述,且殿下没有差异之内容,本志从简不予重复抄录;《大溪镇志·人物》中所列殿下籍名录,本志在相关章节中单列于前并作适当充实;《大溪镇志》关于李修凤烈士、冠屿小学、德明中学、回龙庙等内容中与历史事实有所出入的描述部分,本志根据实地调查访谈予以更正、完善、充实。

九、本志保留了部分方言词语,以更精准地进行记录与描述,并呈现当地特色。

十、因历史、个人文化水平等诸多原因,部分村民姓名用字迄今仍有使用混乱现象,如"家/加""振/正""一/益"等,本志未作强行统一。

十一、为表述简便,表格中会用如"1927.08"的形式来表示年月,用如"10.05"的形式来表示月日。

目　　录

殿下大事记

宋

宋景德年间,建滩头桥。

明

明成化年间,随着冠山赵氏始祖赵德明第六世赵嗣鋆、赵嗣鉴兄弟迁居殿下坊里大,原居此地的陈氏家族逐渐衰落并外迁,殿下已成规模村落。

明时,冠屿赵氏家族建保界庙——回龙庙,俗称殿下庙,地因庙名,故叫殿下,日久成俗,遂成地名。

明成化五年(1469)后,殿下为太平县方岩乡第十六都三图冠屿里属地。

明嘉靖十九年(1540),《嘉靖太平县志》卷之二地舆志载:"百岁坊在殿下屿,为赵湛立。"

明嘉靖年间(1522—1566),赵大佑修筑下村街,位于下村、双凌两村,逢古历二、七日集市,初为下村柴市。下村街一街跨两县,上街属黄岩县,下街属太平县。糠行为殿下人所立。清嘉庆二十二年(1817),赵氏在闸头建冠屿闸,自此阻断水路,不久下村街废市,但卖柴卖糠等延至解放初。

清

清康熙十三年(1674),殿下为太平县方岩乡冠屿村属地。

清康熙二十二年(1683),《康熙太平县志》卷之二建置志载:"百岁坊在殿下。为明赵湛立。"

清乾隆二十八年(1763),殿下为太平县冠屿庄属地。

清道光年间(1821—1850),殿下莲花由海门传入,到 20 世纪 40 年代末传至第四代,至 21 世纪 20 年代已传至第六代。

清道光二十八年(1848),回龙庙外迁至前山南面山脚空地易地建庙。冠屿八保(殿东、殿西、桥里、桥外、念母洋、双桥、双凌、山后)赵氏乡亲捐钱捐粮,共同建庙。庙名因应八保之力所建,八保民间俗称回龙庙为八保庙。

清咸丰三年(1853),滩头桥路廊重修。

清同治五年(1866),为纪念抗倭英雄建铁甲将军殿,俗称李树殿。殿东赵克勤题写横匾"用康保民"。

《清光绪年间新定县境图(公元一八九四—一八九六年)》标示,殿下与双林(凌)、下村等,属十四都古城庄。

清光绪年间(1875—1908),殿下始建戏台。戏台位于回龙庙前广场西南角,靠近殿下溪边。样式为明清木结构小楼戏台,后楼可供戏班化装,小楼后有围墙。戏台建成后,开始由殿东、殿西轮流值保[①],后来由殿东管理。

清,赵氏族人建殿下桥,全部用石头建造。冠屿民间称下桥,也叫下桥头。

中华民国

民国初年,殿下为太平县北乡潘郎镇冠屿庄属地。

民国三年(1914),殿下为温岭县北乡潘郎镇冠屿庄属地。

---

① 值保指轮流主持仪式、举办社戏等活动。活动一般连演 3 晚,有时多达 10 晚。

民国十八年(1929),殿下为温岭县北区潘郎镇冠屿村属地。

民国十九年(1930)2 月,殿下为温岭县第五区(原北区)冠屿乡属地。

民国二十四年(1935),属温岭县的 15 乡 2 镇调整为 4 乡 2 镇 119 保,殿东保(今殿下自然村)、殿西保(今笑箦自然村)属于第五区(原北区)冠城乡所属 28 保中的 2 个保。殿东和殿西正式成为政府命名的地名。殿下正式行政建村。

民国二十五年(1936),殿东保、殿西保属温岭县潘郎区冠城乡。

民国二十九年(1940)秋季,冠屿赵氏小学创办,校址设冠山东麓殿下与桥里之间,主体为殿下箦里自然村。是年,校舍建设初步完成,将原设的冠山第一初小和冠山第二初小两校归并,增设高级班,改称赵氏小学,聘请梁汉忠先生为首任校长。

抗日战争时期,殿下组织抗日大刀队,有六七十人参加,兵器主要是木棍,队长是赵一文。

民国三十一年(1942),殿东保、殿西保属泽国区冠城乡。

民国三十三年(1944),殿东保、殿西保下设若干甲。

民国三十三年(1944)8 月,私立赵氏初级中学创办,校址设殿下箦里赵氏小学西边。聘请江苏沈芙孙先生为第一任校长。是年,招收初一新生两班。翌年改称私立德明初级中学,简称德明中学。

民国三十四年(1945)6 月 26 日,侵华日军数千人败退窜扰大溪、冠城,殿下和赵氏小学、德明中学均遭劫难。

民国三十五年(1946),温岭县政府表彰赵任(念母洋人)、赵若云(殿下人)、赵德吾(桥外人,冠城乡长)、赵沛(殿下人)等 7 人创办赵氏小学和德明中学。

中华人民共和国

1949 年 5—12 月

1949 年 5 月 28 日,中国人民解放军浙南游击纵队第三支队解放温岭县城。

1949 年 7 月,大溪、冠城、岩前、潘郎、翁山 5 个乡均建立乡人民政府。

1949 年 7 月 18 日夜,由于叛徒出卖,土匪突袭冠城乡乡长李修凤在山后的落脚点。是夜,李修凤牺牲于殿下高田池边约 20 米处。无名者将烈士遗体收葬于笑箦乌岩山脚下,后移葬雁荡山烈士墓。

1949年7月,殿下归属温岭县泽国区冠城乡人民政府,设殿东保(含殿东和双桥)与殿西保(含殿西和双凌),称泽国区冠城乡殿东保、冠城乡殿西保。同时,建立了殿东保农会,赵克模(双桥人)任农会主任,后赵一萼任农会主任;建立了殿东保行政机构,赵一连任保长;建立了殿东保民兵组织,赵一盼为民兵负责人;建立了妇女组织,金红花为妇女干部(妇女主任);建立了儿童团组织,负责人为赵三根。建立了殿西保农会,吕孔宝(双凌人)任农会主任;建立了殿西保行政机构,赵妙寿任保长;建立了殿西保民兵组织,林大法为民兵负责人。

1949年秋,德明中学创办了艺术师范科,翌年改名德明中学艺术补习班。

1949年10月,德明中学校长金君艺和他的父亲金志磋及师生十多人被土匪劫持,学校停课一个月。

1949年后,村里妇女生育,由村接生员罗领姐(彩照娘)接生,20世纪70年代后,随着大溪医疗事业发展,妇女才到医院生产。

1950 年

1950年4月,殿东保、殿西保属大溪区冠城乡,称大溪区冠城乡殿东保、冠城乡殿西保。

1950年,殿下组织民兵队。

1950年8月,人民政府委派叶斐英任德明中学主任委员(校长),代表人民政府接收学校。

1950年,建立了殿下共青团组织,赵春法任团支部书记。建立了殿下妇女组织妇代会,金红花为村妇女干部。

1950年初,解放军一支部队从黄岩往温岭方向,路过殿下,驻营住宿笑箦赵玉香家。

1951 年

1951年,双桥从殿东保析出,双凌从殿西保析出,殿西(笑箦)与殿东(殿下)合并为殿下村,"殿下村"正式成为政府官方村名。称大溪区冠城乡殿下村。

1951年,建立了殿下村农会组织,赵一顺任农会主任。建立了村行政组织,赵一连任村长。建立了殿下村民兵组织,赵一盼任民兵负责人。土改开始后,赵家礼任村长,潘二姐任村妇女干部。

1951年土地改革，上半年重新丈量土地，下半年秋季分房产，1952年上半年开始分田到户，下半年登记。建立了土改领导组织负责分田产，冠城乡驻村代表李治坤为负责人，土改代表主要有赵一顺、赵家礼、赵一盼、赵春法、潘二姐、赵夏连、林美泉、赵家祥、赵家祥姐妹等二十多人。当时，殿下村约有人口740人，山700～800亩，田800亩。

1951年4月，私立德明初级中学改校名为私立大溪初级中学。

1952 年

1952年2月，殿下村从冠城乡划出，属殿洋乡，称大溪区殿洋乡殿下村。

1952年3月，赵一团参加抗美援朝后从部队退伍回殿洋乡报到，成为殿下村第一位中共党员，殿洋乡三名共产党员之一。

1952年，土地改革结束后，撤销了村农会组织。1952年春节后，赵振尧任村长。

1952年7月18—23日，十七号台风登陆，洪水没到坊里大，木船进出。

1952年，村妇代会改名为村妇联，妇女干部相应称妇女主任。

1953 年

1953年，国家实行粮食统购统销政策。

1953年，殿下莲花落参加温岭县文化馆举办的民间文艺演出获二等奖。

1954 年

1954年，在自愿基础上，殿下建立了赵春法组、赵有恩组和赵一盼组3个互助组，18户农户参加。赵春法组最早建立。

1954年农历十二月，在杭州工作的殿下村民赵振梯，在杭州买了一辆德国产配有夜行灯的自行车，与朋友一起从杭州出发骑车回家，成为殿下村最早购买自行车的人。

1955 年

1955年初，殿下村建立了4个初级农业生产合作社，赵春法、赵振清、刘忠标、林美金担任初级社社长。最早成立的是赵春法初级社。

1956 年

1956 年 3 月,赵一盼在殿洋乡入党。同年 10 月,赵春法、赵一头、赵家来入党。是年,建立了殿下村党支部,赵一盼担任第一任党支部书记。

1956 年,胡小姐在双凌入党,1957 年组织关系迁入殿下,1958 年户籍迁入殿下,是殿下村第一位女共产党员。

1956 年 3 月,裁撤殿洋乡,殿下村复入冠城乡,称冠城乡殿下村。随后,冠城乡与照洋乡合并为照洋乡,殿下属照洋乡。殿下称照洋乡第 9 村。

1956 年上半年,殿下合并初级农业生产合作社,升级到高级农业生产合作社,取名"照洋乡醒农农业生产合作社",简称醒农社。赵春法任醒农社社长。高级社成立后刻制了村里第一枚公章——醒农社公章。时任醒农社会计为赵振力,助理会计为赵有恩。1957 年 7 月 5 日,赵有恩接任会计,直至 2008 年,连续任职计 51 年。村出纳为赵小连。

1956 年 3 月,冠城、照洋两乡合并后的照洋乡政府驻地设于殿下村的筻箕度透里透。1958 年 10 月,照洋乡政府主体迁址照洋村,但许多工作人员仍留驻筻箕办公,1959 年 10 月,乡政府工作人员全部撤出。

1956 年,全体村民都加入醒农社(高级社)。参加醒农社经济核算的共有 180 户,712 人,水田约 800 亩。划分为 12 个生产队,其中殿下 8 个队,筻箕 4 个队。生产队规模一般在 15 户左右,50～60 人。生产队长分别由赵斯伦、赵守文、赵加寿、赵林根、赵加祥、赵加定、赵文法、赵正元、赵一富、赵守满、林美泉、赵玉增担任。1959 年为 8 个生产队;1960 年为 6 个生产队;1977 年为 12 个生产队;1981—1982 年有 11 个队内部又自行分成 2 个小队;2001 年以后为 6 个生产队。

1956 年,村部设在赵扶楼上。1957—1959 年,村部设在赵法宝楼上。1960 年,大队部兼仓库独立建设于荷花池边。1992 年、2018 年,村部两次重建,位置均在荷花池边。

1956 年 8 月,私立大溪初级中学从殿下迁址大溪街(今德明路),私立改为公立,并改校名为温岭县第二初级中学。时任校长梁景璜。1958 年改校名为大溪中学。

1956 年,殿下村共有 180 户,698 人,其中男 358 人,女 340 人。

1957 年

1957 年,实行包产包肥,超产有奖,减产赔偿,以超产奖 50％,减产赔 40％的方法处理。

1957 年,推广由单季稻到双季稻、由间作稻到连作稻的耕作制度的改进。

1957 年,醒农社集体置办了双轮双铧犁、双人打稻机等,实现了半机械化生产。

1957 年,殿下办起了以柴油机为动力的碾米加工厂,从此,村民在家门口就可以用机器快速地把稻谷加工成大米。

1957 年 10 月,赵友梅等人组成照洋乡联合诊所,所址设殿下。

1958 年

1958 年,人民公社化运动兴起。

1958 年,组建殿下武装民兵排,排长由退伍军人赵茂友担任。后成立武装民兵连,赵茂友任连长。民兵组织配备武器弹药,70 年代末全部上缴国家。

1958 年 5 月 5 日,大溪区广播站建立。是年有线广播通到村。

1958 年 8 月,殿下庙庙前木结构戏台拆除,木材用来建造村部(仓库)。

1958 年,村集体在笑篁隔墙前门办牧场,这是殿下最早的村集体畜牧业。1961 年集体牧场关闭。

1958 年 7 月,赵洪友、赵一达两家各 3 人共 6 人支援宁夏建设。1962 年全部回迁。

1958 年 8 月,组建冠城乡卫生所,所址在冠城中学西。当时有医务人员 4 名,其中医生 2 人,药剂师、助产员各 1 人。1971 年 4 月,搬迁到桥里界址但紧靠冠城小学东面山脚,新建房屋 4 间。

1958 年 9 月,创办殿下幼儿园,办学地点设在赵良金家。1959 年上半年结束。

1958 年,对笑篁赵加金小屋进行维修,在小屋的栋梁方向墙外加披檐,再在披檐下砌灶,用于办笑篁食堂,后来并入殿下大食堂。

1958 年 10 月,办大食堂,实行"粮食供给制,吃饭不要钱",近 800 名村民一天三餐均在大食堂用膳。1959 年早稻熟时,大食堂解散。

1958 年 10 月,实行"政社合一",大溪区辖区内成立统一的大溪人民公社,照洋乡重新分立为照洋与冠城两个营,冠城营政府迁桥外。殿下属冠城营,称大溪人民公社冠城营殿下连。

1958 年 10 月,大办钢铁,冠城营在殿下连建小高炉,资金在全营(乡)各连(村)筹集。后小高炉被雷击倒,无铁炼出来。造小高炉经费殿下连分摊 17 元。

1958年11月,太湖水库动工兴建,于1962年4月竣工。部分村民被抽调,全程参与建设。同年,派出民工支援三门水利建设和湖漫水库建设。

1958年,赵守土担任殿下"赤脚医生",直至1966年。

1959 年

1959年3月,大溪人民公社改辖下营为管理区,殿下属冠城管理区,称大溪人民公社冠城管理区殿下生产队。

1959年4月,调整公社管理体制,实行管理区、大队、生产队三级核算,以大队为基本核算单位。殿下称大溪人民公社冠城管理区殿下大队。

1959年下半年,村里办起了妇女扫盲班,教妇女认字,1961年上半年结束。

1959年,殿下总人口为719人。

1960 年

1960年,实行超产奖40%,赔产20%。基分参加分红。

1960年,赵一盼受上级委派到桥外改造"落后队"。

1960年,派出民工支援着棋岩水库建设。

1960年,在前山南面山脚荷花池边建造5间木结构两层楼房,用作储量仓库及大队部办公室和社员大会会堂。

1960年,在村部前荷花池西侧建简易戏台。

1961 年

1961年9月,大溪人民公社重新改称为大溪区,冠城管理区也相应改称为冠城人民公社,大队改称生产大队,殿下属冠城人民公社,称大溪区冠城人民公社殿下生产大队。

1961年,不再实行供给制。开始兑现公社化时期的"一平二调"遗留问题。

1961年,开始推广种植早稻"矮脚南特号",增产显著。

1961年,派出民工支援金清港疏浚水利工程建设。

1962 年

1962年,实行"大包干"。

1962 年 11 月 25 日，殿下放映了第一场电影，片名《陈三两》，租价 40 元。

1962 年，大队重新办畜牧场，主要是养猪。大约在 1978 年至 1979 年间，集体牧场关闭。

1964 年

1964 年，大队集体创办面店，这是大队最早的集体副业。

1964 年 6 月 30 日 24 时，为第二次全国人口普查标准时间，村内开始第二次人口普查。

1966 年

60 年代中后期，殿下的 4 个生产队基本完成了平整土地，箦箦的 2 个生产队于 1976 年完成。

1966 年，抽水机船从河道抽水灌溉农田，初步实现农田灌溉机械化。

1966 年 5 月 16 日，"文化大革命"开始，大队党政群团组织被迫处于停止活动状态。

1966 年下半年，殿下生产大队更名为冠城人民公社田下大队。

1966 年下半年，田下大队成立"文革"领导小组，赵家顺任组长。

1966 年 8 月 10 日，经普查，全村养殖母猪 81 只、奶猪 180 只、肉猪 284 只，共 545 只。养殖母猪数量最多的年份是 1970 年，134 只；养奶猪最多的年份是 1974 年，511 只；养肉猪最多的年份是 1979 年，289 只；养牛最多的年份是 1971 年，12 头。全年牲畜创养量最多的年份是 1974 年和 1983 年，分别达到 799 只和 877 只，为历史最高。

1966 年 11 月，殿下设保健室，赵一和担任"赤脚医生"。后孙美英、赵梅兰（林大生家属）曾分别与赵一和一起在保健室担任过 5 至 10 年的"赤脚医生"。1982 年，村办保健室撤销。

1968 年

1968 年，成立田下大队革命委员会，赵一盼任主任。

1968 年 10 月，冠城广播扩大站建立，家家户户安装了简易喇叭，可听县广播站广播，广播时间是一天早、中、晚 3 次。

1968 年，响应国家"深挖洞，广积粮"备战号召，大队组织社员沿殿下山山脚挖掘了

6个防空洞,分别对应当时的6个生产队社员居住地附近。1970年春节期间,根据上级统一部署,全大队进行防空演习。20世纪70年代中期,防空洞年久失修,逐渐自行坍塌。

1969 年

1969年2月,大溪中学大部分教师、校具分析到各公社办中学。冠城公社创办中学(初中),校址设殿下箅里冠城小学西边,学制两年,1979年改为三年制。1975年创办高中(一个班),学制两年,1977—1979年共有三届毕业生。2000年,冠城中学并入大溪镇第二中学。

1969年11月,温岭城关的金丽华、邵蔓玲两位女知识青年前来插队落户。1978年3月,两人返回温岭城关安置就业。

1970 年

1970年,田下大队党政群团组织恢复正常活动。赵一盼任大队党支部书记,团支部书记为赵家美,妇女主任为凌彩娟,民兵连长为赵法兴。

1970年,殿下山坑后门开采石仓,主要生产块石和条石,主要用于垒砌河岸和修路加固及村民建房地基。

20世纪70年代,村里兴办了豆腐店、搓丝机与种蘑菇等集体企业。

1970年,殿下人口达到988人,1971年跨越了千人大关。

1972 年

1972年,开始通电,有电灯。政治夜校上课用上了电灯,以前夜校学习使用汽油灯。

1972年,使用收扩两用机实现全大队广播通知到户,告别了在前山用话筒喊话的历史。

1973 年

1973年,开展农业学大寨,大搞农田水利建设,平整土地。

1973年,殿下山坑门口开采石板,但未获成功。

70年代初,村里几个高中毕业回乡青年将沉寂了二十多年的殿下莲花这一民间文化瑰宝重新挖掘了出来,并创作了以农业学大寨为题材的唱词,由第五代传人演唱,在大溪区文化站朱子民站长的力荐下,代表大溪区参加温岭县文艺汇演。

1974 年

1974 年,台风登陆,赵守清家房屋倒塌。

1975 年

1975 年,箕篁 6 队队屋安装电灯,至此全大队所有生产队集体队屋全部通电安装电灯。

1975 年下半年,田下大队由原来的 6 个生产队,拆分为 12 个生产队,其中殿下 8 个,箕篁 4 个。

1978 年

1978 年,购买 24 型拖拉机和手扶拖拉机各一台,实现了农田耕作机械化。

1978 年,早稻亩产超纲要(800 斤),受到中共温岭县委员会、温岭县革命委员会嘉奖。

1978 年,派出民工支援光明河疏浚工程建设,支援东海塘水利建设。

1978 年 6 月,温岭县文化馆派出音乐专家钟永余、罗永良、林梦,根据殿下莲花第五代放调领唱传人赵法明、第四代传人赵家灯的现场演唱,对代代口口相传下来的殿下莲花曲和词进行了录音和记谱。

1979 年

1979 年,开始拆老屋,建两层排状"大寨屋",直到 1997 年,全村大寨屋建成。

1979 年 5 月 21 日,更名为冠城人民公社田下生产大队。

1979 年,推广种植杂交水稻早金凤、凤成 2 号。

1979 年,田下总人口为 1112 人。

1980 年

1980 年 6 月,田下大队获大溪区公所表彰"种植蘑菇,平衡高产"。

1980 年,村民亡故由大队集体给予扶丧费补助 50 元,1992 年 9 月提高到 200 元,

1995 年 8 月为 500 元。

1980 年,大队拖拉机库失火,殃及赵先福等村民,其所居住的整排房屋烧毁。

1981 年

1981 年 5 月,经县政府组织验收合格,冠城公社成为温岭县第一个少青壮年基本无盲社,田下生产大队完成扫盲工作。

1981 年,第一轮土地承包到户,承包期为 3 年。

1982 年

1982 年,恢复为冠城人民公社殿下生产大队。

1982 年,归还社员 1956 年入社时缴纳的股份基金,原每股 37.80 元,归还时加 2.20 元作利息,计每股还 40 元。

1982 年,第一台变压器安装,30kVA,事后卖与双桥村。到 2022 年,已增加到 3 台,都是 80kVA。

1982 年,建设电灌站,殿下与吕岙两个大队在冠城公社首先实现电力灌溉。

1982 年 3 月 25 日,山林所有权远山认界,时任温岭县副县长林美富签发山林所有权证第 499 号、第 500 号,确认山林 16 块、面积 302.5 亩为殿下大队所有,发给山林所有权证。1985 年,远山估价分到生产队。

1982 年 7 月 1 日零时,第三次人口普查标准时间,全村 1026 人(年底为 297 户,1145 人,男 569 人,女 576 人),最高年龄 83 岁,1 人。文化程度:高中 45 人,初中 244 人,小学 444 人,初识或不识字 293 人。

1982 年 11 月 29 日,暴雨成灾,农田受淹。

1983 年

1983 年 8 月,农村人民公社实行政社分设,生产大队改称村,生产队改称村民小组,殿下生产大队改称殿下村,属大溪区冠城乡,称大溪区冠城乡殿下村。

1983 年,打深井,建交换池式自来水站,全村家家户户安装使用自来水。

1984 年

1984 年,山林处理,在远山到队的基础上,实现近山到户(人),1986 年远山、近山均收归村集体所有。

1985 年

1985 年 7 月 29—31 日,六号强台风登陆,大溪降雨量 408.1 毫米,拔树倒屋,农田淹没。

1986 年

1986 年,取消粮食统购统销,实行合同订购政策。从 1953 年实行粮食统购统销,到 1986 年取消,共实行 33 年。

1986 年,冠城乡政府从桥外村迁至殿下村箄里。1992 年 9 月 22 日,冠城乡并入大溪镇,在冠城设管理区。乡政府主体迁入大溪镇办公,全部人员于 1999 年撤出。2000 年卖给桥里村村民办的一家企业。

1986 年 2 月,田下(殿下)村委会获中共温岭县委、温岭县人民政府表彰"一九八五年度先进集体"。

1986 年,在屿山开办纸箱厂。

1986 年,殿下闸桥由石头桥改建为水泥桥。

1987 年

1987 年 1 月,获大溪镇政府表彰"1986 年度粮食产量第一名"。

1987 年,温岭县公安局签发境内年满 16 周岁以上居民身份证,发证率 95%。全村村民逐一在村部现场拍摄身份证照片。

1987 年,村党政班子由任命制转变为选举制,殿下村经选举产生了第一届村党支部委员会和村民委员会,简称村"两委"。第一届村党支部书记为赵本连,第一届村民委员会成员赵法兴任村长。

1988 年

1988 年 2 月,殿下村党支部获中共大溪镇委员会表彰"一九八七年度先进党支部"。

1989 年

1989 年 2 月,殿下村获中共大溪区委、大溪区公所表彰"一九八八年度先进集体"。

1989 年,殿下全村总人口为 1208 人。

1990 年

1990 年 2 月,殿下村党支部获中共大溪区委、大溪区公所表彰"一九八九年度先进党支部"。

1990 年,近山由生产队经营,订立合同 10 年,到 2000 年止。

1990 年 7 月 1 日零时,第四次人口普查标准时间,全村 323 户,1246 人。

1991 年

1991 年,老人开始享受每月补助,从当年 10 月 1 日起,65~70 岁老人每人每月补助 10 元,71 岁以上每人每月补助 15 元。1995 年 10 月 1 日起,65~70 岁 10 元,71~80 岁 20 元,81~90 岁 30 元,91 岁以上均 40 元。

1991 年,村集体购买 17 英寸西湖牌黑白电视机 1 台。之后,村民陆续看上了电视。

1991 年 1 月,获温岭县"1990 年度治保先进集体"表彰。

1991 年 2 月,殿下村获中共温岭县委、温岭县人民政府表彰"党的工作达到地委提出的《达标纲要》要求"达标证书。

1991 年 3 月,殿下村党支部获中共大溪区委、大溪区公所表彰"一九九〇年度先进党支部"。

1991 年 8 月,回龙庙迁建于殿下前山山上。

1991 年 12 月,殿下莲花《喜看殿下好风光》,以冠城乡代表队名义,参加大溪区"社教"文艺调演,获特等奖,受到中共大溪区委、大溪区公所表彰。

1992 年

1992 年 1 月,获大溪镇党委表彰"一九九一年度先进党支部"。

1992 年 5 月,撤区扩镇并乡,撤销大溪区公所。新建、冠城、照洋三个乡并入大溪镇。殿下村属大溪镇,为大溪镇殿下村。

1992 年 5 月,殿下村获温岭县农经委表彰"具有农村合作经济承包合同与财务管理一、二级规范村"等级证书。

1992年,殿下村村部原地拆建。拆除原5间木结构两层楼村部,新建5间三层混凝土结构楼房,附属建设混凝土戏台和小广场。张直生题写"殿下村戏台"和对联等。

1992年,下湾种柿子十多亩。

1993 年

1993年7月,殿下村获中共温岭县委、温岭县人民政府表彰"达到《台州地区社会主义新农村建设纲要》规定的三级标准"证书。

1993年,双桥后门建固定机埠。1994年,改为电机埠。

1994 年

1994年,村开始实行建房不受人口限制,全面可买政策。

1994年,每户安装电表一台,自负20元。

1994年,春节慰问老人,80岁以上每人20元。1995年30元,2004年50元。

1994年起,村里对60岁以上老人实行生活补助,规定61周岁及以上老人每人每月补助6元。2015年起,61~70岁每月100元,71~80岁120元,81~90岁150元,91~100岁200元。

1995 年

1995年2月,获中共大溪镇委员会、大溪镇人民政府表彰"一九九四年度工业十强村"锦旗。

1995年4月,殿下村获中共温岭县委、温岭县人民政府表彰"达到《台州地区社会主义新农村建设纲要》规定的三级标准"证书。

1995年,实施村民社会养老保险,为1~35岁村民投保,村集体出资,每人100元,计716人。

1996 年

1996年,第二次社会养老保险购买,36~48岁(1960—1949年出生)每人100元,由集体出资,计256人。是年10月1日,对61~64岁老人增补每人每月6元,直到49岁的人补齐止。

1996年,村部横头隔路建平房9间,为出租用房。

1996 年，殿下桥石头桥改建为水泥桥。

1996 年，村村通公路筑成白箬桥新路基一条，后路面硬化，由念母洋村完成。

1996 年，获大溪镇党委、大溪镇人民政府表彰"工业强村 C 类"。

1997 年

1997 年 2 月，获大溪镇党委、大溪镇人民政府表彰"一九九七年度工业十强村"。

1997 年 8 月 18 日，暴雨，日降雨量 376 毫米。

1997 年，殿下桥外建平房 10 间，其中 3 间用于碾米加工，其余 7 间为出租用房。

1997 年，殿下桥至滩头桥段河道拓宽至 20 米。

1997 年，殿下村建造公墓，分两期，共 80 对。每对 4600 元，横头加 200 元；卖外地每对 6000 元。1998 年上涨到 8000 元，横头加价 200 元。

1997 年，户户开通闭路电视，每户 420 元。

1997 年，下湾种柿子。

1997 年，全村铺设排污管道，实行卫生改厕，每户出资 200 元，村助建三格式粪坑 3 个及支管。

1998 年

1998 年，生产队由 12 个归并为 6 个。

1998 年 11 月，大溪境内兴起以敲粪缸、建化粪池为主的创卫活动。村建公共厕所。

1998 年，滩头桥自留地建翻砂厂。

1998 年，大溪镇政府规划实施殿下溪河道改造工程，主要包括裁弯取直、两岸砌石、疏浚河床、拓宽沿河 4 座桥梁，以及两岸道路硬化等。

1998 年，第二轮土地承包到户。村里分到各生产队土地 550 亩，杨柳汇 22 亩良田没有分配到生产队，留在村里。

1998 年按人头集资 50 元，老水表拆换接新水表每个 3 元。

1998 年，大溪中学(完全中学)初中部从大溪中学分离出来，并和原大溪镇中学合并，更名为大溪第二中学。2000 年，撤并冠城中学。2015 年，定名为温岭市大溪镇第二中学。

1999 年

1999 年 3 月,获中共大溪镇委员会、大溪镇人民政府表彰"一九九八年度工业强村 C 类"锦旗。

1999 年,土地出租给种田大户。

1999 年 7 月 1 日,温岭全面实施尸体火化。7 月 3 日,大溪境内全面实行尸体火化。7 月 16 日,殿下村民赵昌友去世后尸体火化。他是殿下村第一位尸体火化的村民,也是殿下村自 1949 年至 1999 年有文字记录的男性村民最长寿者,享年 93 岁。同年 11 月去世并火化的还有赵一富。他们两位获得政府的免费火化优待。

1999 年,全村道路硬化。

2000 年

2000 年 11 月 1 日零时,第五次人口普查标准时间,全村 409 户,1274 人。

2000 年 3 月,获中共大溪镇委员会、大溪镇人民政府表彰"一九九九年度工业强村(C 类)"奖状。

2000 年,冠城中学并入大溪镇第二中学后,冠城中学校舍移归冠城小学。

2000 年,美化村部环境,拆建一朋旧房,改种桂花树,与米厂接驳 2 间,待一朋兄弟俩百年后,此屋归集体所有。

2000 年,全村大路、小路安装 110W 路灯 47 盏。

2000 年,村前大路从滩头桥至冠城小学门口进行水泥路面硬化,除村集体资金补贴部分外,其余由路面硬化利益相关村民集资资助。

2001 年

2001 年 4 月,获温岭市人民政府表彰"温岭市村民自治示范村"奖牌。

2001 年 12 月,征用殿下村土地 5 亩,建设位于箬箦的台州供电公司洋城 110kV 变电站,总投资达 5000 多万元。

2002 年

2002 年,下湾 39 亩土地以 2.5 万元/亩的价格被镇政府征用,用来建造大溪中学(高中)。

2002年5月,村老人协会成立,鲍启法为首任会长。为保持与村"两委"换届届次同步,首届村老人协会确定表述为第六届。村两委决定,自本届开始,各届村"两委"换届选举后,由村老人协会组织60周岁以上老人集体去省内外旅游一次,由村集体资金予以报销。5月,村老人协会第一次组织老人去杭州旅游。

2003 年

2003年大溪镇设5个管理区,殿下村归北城管理区管辖,2018年归中城管理区管辖,但村名仍称大溪镇殿下村。

2003年,大溪中学(高中)整体搬迁至大溪镇大石路388号,校园占地近110亩(其中殿下村征地39亩),建筑面积36548平方米。

2003年,第一工业房承包,赵家云、赵向飞、赵守方、赵华勇、赵云卿,承包期10年,即2003年起至2013年3月31日止。

2003年,杨柳汇工业2号房开建。

2003年,建村卫生服务站,医务人员4名。

2003年,方山大道延伸至殿下桥。2022年,殿下桥拓宽,并贯通至桥外、中呑、沈呑。

2003年,全村从事工业有80户,兴办工业企业79家,工业总产值10005万元;从事商业296人,其中外出经商219人;从事农业67人,农业收入83.10万元;村集体经济收入90.85万元,村集体资产总额393.69万元,村民人均年纯收入8450元。

2004 年

2004年2月,获中共大溪镇委员会表彰"二〇〇三年度先进基层党组织"奖牌。

2004年2月,获中共大溪镇委员会、大溪镇人民政府表彰"二〇〇三年度社会治安综合治理先进集体"奖牌。

2004年8月12日20时,台风"云娜"在温岭石塘登陆,大溪镇风力在12级以上。当日降雨量299.8毫米,总降雨量335.1毫米。赵华宝家三层楼倒塌。

2004年,第二工业房由赵建明承包,承包期3年,即2004年起至2006年8月31日止。

2004年,农户承包权证发放。

2004年,实行新型合作医疗保险,每人40元,由村出资。

2004 年，每户订门牌号，浇水泥地。

2005 年

2005 年 3 月，获中共大溪镇委员会、大溪镇人民政府表彰"二〇〇四年度社会治安综合治理先进集体"奖牌。

2005 年 4 月，殿下村村民代表会议制度于第七届村"两委"换届时按规定建立。为与村"两委"届次保持一致，首届村民代表会议确定表述为第七届村民代表会议。

2005 年 8 月 6 日凌晨 3 时 40 分，9 号强台风"麦莎"在玉环干江登陆，风力 12 级以上，大溪当日总降雨量 375 毫米。

2006 年

2006 年 5 月，温岭市首批非物质文化遗产保护名录公布，民间音乐殿下莲花，传授人赵家灯，分布地域大溪镇殿下村，名列其中。

2007 年

2007 年 3 月，获中共大溪镇委员会、大溪镇人民政府表彰"二〇〇六年度社会治安综合治理先进集体"奖牌。

2007 年 3 月，铁甲将军殿殿宇重修落成。《重建铁甲将军殿记》石碑，立于庙内，碑文由箕篁人赵振更撰写。

2008 年

2008 年 2 月，获中共大溪镇委员会表彰"二〇〇七年度先进基层党组织"奖牌。

2008 年 6 月，第二批台州市非物质文化遗产名录（台政发〔2008〕45 号）公布，曲艺，台州莲花（莲花落、高桥莲花、螺洋莲花、殿下莲花、玉环莲花，分布区域分别为椒江、黄岩、路桥、温岭、玉环）名列其中。

2010 年

2010 年，开始第二轮全覆盖社会主义新农村居民点建设。

2011 年

2011 年，镇政府在沙丘一带征用殿下村土地 38 亩建造豪成贝利商品房和大型超市,大溪现代大型超市——三和超市落地殿下。

2014 年

2014 年 3 月,大溪二中叶华斌老师根据殿下莲花乐曲创编的古筝合奏曲《方山苍松》获得浙江省红歌合唱大赛金奖。

2014 年 6 月,获中共大溪镇委员会表彰"武装工作先进集体"奖牌。

2014 年下半年,环山路、小康型路安装路灯。

2015 年

2015 年 2 月 19 日,殿下村志编纂工作正式启动。

2016 年

2016 年 7 月,获中共大溪镇委员会表彰"二〇一五年度先进基层党组织"奖牌。

2017 年

2017 年,镇政府征用殿下村土地 30 亩,用来建造大溪镇方山小学。

2017 年 5 月 2 日,温岭市民族宗教事务局批准殿下村回龙庙为民间信仰活动场所[浙江省民间信仰活动场所登记编号证书浙民场证字(台)乙 050067 号]。随后,"浙江省民间信仰活动场所,殿下村回龙庙,浙江省民族宗教事务委员会监制"的铜匾授予回龙庙。

2018 年

2018 年 9 月,方山小学迁入新址,位于大溪镇殿下村与念母洋村之间的冠城河(箬溪)畔,学校本部占地面积约 45 亩(其中殿下村征地 30 亩,念母洋村 15 亩),建筑面积 18000 平方米。

2018 年,新建的集办公、商用于一体的殿下村综合大楼投入使用,殿下村文化礼堂同时启用。大楼规划用地面积 4552 平方米(约合 6.8 亩),总建筑面积 9104 平方米,建筑占地面积 1493.4 平方米,地上 6 层,地下 1 层,建筑高度 23.8 米。

2018 年,镇政府在殿下溪南岸征用土地 70 亩,用作商住楼建设开发。

2019 年

2019 年 9 月,位于殿下箅里的大溪镇幼儿园创办,前身为冠城小学,占地面积 1690 平方米(其中殿下村占三分之二,桥里村占三分之一),建筑面积 5520 平方米。

2021 年

2021 年 9 月,冠屿山公园建成。公园坐落于大溪镇殿下村、桥里村、山后村内的冠屿山,总面积 607327 平方米,约 910.99 亩。游步道自然总长度 4064 米。冠屿山公园·赤龙园,位于殿下村殿下山。

2022 年

2022 年 2 月,根据上级妇联通知精神,村主要妇女干部称村妇联主席,其他成员称妇联执委。

2022 年年底,全村总人口 1470 人,其中男 739 人,女 731 人,计 82 个姓氏、12 个主要姓氏家族,包括:赵、林、蔡、杨、骆、鲍、刘、童、金、李、卓、毕。赵姓人口 889 人,占 60.5%。

2022 年年底,殿下有 38 家泵业机电类生产企业,48 家泵业机电类营销商家,共近百家企业或商家从事制造业的生产和营销。另有纸业 1 家、建筑业 2 家、包装 3 家、物流 1 家、文化 1 家、汽车装潢 1 家等近 10 家生产企业,以及从事五金、家电、工具、建材、鞋服、塑料、日用百货、饮食等行业的 40 多家经商门店。

概　述

　　殿下是有着近 600 年历史的古村,位于温岭市大溪镇。东邻双桥村,西接双凌村,南至念母洋村,北界桥里村。地理坐标:东经 121°26′,北纬 28°47′。村域总面积约 2 平方公里(3000 亩),东西距离 1.2 公里,南北距离 1.3 公里。辖殿下、箕簧两大自然村,设 6 个居民区。村委会驻地屿山。2022 年年底,殿下全村常住人口 500 户 1470 人,其中男 739 人,女 731 人,计 82 个姓氏,有 12 个主要姓氏家族,包括:赵、林、蔡、杨、骆、鲍、刘、童、金、李、卓、毕。赵姓人口 889 人,占全村人口的 60.5%。殿下气候温和湿润,年平均气温 17.2℃,年平均降雨量 1710 毫米,无霜期约 250 天,属亚热带气候区。

　　殿下是文化之乡。在回龙山的硬气、月溪箸溪两河的灵气孕育下,殿下成为大溪当代教育发祥地、"非遗"殿下莲花诞生地、照洋冠城政府驻所地、冠屿八保赵氏礼拜地。殿下赵氏在明朝出了 33 位邑庠生等,清朝 103 位邑庠生、国学生、贡生等功名;民国时,殿下有 1 位黄埔军校毕业生、5 位大学生,浙江省教育厅副官和温岭县参议员各 1 人;新中国成立以来,殿下有各界知名人士 33 人,其中,博士 2 人、教授 1 人、主任医师 1 人、省一级劳模 1 人、副高级职称 8 人、厅级干部 1 人、处级干部 9 人、科级干部 11 人;1977 年恢复高考制度以后,有近 200 名大学本科以上毕业生。

　　殿下村因庙得名。自明成化年间冠山赵氏始祖赵德明第六世孙赵嗣鋆、赵嗣鉴兄弟从桥里迁居殿下坊里大后,冠山赵氏在殿下建保界庙。保界庙奉宋八贤王为庙主,并命庙名为"殿下回龙庙"。民间戏曲中八贤王是皇帝的儿子,宋时称为殿下,故民间又俗称回龙庙为殿下庙。久而久之,殿下此地也由回龙庙庙名而得名。

殿下不仅村名高雅,且有多个别号。村域内在雷雨季节会经常莫名遭雷击,以"雷击村"而闻名温岭。20世纪70—80年代,殿下村几乎家家户户种售菜秧,被大溪百姓冠以"菜秧村"之名。21世纪初,箓篁自然村村民十有八九经营猪头肉生意,远销相邻各县,上了《温岭日报》,被媒体冠以"猪头村"诨名。

殿下民居依山傍水而建。冠山山脉西延的殿下山,《温岭县地名志》称赤龙山,殿下村民俗称为龙山,海拔高度约100米,形似一条卧龙由东而西为整个殿下村筑起一道遮风挡雨的防风墙。赤龙山箓篁段,酷似蛇形,蛇头为箓篁山包头,其信子慢慢伸入月溪河中喝水而隐没,箓篁祖辈人称其为蛇山、小龙山。殿下村前有两条溪,一条叫月溪,另一条叫箬溪,于殿下桥附近的屿山(民间相传为"龙珠")前成T字形交汇,形成冠屿八景之一"箬水分清"。月溪,俗称箓篁前门溪,大溪镇政府官方名为太湖河殿下段,起点为104国道,终点为殿下桥,全长0.93公里,源自太湖诸山,沿箓篁自然村,由西向东纵走;箬溪,大溪镇政府官方名为冠城河殿下段,起点为殿下桥,终点为桥里桥,全长1.1公里,自北向南由桥里、双桥往白箬桥方向,延伸至闸头融入大溪河。两条溪流依托太湖水库蓄水,基本满足殿下村主体农田灌溉用水和轻型水上运输及休闲钓鱼等需求。殿下村民祖辈饮用水基本用的是山岩井水,现在主要饮用自来水。

殿下营商环境优越。境内建有大溪中学(高中)、方山小学、大溪镇幼儿园三所学校,一座110kV国网变电站,一个现代大型商场(三和超市等),建有豪成贝利花苑、宝龙龙誉华庭两个规模较大的商品房小区,还有被称为大溪镇北部新区中心公园的冠屿山公园,拥有箬水分清、曲流伏鼠、荷塘风韵、冠山耸翠等冠山八景中的4个景点。

殿下交通发达。大溪镇主干道方山大道宽60米,由羊岗山脚经镇政府直达殿下村部,再呈反L形往桥外村而去。另有104国道与104复线连接线双凌路,沿月溪经殿下桥南贯通村前。殿下村村部向南至大溪镇政府约1.5公里,与大石一级公路相距0.9公里,向西与104国道相距1.1公里,与G15高速公路温岭西入口相距2.3公里,向东与104国道复线相距2公里,至温岭火车站约9公里。

殿下经济繁荣,村民生活较富庶。1956年合作化时,殿下村有水田833亩,旱地69亩,直至80年代,可以说殿下此时期主要是一个平原农业村。20世纪90年代尤其是21世纪以来,殿下村以泵业为主体的制造产业随着大溪镇泵业集群的发展步伐而不断发展。2003年,全村从事工业者有80户,兴办工业企业79家,工业总产值10005万元;从事商业者296人,其中外出经商219人;从事农业者67人,农业收入83.10万元;村集体经济收入90.85万元,村集体资产总额393.69万元,村民人均年纯收入8450元。到2022年年底,殿下基本成为一个形成工商产业链的"制造村"。据初步统计,有38家泵业机电类生产企业、48家泵业机电类营销商家。这还不包括办在外地的较大规模的制造企业。另有建筑业2家、包装3家、物流1家、文化1家、汽车装潢1家等近10家生产企业;以及从事五金、家电、工具、建材、鞋服、塑料、日用百货、饮食等行业的40多家经商门店。正因为民营企业的强劲发展,殿下村于1995年、1996年、1997年、1999年、2000年五次获得镇工业十强村荣誉称号。

在全面推进中华民族伟大复兴的建设中国特色社会主义新时代,智慧奋进、勤劳苦干的殿下人民,一定会把殿下建设成更加富裕美丽宜居的社会主义新农村!

第一章 政 区

一、地理位置

殿下村今属大溪镇辖地,位于温岭市大溪镇中城管理区。殿下东邻双桥村,西接双凌村,南至念母洋村,北界桥里村。辖殿下、箕篁①两大自然村,设 6 个居民区。村委会驻地殿下。村域总面积约 2 平方公里(3000 亩),东西距离 1.2 公里,南北距离1.3公里。60 米宽的方山大道是大溪镇主干道,由羊岗山脚经镇政府直达殿下村部,再呈反 L 形往桥外村而去。另有双凌路连接 104 国道与 104 复线,沿月溪经殿下桥贯通村前。殿下村村部向南至大溪镇政府约 1.5 公里,与大石一级公路相距 0.9 公里,向西与 104 国道相距 1.1 公里,与 G15 高速公路温岭西入口相距 2.3 公里,向东与 104 国道复线相距 2 公里,至温岭火车站约 9 公里。

二、历史溯源

古时殿下、桥里、念母洋一带都叫冠屿。到了明朝,赵德明迁居繁衍于此。明成化年间,冠山赵氏始祖赵德明第六世孙赵嗣竪、赵嗣鉴兄弟从桥里迁居殿下坊里大后,冠山赵氏在殿下建保界庙,奉宋八贤王为庙主真神,并命庙名为"殿下回龙庙"。民间

① 箕篁,在"中国·国家地名信息库"中为"箕篁"。因村民均认可"箕篁",故本志中采用"箕篁"。特此说明。

戏曲中的八贤王是皇帝的儿子,古时尊称为"殿下",故民间又俗称回龙庙为殿下庙。殿下赵氏民间相传,自明朝建回龙庙后,地因庙名,殿下即成地名。

三、区划沿革

殿下远在春秋时期属于越国之地。战国时期楚灭越,属楚地。汉惠帝三年(前192),立东海国(因都东瓯,故又名东瓯国),属东海国。汉武帝建元三年(前138),福建的闽越国北侵东海国,东海国举国迁徙到江淮间。建元六年(前135),为东越王封地。元鼎六年(前111),东越王反。次年,汉武帝灭东越,复令其民再次内徙江淮。汉昭帝始元二年(前85),属回浦县。东汉光武帝建武(25—55)初年,改回浦县为章安县,属章安县。顺帝永和三年(138)分章安县东瓯乡立永宁县,地属永宁县。三国时期吴太平二年(257),分章安、永宁置临海县,地属临海县。唐高宗上元二年(675),析临海县南部置永宁县,地属永宁县。武则天天授元年(690),改永宁县为黄岩县,地属黄岩县。

殿下在宋代属黄岩县驯雉乡古城里(含今大溪、照洋、冠城一带)。南宋宝庆元年(1225)改驯雉乡为方岩乡(辖古城等五个里),属方岩乡。元袭宋制,辖地不变。明朝成化五年(1469),析黄岩县下辖的太平乡、繁昌乡、方岩乡大部,置太平县,殿下地属太平县方岩乡第十六都三图冠屿里。清康熙十三年(1674),将都、隅编为村,殿下地属方岩乡冠屿村。清乾隆二十八年(1763),改村为庄,殿下属冠屿庄。据《清光绪年间新定县境图(公元一八九四年——一八九六年)》(载温岭市地名办公室1988年编《浙江省温岭县地名志》),殿下与双林(凌)、下村等,属十四都古城庄。

民国初年,殿下为太平县北乡潘郎镇冠屿庄属地。是时县下设乡镇,乡镇为自治单位,乡镇下设庄,潘郎镇辖19庄。民国三年(1914),太平县因与山西、四川、安徽等省的太平县同名,改取县西温峤岭之别称"温岭"为县名,称温岭县。民国十八年(1929)实行村里制,改庄为村里(集镇为里,乡下为村),地属温岭县北区(原北乡)潘郎镇冠屿村。民国十九年(1930)2月,改村里为乡镇,殿下属温岭县第五区(原北区)冠屿乡。

民国二十四年(1935)2月,殿下行政立保。是时属温岭县的15乡2镇调整为4乡2镇119保,殿东保(今殿下自然村)、殿西保(今箐箐自然村)为第五区(原北区)冠城乡所属28保中的2个保。从此,殿东保、殿西保成为政府确定的行政地名,殿下正式行政建村。

民国二十五年(1936),温岭县第五区改为潘郎区,殿东保、殿西保属潘郎区冠城乡。民国三十一年(1942)冠城乡改属泽国区。民国三十三年(1944),泽国区冠城乡设15保186甲,殿东保、殿西保属冠城乡,保下设甲。民国三十四年(1945)12月撤销区制,各乡镇直属温岭县,后又恢复泽国区,一直到解放初,为泽国区冠城乡殿东保、殿西保。

1949年5月28日,温岭解放。同年7月,建立了泽国区冠城乡人民政府,殿西与双凌合并为殿西保,殿东与双桥合并为殿东保。殿东保、殿西保属泽国区冠城乡。

1950年4月,设立大溪区,殿东保、殿西保属大溪区冠城乡。

1951年土地改革时,殿下定村名。是时双桥从殿东保析出,双凌从殿西保析出,殿西(箥箕)与殿东(殿下)合并,定村名为"殿下村",称大溪区冠城乡殿下村。从此,"殿下村"村名正式为政府官方定名。此后殿东、殿西的地名称呼逐渐在民间消失,村民对内习惯称殿东为殿下,殿西为箥箕,但对外村民均认可自己为"殿下人"。

1952年2月,殿下村从冠城乡划出,属大溪区殿洋乡,称殿洋乡殿下村。

1956年3月,裁撤殿洋乡,殿下村复入冠城乡。随后冠城乡与照洋乡合并为照洋乡,乡政府设在箥箕,殿下属照洋乡第9村。同年,合作社从初级农业生产合作社升级到高级农业生产合作社,殿下称照洋乡醒农农业生产合作社。

1958年10月,实行"政社合一",大溪区辖区内成立统一的大溪人民公社,照洋乡重新分立为照洋与冠城两个营,殿下属冠城营,称大溪人民公社冠城营殿下连。时冠城营政府迁桥外。

1959年3月,大溪人民公社改辖下营为管理区,殿下属冠城管理区,称大溪人民公社冠城管理区殿下生产队。

1959年4月,调整公社管理体制,实行管理区、大队、生产队三级核算,以大队为基本核算单位。殿下更名为大溪人民公社冠城管理区殿下大队。

1961年9月,大溪人民公社重新改称为大溪区,冠城管理区也相应改称为冠城人民公社,大队改称生产大队,殿下属冠城人民公社,称大溪区冠城人民公社殿下生产大队。

1966年下半年,殿下生产大队更名为冠城人民公社田下大队。

1979年5月21日,更名为冠城人民公社田下生产大队。

1982年,恢复为冠城人民公社殿下生产大队。

1983年8月,农村人民公社实行政社分设,生产大队改称村,生产队改称村民小组。殿下生产大队改称殿下村,下辖 6 个村民小组。属大溪区冠城乡,称大溪区冠城乡殿下村。

1992 年 5 月,大溪辖区"撤区扩镇并乡",原大溪区的照洋乡、冠城乡、大溪乡、新建乡合并为温岭市直属大溪镇,殿下属大溪镇,称大溪镇殿下村。

2001 年 10 月,潘郎镇、太湖乡、山市镇并入大溪镇。2003 年大溪镇分 5 个管理区,殿下村归北城管理区管辖,2018 年归中城管理区管辖,但村名至今不变,仍称大溪镇殿下村。

四、自然村和小地名

殿下村主要由殿下和笕篁两大自然村组成,自然村内又包括若干个小自然村,也可说是小地名,计有 14 个。这些小地名,构成了殿下村的大大小小的不同单元区域,也丰富了殿下村的地理历史文化。

(一)殿下自然村

殿下自然村是殿下村第一大自然村。殿下自然村在民国时叫殿东保,1951 年土改时殿东保与殿西保(笕篁)合并为殿下村。殿下自然村居民基本都是赵氏族人。殿下笕里曾是冠城乡政府驻地。殿下自然村主要有坊里大、更楼弄、中央头门、花园里、笕里、楼里、下新基等 7 个小地名。

坊里大　位于殿下,因百岁坊而得名。殿下信一三房第七世赵崇湛,相传活到百岁。他有两个儿子、七个孙子。子孙们认为活到百岁很了不起,决定向官府申请批文,建一座百岁坊。官府通过调查核实,准许建一座百岁坊。百岁坊所在周边的房子就叫坊里大。20 世纪 60 年代"文化大革命"时,百岁坊被拆除;80 年代建造大寨屋时,坊里大的老房子全部拆除。

更楼弄　位于殿下坊里与中央头门中间的一条小弄堂。更楼弄得名于打更,说是因为过去这一带住户有打更护院的习惯,所以叫更楼弄。更楼弄始建于 300 多年前。更楼弄两边建房,中间一条小路,长 70 米左右,很狭窄,只有 1.8 米宽,路面是小石头铺地,路边上有一条小水沟用来排水。从更楼弄路口往外约 40 米处起,水沟用石板铺上,直到赵沛先生结婚那年,为便于新媳妇花轿进门,赵沛家把更楼弄路口往外的 30 米水沟也用石板铺上了。20 世纪 80 年代建造大寨屋时,更楼弄老房子全部拆除。

中央头门　位于殿下更楼路东边。传说中央头门是赵福生、赵连法上几代的太太公年间建造的。1949 年前,中央头门大门是一道双扇木门,上部由椽、瓦片等结构遮挡。一条老路可以走进头门里,两边是老屋合围。老路路面是石头块、石板铺地。中央头门是一透周围以房屋来建构的全封闭住宅建筑,关上台门,里面住户就形成比较安全的空间。20 世纪 80 年代建设大寨屋时,中央头门老房子全部拆除。

花园里 位于殿下后透井前面。花园里为信一大房横山公第 15 世绍衣长子后代,明清时建造。花园里,就是现在说的游玩的地方,亲戚朋友来家里,就到花园里游玩休息。花园里种有梨树、桃树等,四周有 3 米多高的围墙,还有猴子等石雕,面积约 500 平方米。1949 年后,此地收归集体所有,分给村民,花园里逐步被村民开垦成菜园。

箬里 也叫双桥头箬里,位于殿下最东边,在冠屿赵氏中学(今冠城小学)边上 50 米左右,靠近桥里,一透朝北的房子。箬里的整座建筑都在淡竹、金竹、树木的密不透风的包围中,不走近箬里入口小路,还真看不见里面藏着一透房屋。20 世纪 80 年代初,建造大寨屋时,箬竹砍掉了,箬里老屋拆除了。箬里地方虽小,但周边田地比较富余,所以德明中学、赵氏小学、冠城乡政府驻地都先后选在箬里。到 20 世纪 90 年代中期,冠城乡并入大溪镇,乡政府撤离;2000 年房地产出售给桥里赵伯清。

楼里 位于殿下涧二头池西边。楼里是冠屿赵氏信一三房长子后代的一部分房产。清朝造房子时本想建三透九明堂楼屋,后来没建完成,只建了一透楼房。屋前四周为石板地,上间有一丈六尺,有二间、三间、协头、横屋、中间、转角等。1907 年,发生火灾,整透房屋化为灰烬,各户人家重新自建房屋。20 世纪 80 年代建大寨屋时,楼里老房子全部拆除。

下新基 位于殿下闸桥西边。为赵氏信一大房、信一三房后代向外迁建而成,有 80 多年历史。下新基小地名与其建造时间和位置有关。下新基的"下",是因为连接着桥里与桥外的那座桥叫桥里桥,也叫上桥,而殿下位处箬溪下游,故殿下桥俗称下桥,下新基位于下桥附近,故谓之"下"。之所以说"新基",是因为过去这里一片荒野,是新建房子之处。20 世 80 年代建造大寨屋时,下新基老房子拆除。

(二)**笑箦自然村**

笑箦是殿下村第二大自然村,包括上笑箦和下笑箦。从殿下桥到滩头桥,背靠殿下山,面向殿下溪,一字排开。民国时,笑箦叫殿西保。1949 年后,土改时,双凌从殿西保分析,笑箦与殿东保合并为殿下村。1956 年 3 月至 1958 年 10 月,笑箦度透里透曾为照洋乡政府驻地。20 世纪 80 年代统一建造大寨屋前,笑箦村民房屋每个大透前后左右几乎都被淡竹、毛竹、树木包围,从笑箦前门大路上看去,整个自然村几乎看不到房子,都被包围在箓篁中,故名箓篁。箓篁村民大多是外来户,姓氏较多,主要姓氏家族有赵、林、蔡、鲍、杨、刘、骆、童、金等。箓篁自然村主要有毛竹下、隔墙前门、度透、里透、中央透和外透、屏风墙里、新屋等7个小地名。

毛竹下 位于箓篁。因其房屋后面山边原来都是毛竹得名。毛竹下西边与杨家一沟之隔,东边原是花园,前面有假山,假山后有捣臼,番薯园下边有荔枝街,台门在蔡良法家东边,台阶20世纪70年代还在。唐宋年间,有大户陈氏、郑氏居住毛竹下。传说陈氏做官,家里养着马。过去该透房屋前面一支横路边上还存有一条拴马石,长1.8米,宽0.5米左右。后来陈氏迁居殿洋陈。殿洋陈即现在大溪镇二环路与方山大道的红绿灯到东南边桥头位置。毛竹下近现代为赵玉增、童振财家及两位五保户居住。20世纪80年代建造大寨屋时,原房子拆除。

隔墙前门 位于箓篁,是赵氏信三房一部分,赵克田、赵振群居住。这是一透朝南凹字形合围建筑。道地南面有两棵至少两人合抱周长的古樟树,樟树两边和建筑东、西面均为箓竹,合围建筑的北面有一座石头古墙,将整座建筑独自隔离开来。隔墙前门南贴殿下路和殿下溪,位于村前,且古墙又把整座建筑相对隔离开来,故名隔墙前门。20世纪80年代建造大寨屋后,古樟树、古墙、箓竹均不复存在,融入箓篁自然村。

度透 位于箓篁中部。度透包括里透、中央透、外透三透,三透之间相互独立,又整体衔接。三透由外往内,地势逐步升高,形成三级台阶。三透均为砖木结构两层楼房,柱、桁架、梁、椽、楼板、门、窗、墙壁等一应以原木材料为主。

里透 位于箓篁。始建于1915年至1920年间,由赵振来、赵振鸿兄弟俩建造。里透整透坐北朝南,"凹"形布局,中间为道地,南向与中央透交界处以青砖围墙砌之,正中设台门进出,台门穿过中央透和外透到达透前横路。里透凹字形房子外围留有2米左右通道,通道外砌约2米高砖墙围之。凹字形房子北靠赤龙山,屋后植有箓竹和树木,甚是茂盛。里透共有17间房屋,以上间为中线,东侧为赵振来所有,西侧为赵振鸿所有。赵振来、赵振鸿兄弟俩很富有,有良田几百亩,但原来住的却是靠山边的一排平房。一场意外大火烧了平房后,兄弟俩才着手建造颇为气派的一透两层楼房。1951年土地改革,人民政府除按政策留了几间安置他们兄弟家人外,大部分房子予以没收,分给了没房子住或住茅草屋的贫雇农,包括赵家美、刘四头、林美金、赵一间、赵一照、罗领姐、赵振满、赵守满、李五妹、赵克勋、赵家山等共计11家。1956年3月,冠城、照洋两乡合并为照洋乡,里透成为照洋乡政府驻所地,其中9户人家被动员外迁,至 1958 年 10 月，照洋乡政府主体迁址照洋村办公，但仍有许多工作人员留在原驻地笑箦办公。1959 年 10 月，乡政府工作人员全部撤出，外迁原住户村民基本迁回里透居住（详见照洋乡政府驻地一节）。

中央透和外透　均为砖木结构两层楼房，但建造年代远比里透早得多，大约建于清同治年间。两透共有十几间，住着十几户赵氏人家。20 世纪 80 年代全村统一建造大寨屋，度透房子全部拆除，易地重新安排建房。

屏风墙里　位于笑箦。一透朝南凹字形合围建筑，南、西、北三面均为石头古墙，东面紧靠前山，栽有箦竹，道地南面围墙出口外，砌有一座宽 3.6 米、高 2.8 米的砖墙，酷似屏风，故名屏风墙里。屏风墙里地属殿西保笑箦，1949 年前却归殿东保。据传殿下赵氏信一大房第十二世赵师棕，有三个儿子，人多房少，在奔头颈南边即屏风墙里的位置买了一块土地，三子赵文平从殿下迁居于此。沿屏风墙里北面和西面围墙外挖了一条水沟，沟外从殿下经奔头颈环屏风墙里西外墙筑了一条石头路，这样，就把屏风墙里这块殿西保的土地和人口连接到了殿东保。屏风墙里建筑有 300 年左右历史。20 世纪 80 年代建造大寨屋时，整座建筑连同屏风和古墙都被拆除。

新屋　位于笑箦。新屋是殿东赵氏信一大房赵隆佐在殿西买得一块土地，于清宣统三年（1911）建成。传说乾隆年间，信一大房的后代赵兴统，在双凌旗杆里庚子科乡试乙榜举人赵兴彩家做长工。赵举人家很有钱，在建房子过程中，为图吉利，将所有被人坐过、走过，能建造好几十间房子的木料，都送给赵兴统等人了。赵兴统用这批木材，盖了一大透房屋。人们习惯上就把这透新屋当小地名来叫了。20 世纪 80 年代建大寨屋时，木结构的"新屋"全部拆除。

第二章　自然环境

第一节　山　丘

一、赤龙山

赤龙山,即冠山山脉西部的殿下山,是殿下所属最大的一座山,形似一条卧龙由东而西为整个殿下村筑起一道遮风挡雨的防风墙。《温岭县地名志》称其为赤龙山,殿下村民俗称回龙山、龙山。赤龙山与相邻的桥里山、山后山等共同组成冠屿山,海拔高度约100米。赤龙山箕簸段,酷似蛇形,蛇头为箕簸山包头,其信子慢慢伸入月溪河中喝水而隐没,箕簸祖辈人称其为蛇山、小龙山。殿下村民民居基本依赤龙山而建。

二、插花山

插花山并非山名,因一处一处散落间插于各地山林,而其权属归殿下而名。殿下插花山散布于桥里、山后、四姑岭、吕岙、陶家埠、三池窟、梅安、小溪、大溪岙、良山、唐山等地。1982年3月25日,时任温岭县副县长林美富签发温岭县山林所有权证第499号、第500号,根据国家政策规定,确认山林16块,面积302.5亩为殿下大队所有,并发给山林所有权证。山林坐落地名、面积、四至等情况见表2-1。

表 2-1　插花山山林情况

坐落地名	面积/亩	四至情况				备注
		东	南	西	北	
隔山晏	6	桥里地为界	山脚山后地为界	山后大队山界	山后山岗为界	
犁必山	7	桥里山顶为界	山后大队山界	山后中横路界	山后大队山界	
四姑岭	3.7	山头山岗为界	吕岙大队山界	山脚吕岙大队山界	吕岙大队山界	
吕岙山	13.8	山头山岗为界	吕岙大队山界	山脚吕岙大队山界	后瓦屿大队山界	
吕岙山	12	三池窟大队山界	山头山岗为界	吕岙大队山界	吕岙大队山界	山林所有权证第499号
吕岙山	7	路廊后陶家埠山岗为界	山头山岗为界	三池窟大队山界	山脚田上路为界	
陶家埠山	3	陶家埠大队山界	陶家埠大队山界	陶家埠大队园界	陶家埠吕施岙山头园为界	
后门山	120	冠城小学后面山岗桥里大队山界	山脚为界	山脚为界	马鞍窍山后大队为界	
天打岩	48	通山岗梅安山界	梅安大队山界	山脚梅安大队竹山界	岗直落梅安山界	
堂山	16	小溪大队山界	小溪大队山界	小溪大队山界	小溪大队山界	
水见坑	9	东南直通山头小溪大队山界	小溪大队山界	小溪大队山界	小溪大队山界	
踏床头	30	山脚小溪大队山界	山脚小大队溪山界	棋龙岗为界	棋龙岗为界	山林所有权证第500号
踏床头	15	山脚小溪大队山界	山脚小溪大队山界	棋龙岗为界	棋龙岗为界	
西山斗	1	大溪岙大队为界	大溪岙大队为界	大溪岙大队为界	大溪岙大队为界	
玉泉堂	7	塘山大队为界	塘山大队为界	塘山大队为界	岩山横路塘山界	
长树坟	4	良山大队为界	良山大队为界	山顶岗为界	下村大队山界	

三、冠屿山公园·赤龙园

冠屿山公园是大溪镇政府投入建设的民生休闲工程,是镇北部新区中心公园。坐落于大溪镇殿下村、桥里村、山后村内的冠屿山,总面积 607327 平方米,约 910.99 亩。游步道自然总长度 4064 米,公园山体最高为海拔 99.4 米。一期建设总投资 3000 万元,于 2000 年 3 月开工,2021 年 9 月初步建成。公园以整座冠屿山山体山貌为基础设计建设,一期工程主要建有赵大佑纪念馆(桥里)、游步道、石级台阶、凉亭、人工湖池、入口园林等。

冠屿山公园·赤龙园,位于殿下村殿下山。赤龙园因赤龙山而得名。赤龙园有东、南、西、北四个入口。

东入口,从箪里自然村即大溪镇幼儿园西边的道路进入,经坑门口上山,可见石料修造的"洗心亭",亭旁有一个人造小池——"洗心池",水清见底,可见鱼儿游嬉。池边建有回廊,供游人观景、休息。大溪镇幼儿园继续向北可至桥里赵氏名人赵大佑纪念馆。

南入口,位于殿下村回龙庙后呑头颈,入口处有小型停车场,沿石阶而上,向西可至铁甲将军殿(俗称李树殿),向北可到毛竹园。

西入口,位于箪簋滩头桥变电站东首,入口处建有园林和停车场。园林自滩头桥延伸至山后界的北入口,每到春天,樱花盛开。穿过园林,从箪簋山包头踏着石阶而上,约百米处设有凉亭一座。在此休息观景,举目眺望,太湖山、太湖水库、月溪、东瓯古城、大溪新城、大洋城工业区、甬台温高速公路和 104 国道及大石一级公路,一派现代乡村小康镇的繁荣景象,尽收眼底。

出凉亭往西北沿乌岩山脚的游步道,或往北沿赤龙山脊背的游步道,均可到达赤龙山最高峰的大虫坑凉亭。相传古时那里偏僻林茂,有大虫(老虎)出没,大虫坑因此得名,现在连狗头虎(狐狸)也看不到了。置身凉亭,放眼望去,原冠屿八保新貌、大溪老街新城一览无余,还可远眺狮峰、方山美景,近观大溪高楼大厦,西看太湖水库、东瓯古城。

北入口,在殿下村与山后村的交界处,俗称花坟。沿着上山的坡道,可达大虫坑或东、南入口处。若不上大虫坑,沿平坦步道继续向前走则进入山后村段。

冠屿山公园·赤龙园建成后,入口园林,游步道旁,满山松竹,山花烂漫,红叶飘飞,每天健身步行的游人如织,三五成群,孩童嬉闹,其乐融融!

第二节 河 流

殿下村境内,有两条河流环村而行,正如母亲用双手环抱着婴儿一般。一条叫月溪,《大溪镇志》称太湖河,月溪殿下段民间俗称殿下溪;另一条叫箬溪,《大溪镇志》称冠城河。两条溪流在殿下桥下游约 300 米的屿山前,呈 T 字形汇合,合流后继续往南向念母洋白箬桥方向延伸,水出冠屿闸,入大溪河。

一、月溪

月溪,源自太湖诸山。上游有太湖溪、井朱白蒙溪、秀岭溪等汇合,太湖水库建成后汇入水库,经水库泄洪渠,沿沙岸、照洋,越东桥闸,穿原 104 国道,过双凌,到达箕箅前门,至殿下桥,与箬溪汇合。

月溪是"过路"溪,本无常水,整条河床呈西高东低。从太湖山汇成的山水,一泻而下,流急,雨来发大水,雨后河无水,除了几个沿河池塘外藏不住水。太湖水库建成后,因有水库经常泄水,常年流注,故月溪东桥段(东桥闸上)和月溪殿下段(殿下溪)溪水虽浅,但很少断流。

月溪河面一般宽约 10 米,殿下桥附近约 15 米,河底多沙石。月溪在长期的流淌中,河床不断增高,河道自然塑堵成走蛇形状,尤其是杨柳汇至殿下桥段,伴随形成杨柳汇和下溪沌两个大漩汇和滩头桥池等若干池塘。

为此,新中国成立后,大溪历届政府都非常重视月溪河的治理改造。1958 年,省委工作组进驻殿下,白组长主持,计划将河道裁弯取直,但终因当时条件所限未能成功。1998 年,大溪镇人民政府规划实施了殿下溪河道治理改造工程。一是裁弯取直,砍掉了杨柳汇和下溪沌两个大漩汇,使东桥闸下泄水道过 104 国道后基本直行至殿下桥;二是河道两岸以石头砌成路坝,以防发大水时冲毁,同时拓宽河道至 20 米;三是疏浚河床淤积泥沙石,加快水流下泄速度,并且每隔几年视淤积情况经常加以疏浚,2017 年进行了全河道大疏浚;四是河道两岸道路硬化,阻断发大水时过去泥石路的泥沙石冲下河床;五是改造拓宽沿河 104 国道桥、双凌桥、滩头桥、殿下桥 4 座桥梁,消除原来老桥桥墩带来的泥石淤积和上游大件垃圾冲击风险。

二、箬溪

箬溪,源自塘岭之水与塔岙山南麓之水,于沈岙桥汇入箬溪;另有源自沈岙、中岙张诸山之水,流经中呑张,也汇入箬溪;经桥里、双桥,沿殿下闸桥头,平缓地由北而南流到殿下桥屿山前,再与由西往东而来的月溪在屿山前呈 T 字形汇合,经念母洋白箬桥、冠屿闸,入大溪河。

箬溪河面较宽,一般有二十米左右,且河水较深,有二三米。箬溪河流经的基本是村庄和农田,河床淤积的河泥伴有草根、树叶等植物腐殖质,甚至是直接从农田冲刷来的田泥,故河泥比较肥沃,呈黑色。水质平时一般较清,但当暴雨过后,河床淤泥泛起,混杂地面泥水,河水便十分浑浊。

三、箬水分清

箬水分清,是殿下村的一大自然景观,也是冠山八景之一,发生在殿下村境内屿山前的月溪和箬溪的交汇处。

月溪河面较窄,暴雨来临时便流急,因河底多沙石,从太湖诸山泻下(现太湖水库泄洪)的山水,经一路滤阻后,基本是清澈的,自西向东、由高而低,急速来到屿山前;箬溪河面较宽,平时流缓,若遭遇暴雨,河底淤积的河泥便会伴随着村庄、路面冲刷下来的浑水翻滚而起,浑水由北而南也急速地来到屿山前。两条奔腾的河流在屿山前呈 90°角激荡汇合后,形成一个巨大的旋涡。于是奇景出现了,一河之水,一半清一半浊,清浊分明,故叫"箬水分清"。此时站在屿山上,可一览暴雨带来的"箬水分清"。殿下村当代文人赵沛有诗赞曰:"冠山钟秀箬溪清,可为儒门濯帽缨。世道何堪同合污,书家遗泽自分明。"

第三节 池 塘

殿下的池塘,有的是天然河湾,大部分是人工挖掘的蓄水池。一般用于农田水利灌溉,同时也兼备消防灭火作用。用于农田水利灌溉的池塘,大多建在易旱的高地水田旁,也有建在大田中央的;用于消防灭火的池塘,则紧靠村民居住区。

殿下挖掘池塘的历史,上至明代,下及 1949 年前后,跨越数百年。其间,陆陆续续挖掘了今日可知的 14 个池塘。

殿下最早人工挖掘的应数荷花池。荷花池大约是在明代早期,由殿下赵氏始迁祖赵诜及其后人所建。最晚的应是板坑池、道尧池、水沿井池,大约挖掘于土地改革时期,田主为了方便自家稻田灌溉,在田边挖池蓄水而成。

在农耕社会,农业生产相当落后,农村经济靠天吃饭,在地势较高的农田边挖池塘是为了雨天蓄水、晴天抗旱,起农田保收灌溉作用。而且,过去的民房都是砖木结构或全木结构,房屋一家挨着一家,很容易引起火灾。因而,在民居区必须挖池塘,以蓄水防火灾。再者,农民家中以粪坑堆积粪便,以此作肥料给庄稼施肥,施肥时需要用水稀释粪便,以防止庄稼烧根,以及给粪缸加水,也要用到池塘水。归结起来,池塘的作用主要有三:灌溉农田;居民消防;日常粪坑上水。

殿下挖掘池塘,主要是由村域地理位置决定的。一方面,殿下溪(月溪)是"过路溪",河床地势西高东低,在 1958 年建造太湖水库前,篗簹前门以上河段根本起不到蓄水作用。另一方面,殿下和篗簹村民居住区基本沿殿下山山脚布局,地势较高,村边田地高于殿下溪和箸溪河床,农田缺水灌溉;而且村民居住区尤其是殿下坊里大一带民居集中连片,火灾隐患十分严重。因此,挖掘池塘非常必要。

其实,殿下周边最大的池塘当属葫芦池,但那是山后村的,可与殿下村休戚相关。历史上,旱年缺水,篗簹自然村一直都是从葫芦池车水灌溉农田;涝年水灾,葫芦池洪水也会漫过篗簹农田而泄入殿下溪。殿下村和山后村村民基本没有发生过大的水纠纷事件。

1962 年,太湖水库建成,农田水利设施有了根本上的改善,由靠天用水到以水库调节。随着农业集体化,农业机械逐步普及,开始使用抽水机河道抽水灌溉,池塘完成了其农田灌溉这一特定历史使命,渐渐退出历史舞台。20 世纪 60 年代农业学大寨运动兴起,那些灌溉用的占地大的池塘首先被填掉,恢复为农田。只剩下居民区附近的消防水池还保留着。1980 年冬天,荷花池边两层楼大队屋楼下的拖拉机库失火,温岭消防队就是以荷花池里的水救火的。火扑灭了,池水也干了。

20 世纪 80 年代,村民家家户户装上了自来水,消防用水也靠自来水了,消防水池便也失去了作用。恰在此时,农村处处拆老屋建大寨屋,居民区的池塘也全部被填埋,改成了宅基地。至 21 世纪初,全村的池塘仅白箸桥附近的高田池尚有一小部分留存,其余池塘全部消失。

殿下的池塘主要有 14 个:葫芦池、滩头桥池(滩头桥外池、滩头桥里池)、下溪沌池、篗簹池二头、荷花池、洞二头池、板坑池、道尧池、学堂池、下桥头祠堂外池、下桥头祠堂里池、更饭池头、高田池、水沿井池。

葫芦池　说来是池,实际是天然河湾,形状就像一个巨大的葫芦,故名葫芦池,位于山后村。葫芦池因其特殊的地理位置,与月溪(殿下溪)和篗簹直接相关联。20 世纪80年代前,葫芦池到后溪岸有一条小河沟,就是沿现在的104国道东侧紧靠路基的位置(104线拓宽时已填平),叫横泾溪,宽二三米,以前可是太平与黄岩两县的交界线,横泾溪西边为黄岩,东边为太平(温岭)。葫芦池水沿横泾溪一直向南汇入月溪。葫芦池还有一条小沟渠连接月溪,宽约1米,经山后湾里,沿着乌岩山脚下,向南直到滩头桥里池、滩头桥外池,在滩头桥上方约20米处的滩头桥路廊西侧汇入殿下溪。20世纪,若遇到长时间的大旱天,箕篁人就会从葫芦池用水车车水,灌溉杨柳汇至乌岩山脚下的那一片田地。葫芦池较大,水深5米以上,即使遇到大旱,也从来没有干涸过。若遇到发大水,葫芦池的水就会从两条小河沟分流到殿下溪;若遇到多年一遇的大水灾,葫芦池的水就会通过两条小河沟之间的大片水田,漫溢到殿下溪,有时候甚至会持续三五天,这样,快要成熟的稻子就会减产甚至颗粒无收。从某种意义上说,葫芦池是防旱不防涝的"大水缸"。

滩头桥池 殿下村第二大池,位于殿下溪(月溪)北岸,紧靠原滩头桥路廊,现变电站后面。池因桥名,叫滩头桥池。它由里、外两个池组成,即滩头桥里池和滩头桥外池。滩头桥池总面积有1200多平方米(约合1.8亩),深度约1.5米。滩头桥池本为下村所有。土地改革时,殿下村人多地少,而念母洋村、双凌村人均耕地比殿下村多,所以人民政府从这两村分拨土地给殿下村,滩头桥外池及周围水田从双凌村划归殿下村。挖掘滩头桥里、外池,主要用来蓄水,灌溉农田。以前,从殿下溪北岸至山后洋都是水田,且所处地势较高,容易遭遇干旱。1962年建成太湖水库之前,若天晴无雨,就从山后葫芦池用人力水车将水车上来,通过近千米的乌岩山脚下的横沟渠,先流经里池,再灌到外池,然后再用水车灌到农田里。太湖水库建成后,山后洋片水稻田实现了自流灌溉,滩头桥池的灌溉作用就逐渐消失了。农业学大寨运动时,填池造田,滩头桥里、外两池被填埋成水稻田。大溪镇大洋城工业区建成后,用电日益紧张,2002年,台州电力公司根据规划在殿下村征地建变电站,滩头桥池地块出让给了电力公司,建成了今日的110kV变电站。

滩头桥外池面积较大,1000平方米左右(约1.5亩),平均深度在1.5米左右,其形状近似四方。外池紧靠殿下溪,位于滩头桥路廊北面。滩头桥路廊西侧有一条约3米宽、6米长的河沟连接殿下溪。池的西北角有一凸湾,与大路之间有块高地,高地为挖池之泥堆积形成。高地上曾建有一座贞节坊。紧邻贞节坊东面是滩头桥路廊,路廊南临大路,北靠外池。外池有一条约1.5米宽的水沟通向里池,沟长约30米。滩头桥外池为信一大房后裔双凌旗杆里人所有。清朝乾隆年间,双凌旗杆里赵氏出了三位武举人,显赫一时。当年此池周围的粮田是他们家的,外池系他们家开凿,位于月溪旁的大路边。这条大路是当年黄岩县到太平县(温岭县前称)的必经之路。所以,举人家在池边高地立贞节牌坊和修建路廊,以扬其家声。池边高地上的贞节牌坊系清政府表彰武举人母亲养子有功而建立的,在地方上名声非凡。外池由于连接殿下溪的池口小且地势高,平常池水水面高于殿下溪河面,外池就像一个巨大的竖直的口朝外底拉后的畚斗。当殿下溪河面低于池水水面时,外池起蓄水作用;当发大水时,池水水面高于殿下溪河面,葫芦池的水漫溢过来,通过滩头桥池冲入殿下溪,池口形成强大的激流,此时殿下溪河中的鲤鱼、鲫鱼等大量鱼儿便会逆水冲进外池中,形成"鱼儿斗水"的壮观景象。此时,箦篑的老农们,就会在滩头桥池口彻夜捕鱼。滩头桥池也是农副产品的大库房。那时池塘岸边栽满了苦楝树,绿树成荫,夏天知了叫个不停。池塘内靠岸的浅水区四周种满了茭白,由于是活池水,且由富有营养的田泥淤积种植而成,这儿的茭白特别白嫩。在池塘的中央又长满了菱角,每到晚秋收获之时,人们撑着采菱桶采摘菱角,这儿的菱角同样特别饱满和鲜甜。每年冬季农闲之时,箦篑的老农们便用水车车干池水,捕捉池塘中"鱼儿斗水"进来自然生长了一年的鱼儿、泥鳅、黄鳝等河鲜打牙祭。

滩头桥里池位于外池北面 30 米处的田中央,有一条大水沟与外池相通,呈长方形,面积 200 平方米左右(约合 0.3 亩),深度 1 米多。此池为信一大房第六代孙横山公一族公产,大约开凿于明末。山后洋这片农田的排水都从这里流出,再经外池排入殿下溪(月溪)。每到天晴少雨,农田缺水,则从山后村的葫芦池用水车车水,通过千米长渠流到里池,再从里池经大水沟流到外池,用以浇灌农田。滩头桥里池填埋于 20 世纪六七十年代的农业学大寨运动时期。

下溪沌池　位于箦篑中部殿下溪南岸,殿下桥与滩头桥之间,距殿下桥往西约 200 米许,在首批小康型民居屋基周边。下溪沌池面积 1300 多平方米(约合 2 亩),主要用来灌溉周边水稻田。下溪沌池水深超过 2 米,岸上有树。下溪沌池为殿下村面积最大、深度最深的一个池塘。池里河鱼很多,也种菱角。下溪沌池原本不是池塘,是殿下溪的一个大河湾。而这个大河湾原本也不存在,是人造的。传说箦篑隔墙前门有一透四合院的地主屋,大院门口对河,河道从门前直通而下。风水先生说,这对住宅不利,会把财气冲光。因此,地主就把门前的河道向外改成了弯道。1949 年后,殿下溪改直疏通河道,河水不再流入河湾,便成了溪池。农业学大寨时填池为水稻田。新农村建设规划为小康型宅基地。

笑篁池二头　位于笑篁中部,今赵守忠屋基周边,紧靠殿下溪。为信三房一族公产。主要用来灌溉和消防。池二头占地面积约 350 平方米(约合 0.5 亩),笑篁蛇山上的山坑水流下来,经水沟流入池中,池满后,再由水沟入殿下溪。池内可供钓鱼。在初冬,一般是信三房后代组织车干池水捕鱼,但鱼不太多。到 1993 年,池塘填埋成宅基地。

板坑池　位于笑篁,靠近殿下桥。板坑池为圆形的小池塘,面积约 130 平方米(约合 0.2 亩),平均深度约 1.5 米。此池为屏风墙里赵一池家挖掘。土地改革时,池边这块田分给赵一池家,因田离河边较远,灌溉不便,所以他便在自家田边挖掘出这个小池来,用于灌溉稻田。农业学大寨运动时,板坑池填埋成水稻田。

下桥头祠堂外池　位于殿下桥(俗名下桥头)南岸紧靠白塔公小祠堂旁边。外池面积约 250 平方米(约合 0.4 亩),深度约 1 米,其作用为水田灌溉。填埋时间也在农业学大寨运动时。

下桥头祠堂里池　位于殿下桥南岸白塔公小祠堂旁边,下桥头祠堂外池再向里的田中央,面积约 140 平方米(约合 0.2 亩),深度约 1.5 米,为周围水田灌溉用。填埋于 20 世纪农业学大寨运动时。

更饭池头　位于白塔公小祠堂西边。面积不大。

高田池　也叫大路上涧、长涧。高田池位于白箬桥附近的高田下,今殿下方山大道去白箬桥那条大路的左侧中部。该池面积 500 多平方米(约合 0.8 亩),平均深度 1.5 米,呈南北走向的狭长条形,蓄水量可供高田一两次灌溉。高田池所处的这片田野,在很久以前属于陈姓人家。高田地势内高外低,从河岸到高田池呈梯状渐渐升高,所以高田池附近的农田晴天易旱,挖掘高田池是为了便于高田灌溉。过去河道车(抽)水灌入池中,再由池塘四面流向水田。21 世纪初,池旁田地被填作了沙石场。今沙石场旁的高田池已面目全非,种满茭白,所剩面积也仅 100 多平方米了。高田池是英雄池,1949 年李修凤烈士就牺牲在高田池附近的水田里。

荷花池　俗称池角头,位于前山山脚东南,今殿下村大戏台前的小广场位置。荷花池面积大约 700 平方米(约合 1.1 亩),平均深度 1.5 米左右。该池主要供坊里、更楼里、小门头一带村民防火及日常荡粪桶用水。荷花池大约开挖于明朝早期,为殿下赵氏始祖赵诜及其后人所建,为历史最悠久的池塘。过去,荷花池的东边有祠堂,西边有回龙庙,南面紧靠殿下路,路外一片稻田,北面是清秀的前山。此处地势开阔,景色优美。池内种满荷花,池水碧波荡漾,荷花芳香。荷叶下鱼儿游弋,不时有几只前山飞来的鸟儿，飞入荷花丛中鸣叫。还有农家养的鸭、鹅常来池中拍水嬉逐。美丽又充满生机的荷花池，与回龙庙、祠堂相映衬，成为冠山八景之一，叫"荷塘风韵"。荷花池紧邻村居，兼有消防作用。1978 年冬天里发生一场火灾，即取用此池之水灭火。1992 年，村部拆建时，将荷花池填埋，筑了戏台和小广场。

道尧池　也叫东国头小池，又叫东园头小池。位于冠城小学西侧 100 多米，即今村民赵道友家屋基东边。道尧池以前在殿下赵道尧私田的田横头，土改后由赵道尧挖掘，供赵道尧自家田灌溉用，所以习惯上叫道尧池。道尧池面积很小，约 30 平方米，深度平均在 1 米多。20 世纪 80 年代，道尧池旁高地成了村民的宅基地，池自此废弃，成为附近村民的垃圾堆放场，逐年填埋，最后消失于 2000 年左右。

水沿井池　因池在水沿井附近而名。水沿井现还在，位于坑门口附近，即今赵法顺家大寨屋的后门。水沿井池面积仅约 70 平方米（约合 0.1 亩），深度 1 米许。此池为村民赵良金家挖掘。土地改革后，因此处稻田地势较高，且远离河道，为便于水田灌溉，田主在自家田边挖掘此小池，用于灌溉。农业学大寨运动时被填埋。

涧二头池　位于殿下老中央头门对面到闸桥方向的田间大路上，即今赵贤聪屋基周边，为信一大房横山公一族后代所有。该池面积 400 平方米左右（约合 0.6 亩），平均水深 1.5 米。一般用作池附近水田的灌溉及中央头门片村民防火和荡粪桶用水。20 世纪 80 年代建大寨屋后，池成为附近村民的垃圾堆放场，逐年变小，消失于 21 世纪初，今成为村民的宅基地。

学堂池　也叫下书院池，因靠近下书院（学堂）而得名。学堂池为赵一奇、赵一信祖辈留下。面积 667 平方米（约合 1 亩），水深在 1.5 米左右。位于原冠城小学操场西侧。学堂池南面池边是殿下路，路上有座小桥，池水与双桥头的河水相通。双桥头，也叫箅里，今桥里人办的威尔塑业厂，就建在由双桥头的河道填埋而成的地块上。学堂池大约开挖于 20 世纪 40 年代，与冠屿赵氏小学建校时间同期，主要用于学校消防用水。20 世纪 60 年代农业学大寨运动时，学堂池改造为水稻田。后来，学校扩建，稻田演变为学校操场。

第四节　土　地

1950 年，人民政府实行土地改革。自 1952 年上半年开始，水田、旱地、山林及其他废地等，按人口分配到农户。据赵春法回忆口述，土改后，殿下村约有人口 740 人，山 700~800 亩,田 800 亩。

1956 年,合作化运动,把农户的水田、旱地、废地收归集体。此时,全村分为 12 个生产队,水田和一部分旱地、山林分到生产队集体种植。

1958 年,殿下全村 174 户 716 人,902 亩土地,其中水田 833 亩(其中包括山边冷水田、地势较高的高田),旱地 69 亩,人均占有水田仅 1.163 亩。1959 年全村分为 8个生产队,1962 年合并为 6 个生产队。水田、一部分旱地、山林也相应调整到生产队管理种植。各生产队的半山田、半丘陵的农田,水根本无法自然灌溉,都是用人力水车车上来,很不方便。60 年代,村里买来了抽水机,解决了大片农田的灌溉问题,但不可能用在山边的半旱地水田,那时也没有小水泵,种了几年就不再种水稻了,种了番茹(即番薯)、甘蔗、芋艿、小麦等。这样各生产队的水田亩数又减少了。到 1963 年,全村水田773.659亩,加上产量又不高,全村粮食要上交国家 4 万多斤,分给村民劳动粮每人每天 1 斤,家里母猪每只全年 180 斤谷,小猪每只 10 斤谷,基本上分到的口粮很少,不够全年吃。还有上半年收成的小麦分来补充粮食。1966 年,全村人口持续增长到 913 人,人均占有水田减少至 0.847 亩。

20 世纪六七十年代,是兴修水利的黄金时期。1976 年,土地平整完成,主要是由于挖掘自流灌溉沟渠的需要,经全村水田复核,水田减少 6.738 亩,由 797.328 亩减少到 790.590 亩。而此时全村人口已越过千人大关,达 1062 人。1980 年第一轮土地承包前全村人口增加到 1125 人,人均占有水田 0.703 亩,比 1966 年人均减少了近0.15亩。

1981 年下半年,同全国各地一样实行第一轮家庭联产承包责任制,承包期为 3年。1984 年按中央规定第一轮承包期为 15 年以上,故延长至 1999 年到期。

20 世纪 80 年代,随着人口的增长,村里开始规划拆掉全部老屋,建造一排一排的两层大寨屋。原来的村民老屋都是在清朝、民国年间建造的,一透一透,密密麻麻的,在原来屋基地的基础上建房根本不够用,于是有的农户被分配到废地、旱地上造房子。

20 世纪 90 年代,村土地继续明显减少。1992 年,村里在笑箕大路边卖了两排宅基地,都是经批准调整使用的良田和一个池塘。

20 世纪 90 年代以后,尤其是 21 世纪以来,村民陆续按新农村建设规划拆大寨屋,建第三代小康民居,以及大溪镇为适应教育等社会公益事业和民营企业等的发展,需要进行大规模征地来满足建设需求。因此,水田从合作化时期的 900 亩,减少到 20 世纪末的 700 亩,进入 21 世纪以后,土地减少速度进一步加快。

1998 年下半年冬种时,进行第二轮土地承包。良田面积重新丈量,村里分到各生产队的承包田 529 亩,杨柳汇 22 亩良田没有分配到生产队,留在村里。

2005 年后,大田承包权证统一存放在村里,农田全部由村集中管理。每年口粮按第二轮承包田亩数补贴,2006 年收回时每亩 800 元,2013 年起每亩 1200 元。

1956—2005 年各时期殿下土地与人口变化情况见表 2-2 至表 2-5。

表 2-2　1956—1966 年殿下土地与人口变化情况

年份	户数	人口/人		田地/亩		备注
		男	女	水田	旱地	
1956	180	698				
1957	178	704				
1958	174	716		902		
				833	69	
1959	177	719				实行供给制,每 10(100)基分 21 元
1960	185	724		832.777		实行供给制,每 10(100)基分 14.11 元
				767.740	65.037	
1961		734		817.574		
		360	374	797.571	20.003	
1962		760		797.48		
		379	381	778.280	19.200	
1963		831		791.350		
		413	418	773.659	17.691	
1964						因账本被鼠咬毁,无原始数据留存
1965						
1966	209	913				
		450	463			

表 2-3　1967—1980 年殿下土地与人口变化情况

年份	户数	人口/人		田地/亩		备注
		男	女	水田	旱地	
1967		916		817.836		
		453	463	799.392	18.444	

续表

年份	户数	人口/人		田地/亩		备注
		男	女	水田	旱地	
1968	210	933		818.763		
				799.930	18.833	
1969	213	972		818.045		
				799.392	18.653	
1970		988		817.685		
				799.392	18.293	
1971	220	1004		816.111		
1972	224	1019		816.382		
1973	234	1033		814.524		
1974				798.880		
1975				814.091		
1976	250	1062		806.7		全村水田复核减少 6.738 亩（老面积 797.328 亩，新面积 790.590 亩）
1977		1065		806.764		
1978				806.919		
1979	278	1112		818.173		下湾修路减少田 2.131 亩
				790.470	27.703	
1980		1125		817.261		

表 2-4 1981—1990 年殿下土地与人口变化情况

年份	户数	人口/人		田地/亩		备注
		男	女	水田	旱地	
1981	293	1143		777.590		
		577	566			
1982	297	1145		861.926（年末）		1979—1982 年建民房 213 间
		569	576	797.283（年初）	64.643（自留地）	
1983	299	1145		838.638		机耕路、挑沟、种橘、建房等用去 23.288 亩
				773.995	64.643	
1984	303	1162		837.700		社员建房减少 0.938 亩
				773.057	64.643	

续表

年份	户数	人口/人		田地/亩		备注
		男	女	水田	旱地	
1985	312	1163		829.557		社员建房减少3.500亩,种橘4.5亩
				769.557	60	建房34间
1986	322	1175		816.557		基建1亩、建房1亩、种橘11亩,共减13亩
				767.557	49	建房29间
1987	322	1179		816.557		建房53间
				767.557	49	
1988	342	1187		816.557		建房35间
				767.557	49	
1989	350	1208		816.557		建房16间
				767.557	49	
1990	323	1246		816.557		
				767.557	49	

表 2-5　1991—2005 年殿下土地与人口变化情况

年份	户数	人口/人	田地/亩		备注
			水田	旱地	
1991	362	1233	816.557		建房10间
			767.557	49	
1992	323	1265	816.557		减少6亩
			767.557	49	
1993	365	1242	800		橘园30亩 果树11亩 建房16间
			751	49	
1994	365	1241	795		基建用地减少5亩 橘园30亩 建房7间
			746	49	
1995	365	1253	792		道路2亩 水利1亩 建房3间
			743	49	

续表

年份	户数	人口/人	田地/亩		备注
			水田	旱地	
1996	370	1269	783		道路 9 亩
			736	47	建房 12 间
1997	378	1276	765		河道拓宽堆泥无法耕种
			718	47	长基建厂房 10 间
1998	389	1263	763		国家公路 2 亩 柿园征收杂地 9.44 亩 第二轮承包到户 529 亩,其余留村里统一用地
			716	47	
1999	386	1270	763		砍柿树 130 株
			716	47	
2000	409	1274	763		
			716	47	
2001	385	1285	703		减少田 60 亩:大溪中学 44 亩、一级公路 2 亩、变电所 5.368亩、赵松波油封厂 3 亩、河道取直 6 亩
			656	47	
2002	298	1298			方山大道北延至白箬桥路,上湾机动田,两侧留机动田等
2003	370	1301			
2004					
2005		1298			

第五节　路

殿下的路,主要由主干道、步行绿道和村内民居路网组成。

一、主干道

殿下村主干道有殿下路、方山大道、双凌路、龙山路四条,以殿下桥、殿下庙、殿下村村部(村文化礼堂)为中心,向西、南、东北、北四个方向放射。

殿下路　殿下村主干道。殿下路贯通殿下全村,全长 1.6 公里,路面宽 6 米。殿下路西自原 104 国道 1778 公里牌,沿殿下溪北岸,经滩头桥、笑篁,至殿下桥,然后折向东北,通达殿下、箦里(冠城小学),往双桥、桥里、桥外方向。殿下路穿过原 104 国道向西,可往东桥、照洋,连接东瓯古国国都遗址和唐岭古道,继续往西则经太湖水库,至陈家洋和盘山古道,入黄岩境。殿下路于 2000 年以村民集资方式筹措资金,实施主干道路面硬化工程,即村民居住房子靠近大路边的每间 500 元,村民购置了摩托车、轿车的每辆 200～300 元。殿下路在殿下桥拓宽和方山大道北延后,殿下桥至箦里段与方山大道重合。

方山大道　大溪镇主干道。南起站前东路,北经殿下桥,折向东北方向至桥外、沈岙和中岙。方山大道宽 55.5 米,其中中间绿化带 6 米,两侧主车道各宽 11.5 米,机非绿化隔离带各宽 1.25 米,非机动车道各宽 5 米,人行道各宽 7 米。大溪镇人民政府坐落于方山大道南段。方山大桥及以南道路于 1999 年建成,方山大桥至一级公路于 2000 年建成。一级公路至环城北路(殿下桥)于 2003 年建成。从位于殿下桥边的殿下村村部出发,经方山大道殿下段往南 1 公里即可上大石一级公路,5 分钟直达甬台温高速公路温岭(西)收费站,10 分钟到达高铁温岭站;往东 1 公里即可上 104 国道复线大溪段,直通温州、宁波。

双凌路　大溪镇主干道。规划西起良山村,经太湖新村、锦秀村安置地、下村,过原 104 国道后,继续向东往双凌村、殿下村、念母洋村,连接 104 国道复线。双凌路全长 3.2 公里,其中殿下段 1.5 公里。双线四车道,主车道宽 20 米,两边绿化带各 1.5 米,非机动车道各 5 米,人行道各 4 米。至 2012 年 6 月已通车的路段是良山村至太湖新村,双凌 104 线至殿下村、念母洋村的南嵩路。方山小学、大溪法庭位于双凌路中段。

龙山路　以大溪镇规划的冠屿山公园·赤龙园西入口笑篁滩头桥为始发点,向东北沿赤龙山山脚,经殿下,出冠城小学,往桥里山方向;向北经乌岩山脚,往山后方向。龙山路路面宽约 6 米,于 2014 年实施路面硬化工程。

二、步行绿道

冠山步行道　环赤龙山(殿下山)山体、通至大虫坑构筑的步行道。以大溪镇规划的冠屿山公园·赤龙园西入口笑篁山包头凉亭为始发点,分别往东北殿下和桥里方向、往北山后方向、沿小龙山山岗大虫坑方向,呈三向放射形网状互联通达。步行道宽约 3 米,全程沥青路面。2013 年,拓宽乌岩山脚和大虫坑路面,并分别连接山后村和桥里村,构成相互连通的环冠屿山步行道路。

殿下漫步道 起自村东边的三脚撑,沿箬溪河道,西至屿山脚下(现冠城河桥东),漫步道路面宽 1.5 米,总长度 632 米。该工程是政府奖补的村级公益事业项目,省、市财政奖补 55.6 万元,村级集体出资 34.3 万元。项目工程于 2021 年 2 月竣工。交付使用后,为了保障安全,村里又出资 9.9 万元安装了河岸不锈钢护栏。2022 年 10 月,又出资 0.9 万元,在漫步道边上安装了太阳能路灯,以方便村民和游客夜间出行散步。

三、村内民居路网

村内民居路网,是民居间及民居与主干道贯通的民居路网。村内民居路网建设与社会主义新农村示范村建设同步实施。凡完成新民居建设的区域,同步建设水电输送管道、排污管道、路灯和路面硬化等综合配套建设。

第六节　桥和路廊

一、桥

殿下村境内有五座桥梁,横跨月溪(太湖河)的有殿下桥、滩头桥、太湖河桥,横跨箬溪(冠城河)的有闸桥、冠城河桥,分别贯通殿下与大溪镇政府,箕篁自然村、双凌,连接殿下与方山小学、念母洋、四姑岭。

殿下桥 位于殿下村前山南,箬水分清上方,横跨殿下溪(月溪),也叫下桥、下桥头。殿下桥为冠屿赵氏族人建于清朝,全部用石头建造,该桥原貌已失传。明朝时,冠屿桥里赵氏在箬溪上游修了一座石桥,沟通桥里、桥外两地,叫桥里桥。按照民间说法,水之上游谓之上,下游谓之下,所以,位于箬溪上游的桥里桥叫上桥,而处下游的殿下桥则叫下桥。1952 年,殿下桥重修。河中间用巨石垒砌两座菱形桥墩,以减少水流冲击压力。主桥桥面以 3 条长三四米、宽 0.5 米、高 0.3 米的长方体石条拼接而成,两头辅桥桥面以 1.5 米左右边长、0.2 米厚的四方体石板构成,桥总长度约 8 米、宽 1.5 米,河床至桥面高度约 3 米。这座石桥足够支撑人力车、大中型拖拉机的重力,承载了殿下、桥里、桥外、双桥等村前往大溪赶集的人来车往,历 40 多年。1997 年,为适应殿下溪河道拓宽和大溪镇主干公路方山大道拓宽的需要,殿下桥石头桥被全部拆除。新桥桥墩仍然用大石块砌成,桥面改用钢筋水泥浇筑,桥宽 7 米、3 孔、长 19.6 米,可以通过 20 吨的挂车。桥栏用石板构建,桥栏中间刻有大溪中学原校长、书记赵振玉书写的"殿下桥""一九九七年"字样。2021 年,按照大溪镇城镇建设总体规划,大溪镇主干道 60 米宽的方山大道,自殿下桥向南贯通大石一级公路,直至羊岗山脚;自殿下桥向东北延伸直达桥外、桥里等村,同时在紧靠殿下桥南侧建一条 104 国道与 104 复线之间的连接线——双凌路。因此,1997 年修建的殿下桥已成整个大溪镇北部区域的咽喉卡点了,大幅拓建殿下桥已成必然。2021 年 12 月,一座全部用钢筋水泥建造的 60 米宽新型大桥建成通车。殿下桥成为大溪镇北部区域的交通枢纽。

滩头桥　位于上筻簳原水埠头往西约 100 米处,横跨殿下溪(月溪),连接山后至下村与念母洋。滩头桥是一座石头老桥,桥板、桥墩及桥基均为石材。桥墩有两个,分别建在距南北岸边约 1.5 米处,构成三洞,中间一洞约 5 米。每个桥墩都由两条长方体石棱竖立,上方压一条扁状的石棱。六条扁状的石棱做桥板,每一洞之间铺两条桥板,桥面总宽度 1 米不到。桥板边上刻有"景德"二字。景德,是宋朝第三位皇帝宋真宗赵恒的年号,景德元年是公元 1004 年。如此推算,滩头桥建桥距今有 1000 多年了。滩头桥在 20 世纪末拆石桥建新桥,这块桥板有可能放在现在新桥边上的水埠头下面。

闸桥　位于筻溪中段殿下下新基,即屿山东北方向 100 米左右,为冠山赵氏始祖赵德明曾孙赵岩(1373—1436)所建,建桥时间大约在明永乐八年(1410)前后。根据赵氏宗谱记载,赵岩,名岩,字维石,号耕趣,桥里人,冠山赵氏东房始祖,地产位于今桥里、桥外、双桥、殿下、念母洋、双凌一带。赵岩进入中年之后,家资日益丰厚,成为地方富豪。时地方上农田水利年久失修,因近溪水,天晴则水去而旱,下雨则水溢而涝。赵岩即个人斥资数十万钱,在筻溪中流建水闸两座,即殿下闸桥和桥里桥,以水闸开启关闭来调节水量,使一方数百顷(数千亩)农田受利,号称"常稔",即四季粮食丰收常熟。附近民户之田也受其利,亩产粮食高于其他地方。闸桥全长约 30 米,主桥为一洞石桥,长约 5 米,宽约 1.5 米,高 2 米,桥面由石棱铺就,桥墩以较大石块垒砌而成。石桥两头辅桥河坝各约 10 米长,宽度略宽于桥面,河坝路基两侧以石块垒成,泥石路面。石桥下方紧贴两头桥墩用石棱做成水闸桁沟,用原木做闸板。当需要关水时,将闸板沿桁沟放下,反之,取闸板。至清时,在筻溪下游现在叫闸头的地方,又建了一座闸,殿下村闸桥闸就起不了什么作用了,闸桥闸废,但闸桥仍存。由于闸桥地理位置较偏,年久失修,已成危桥,1967 年前后重修闸桥。主桥由一洞改成两洞大小,长度加长,宽度不变。拆除双节坊,其石料切割成诸多大石块,用来构筑闸桥两岸和中间的桥墩,辅桥河坝结构、桥面等基本不变。20世纪80年代,再次重修闸桥。重修后,主桥复为一洞,但拓延为8米左右长,桥墩仍用大石块砌成,大石块由来自滩头桥路廊的石柱裁割而成,主桥和辅桥河坝总长度仍为30米,主桥桥面和路面宽度拓宽为4米左右,桥面和辅桥河坝路基路面均为钢筋混凝土浇筑。2004年大溪镇政府为了加强对箬溪下游河水的二次控制,投资650万元,在闸头上游殿下村田洋陈的地方,建造了一座橡胶闸,长26米,高2米。如果要蓄水,三相电机启动,把空气灌进去,橡胶膨大,闭闸;如果要放水,就把空气放掉。这座橡胶闸直至现在仍在使用。

太湖河桥和冠城河桥　位于双凌路殿下段的屿山两侧,横跨三脚撑剪刀口上的太湖河(月溪)和冠城河(箬溪)交叉点,即冠屿八景之一的箬水分清处,与上游的殿下桥正好又形成一个剪刀口。太湖河桥与冠城河桥两座桥梁间相距约50米。桥梁全部用钢筋水泥建筑,桥面宽56米,桥长30米,2021年12月建成通车。两座桥梁的建成,使大溪镇三环西路从殿下桥东延至大溪法庭前,极大地方便了方山小学师生和家长的上下学交通。可惜的是,殿下人称之为“龙珠”的海拔高度约20米面积约150平方米的屿山,被基本削平,只剩下三脚撑口一小块了。倘若有箬水分清出现,还是可以在这儿尽情观赏奇景的。

二、滩头桥路廊

滩头桥路廊,是殿下村唯一的一座路廊,位于箕篁滩头桥月溪北岸,距滩头桥约10米处,即现110kV变电站附近。在交通不发达的古代,滩头桥路廊是太湖盘山古道和唐岭古道至冠屿往潘郎街的必经之路。过往行人路过滩头桥路廊,可以稍事休息。滩头桥路廊建于何年,无从佐考。清咸丰三年(1853)重修。主持重修的是信一大房赵兴恒,字立方。滩头桥路廊的建筑材料,以石柱、石桁、石板为主,屋顶用瓦片盖之。路廊北墙、东墙和西墙除大门外,均用石板封闭,遮挡风雨;路廊南面敞开无墙体阻隔,直面大路和月溪,视野开阔。石柱之间铺以石凳,供人们休息之用。滩头桥路廊原分三殿。中间是泗洲大圣;东头是龙王殿,有花缸爷、大权爷、桥栏土地爷;西头是三官殿,即天官、地官、水官。每年早稻、晚稻两季保稻花拜老爷,传说岭下刘人把大权爷放在麻袋里背去祈雨,很灵验,等雨水通了,箕篁人举着旗帜,敲锣打鼓到盘山岭头去迎接回来。泗洲大圣和三官佛均为石像。据箕篁林大生当年从三官佛像背面抄录下来的文字记载,“清同治甲子十二月二十九日寅时,刘氏奴喜舍天官一尊,河头滕思舍地官圣身一尊,关屿赵才妻郑氏男喜舍银三钱水官圣像,赵郑舍水官圣像银三钱,化主张德寓、雕佛李成见同置",当为清同治三年(1864)民间捐助立三尊三官石佛像。1966 年下半年,佛像全部被毁,石佛头像被敲断,放在殿下山娘娘庙。自此,路廊失去佛殿功能,仅供南来北往过路人们和笑篁村民休息之用。滩头桥路廊于 20 世纪 70 年代中期拆掉。20 世纪 80 年代重修闸桥时,路廊石柱裁成大石块用作闸桥桥墩。

【附】滩头桥路廊的传说

　　滩头桥路廊为殿下赵氏信一大房绍楷所建。绍楷是邑庠生,儿子继煊是国学生,绍楷父亲学坚是邑庠生,包括叔叔、兄弟都是邑庠生,他们都有文化。绍楷妻子、儿媳在滩头桥路廊西北边高地上为公公学坚建了一座坊。坊建成后,亲属、朋友、地方百姓、官府人员,都到坊上来看看。可是来了后没有坐的地方和休息的场所,如果碰到下雨,就连一个避雨的地方也没有,于是就在靠近坊的东面紧挨路边建了三间路廊。但当时的路廊只有石柱、石凳,顶上无椽皮瓦片,周围没有石板挡风。后来路廊重新修建,周围才有了石板,顶上盖了屋顶,路廊大梁上还刻有"风调雨顺,国泰民安"的字样。说起来这路廊修建还有一段感人的爱情故事呢。

　　故事发生在清朝同治年间。殿西保即笑篁有个叫兴恒的人,字立方,号福禧,是冠山赵氏信一大房人氏。有一天,他到松门、箸横一带买灰,看到有个道地里围了很多人,有的在号哭,有的在喊叫一个姑娘的名字。原来这个姑娘不省人事,大家以为她已经死了,所以都很悲痛。这个时候,买灰人刚好经过这个道地,了解情况后,他为姑娘把了把脉,认为这个姑娘还活着,只是暂时昏厥而已,还有救。他拿出银针给她扎针,这个姑娘就慢慢醒过来了。姑娘家人、亲属、道地里人,都非常高兴,十分感谢这个买灰人把这个姑娘救了回来。他们同买灰人聊了起来,问他哪里人,叫什么名字。买灰人说,我是大溪冠屿殿下人,名叫赵立方。大家要留他吃饭,给他钱,他都婉拒了,交代了后续注意问题,喝了口水就走了。

　　赵立方在当时的冠屿一带可是很有名气的人,很多人都知道他。过了不久,冠屿桥外有个卖白糖的人到松门、箸横一带卖白糖,刚好来到这个姑娘所在的道地叫卖。有人问他，卖糖人，你是哪里人，到这里来卖糖。他说："我是大溪冠屿桥外人。"又有人跟着问："你是大溪冠屿人啊，你认得冠屿人赵立方吗？"这个卖糖人回答道："冠屿人赵立方，我知道，他是冠屿殿下人，他在我们冠屿很有名气，助人为乐，人们都很尊重他。你们打听赵立方是怎么回事？"道地里人向卖糖人讲述了当时赵立方救人的经过，还问了赵立方的家庭情况，有多少岁了，有没有成家。卖糖人说，赵立方已经成家了，有两个儿子。姑娘父母本来为了报答救命之恩，想把女儿许配给赵立方。听说赵立方已经成家有了孩子，犹如晴天霹雳。姑娘回忆被救往事，历历在目，一时想不过去，上吊自尽了。可姑娘的灵魂却悄悄跟着卖糖人来到殿西保。恰巧这天一大早赵立方到太湖方向砍柴去了，要到太阳快落山的时候才能回来。于是，姑娘的魂魄便来到滩头桥路廊等他。太阳快下山的时候，赵立方挑了一担柴从沙岸东桥往殿西走来。快到滩头桥路廊还有几十米的时候，只觉得肩上的一担柴突然变得很重很重，路也走不动了。他好生奇怪，这么多路一直挑来都没事，不觉得累，为什么到了路廊边，家快到了，这担柴却这么重，压得他走不动路？他也没多想，放下柴担，在路廊里歇了一歇，之后挑起柴担回到家里。到了晚上，赵立方做了一个梦。在梦中，这个姑娘对他说："你为什么救我？你救了我，说明我们有前世夫妻姻缘，结果我却无法嫁给你，我只好把灵魂嫁给你。我没有地方归宿，请你把这座滩头桥路廊修一修。"醒来后，赵立方把梦里的事告诉了家里人。于是，赵立方把滩头桥路廊重新修了一遍，路廊周围用石板围起来，屋顶椽皮瓦片盖好，在大梁上刻了"风调雨顺，国泰民安"字样。从此，直到 20 世纪 70 年代中期，滩头桥路廊一直是过路来往行人、箕箦人遮风避雨、休息聊天的好地方。

到 1976 年左右，建在殿下溪北岸两米宽道路边的滩头桥路廊已无法适应现代交通建设大势，为了给道路拓宽、河道疏浚让路，滩头桥路廊拆掉了。路廊屋顶的椽皮瓦片都拉到小溪西岙山建了管山屋，路廊的石柱、石条不知所终。

滩头桥路廊屋基大约位于现大洋城变电站大门口东边。

滩头桥路廊重修的准确时间是清咸丰三年(1853)。[①]

① 《滩头桥路廊的传说》由赵守正供稿。

第七节 民 居

殿下村民居依山傍水而建,背靠赤龙山,面朝箸溪和月溪。殿下村民居变化,就当代来说,可以分成三个阶段。

第一阶段,新中国成立后至 1978 年。这 30 年左右保持 20 世纪四五十年代民居样貌,基本是砖木结构或石板墙体的一层平房和两层楼房,五六十年代还有部分为泥土墙,所以当强台风来袭时,刮倒刮斜房子是常有的事。这一阶段,很少有村民翻修或新建房子,往往是以能住、不漏雨为原则。

第二阶段,1979 年至 2009 年。1978 年开始规划全村旧村改造,建大寨屋,就是像大寨那样,全村统一一个式样,统一屋子的高度和宽度,十间一排,每间都是两层楼。每排主楼后面,村里安排一定的"猪栏屋"(一层平房),规定是一层小屋,但也有村民把后边建成了三层或四层的高楼,比主楼还要好。至于建房选用什么建材,是水泥结构、砖木结构还是石板屋或者别的,村里不作统一规定,由村民自行选择。建造大寨屋的高潮,出现在 20 世纪 80 年代。

第三阶段,2010 年迄今,社会主义新农村建设时期。全面建造美丽实用的新农村房型,出于以下原因势在必行:一是随着人口增长,村民迫切需要有房子住,而大寨屋只有两层,居住面积有限,不能适应人口增长需要;二是经济发展了,村民生活好了,应该改善居住条件。新农村建设由大溪镇统一规划,由殿下村控制高度和宽度。房型有两种:一种是"敲榔头"(拍卖地基)的,易地建新屋拆老屋,安排小康型条排屋,现主要规划在殿下溪箥篁段南岸,自殿下桥到双凌村这一段及靠近殿下桥的箸溪北岸;另一种是原拆原建,多层立地到栋,一定时期内一排房屋的高度规定也不一样。目前,新农村建设方兴未艾。

第八节 其 他

一、雷击村

殿下村在雷雨季节经常莫名遭雷击,以"雷击村"而闻名温岭。雷击的高发地有高田、山后洋、下桥头、大虫坑、道士岗,其他区域也都发生过雷击,但不像上述几个区域那样频繁。雷电有时烧毁一片稻田,或烧掉一棵大树,或击杀某个动物,也有击伤或击死人的。下桥头就有一个外地行人在经过时被雷击中死亡。殿下一名 39 岁的赵姓村民曾在自留地上被雷击伤晕倒,经抢救捡回一条命(他后来成为大溪镇干部)。故而,殿下村村民深知雷电的厉害和出现的无常,在田垟劳动碰到雷雨天气时,都会到比较安全的地方躲雨。

二、殿下溪改造

月溪(太湖河)殿下段叫殿下溪,源自太湖诸山。殿下溪河道多年来自然塑堵成行走蛇形状,尤其是杨柳汇至殿下桥段,还形成了杨柳汇和下溪沌两个大漩汇和若干溪池。

1958 年,省委工作组驻村,一位姓白的组长主持,计划将河道裁弯取直,但终因工具所限未能成功。

1998 年,大溪镇政府组织实施殿下溪河道改造工程。一方面,裁弯取直,砍掉了杨柳汇和下溪沌两个大漩汇,使东桥闸下泄水道过 104 国道后基本直行至殿下桥;另一方面,河道两岸以石头砌成路坝,以防发大水时冲毁,同时拓宽河道;三是疏浚河床淤泥沙石,加快水流下泄速度,并且每隔几年视泥石淤积情况加以疏浚,2017 年进行了全河道大疏浚;四是河道两岸道路硬化,阻断发大水时过去泥石路的泥沙冲下河床;五是改造拓宽沿河 104 国道桥、双凌桥、滩头桥、殿下桥 4 座桥梁,消除原来老桥桥墩带来的泥石淤积和上游大件垃圾冲击风险。

三、平整土地与自流灌溉

在漫长的土地私有制条件下,不同的地块为不同的户主所有,存在道路狭窄、水渠不畅、田埂弯曲、田地高低不平的问题。1949 年以后,经过土地改革和社会主义"一化三改造",土地收归国家和集体所有,平整土地成为可能。到了 20 世纪六七十年代,广大农村掀起了大规模水利农田基本建设高潮——平整土地。所谓平整土地,就是将一小块一小块不规则的田,平整成两亩左右的大田块。

殿下村的平整土地,从殿下(第 1 队—第 4 队)开始,逐步推向箕簧(第 5 队、第 6 队)。殿下各队的田地与周边的念母洋、双桥、桥里等村地界基本清晰,且同属冠城公社管辖,规划调整和实施平整起来比较容易。但箕簧就不同了,两个生产队尤其是第 6 队,与大溪公社的双凌、下村,照洋公社的东桥、山后 2 个公社 4 个大队的田地相互穿插在一起,而且你中有我,我中有你,只有通过大溪区政府协调,调整涉及冠城、大溪、照洋3个公社5个大队的土地归属关系,重新划清地界,并统一制定水利建设规划,相互衔接道路、水渠、田埂后,才能组织实施平整土地工作。因此,平整土地的工作,殿下4个生产队在20世纪60年代中后期就基本完成了,而箕篁的2个生产队则完成于1976年。

　　经过大规模水利农田基本建设后,道路拓宽,水渠直通,田埂改直,良田平整成方——那时叫"田成方,屋成行"。箕篁片区良田一跃而成为自流灌溉区域。1958年建成的太湖水库水源可以从东桥闸穿过104国道,直灌箕篁、东桥、山后、双凌等的每一块农田。生产队只要派一两位农民打开或堵上各块农田的缺口,即可达到自动灌水或排水,除了大旱之年,基本用不到水车或抽水机灌溉了,大大提高了区域范围水稻田旱涝保收能力,节省了农田供排水劳力。这个水利建设红利,殿下尤其是箕篁村民的子子孙孙迄今已经享受了50多年,想必今后仍将获益。

第三章 人 口

第一节 人口数量

一、人口数量变化

1949 年新中国成立后,1951 年实行土地改革时,殿下村约有人口 740 人。[1]

1956 年,殿下村共有 180 户,698 人,其中男 358 人,女 340 人。[2] 50 年代人口数量一直在 700 多徘徊,每年出生人数大部分都在 20 人左右,1959 年总人口为 719 人。

20 世纪 60 年代人口发展较快,出生人数平均每年 30 人左右,总人口连跨 800 和 900 两级,1970 年达到 988 人,1971 年跨越了千人大关。

20 世纪 70 年代中后期人口发展放缓,十年里总数只增加了约 110 人,年出生数有 5 年在 20 人以下,1979 年人口总数为 1112 人。

自 20 世纪 80 年代开始,一直到 21 世纪第一个十年,在长达 30 年的时间里,因国家实行计划生育政策,人口发展持续放缓,80 年代总人口增加数不足百人,1989 年全

---

① 数据据赵春法口述。
② 1956 年殿下村民具体名录详见本书附录一。

村总人口为 1208 人。

自 20 世纪 90 年代开始，殿下村年出生人口数量始终在 10～20 人，总人口数 1999 年为 1270 人，2005 年为 1298 人。

至 2023 年 1 月 1 日，全村总人口 500 户 1470 人，其中男 739 人，女 731 人。就总人口的绝对数来看，1949 年以来，到 2022 年年底，增加了约一倍。[①]

二、出生和死亡状况

1949—2015 年殿下村年度人口总数、出生和死亡人数见表 3-1。[②] 从表 3-1 数据可以看出，一方面，自 20 世纪 60 年代初到 80 年代初的 20 年里，15 岁及以下的未成年人死亡率较高。尤其是 6 岁以下的婴幼儿死亡，1965、1966 年均为 7 人，1965 至 1978 年的 14 年里有 9 年每年都有 3 个及以上婴幼儿死亡。80 年代中期以后，这种情况极少发生。

另一方面，21 世纪以来当年成年人死亡数接近甚至超过新生儿出生数。2004 年新生儿出生 14 人，成年人死亡 13 人；2015 年出生 13 人，死亡 16 人，绝对数负增长 3 人；自 2000 年到 2015 年的 16 年中，成年人死亡数与新生儿出生数之比达到 75% 以上的有 6 个年份（同时期死亡者的平均寿命为 76.5 岁）。

表 3-1　1949—2015 年殿下村年度人口总数、出生和死亡人数

年份	总人口数	出生情况			死亡情况				
		出生人数	其中		死亡人数	其中			
			男	女		16 岁及以上	7～15 岁	3～6 岁	1～2 岁
1949		21	7	14	1	1			
1950		28	14	14	3	3			
1951	约 740	18	10	8	2	2			
1952		14	7	7	3	3			
1953		13	7	6	0				
1954		30	20	10	0				
1955		22	16	6	2	2			
1956	698	19	10	9	1	1			

① 2022 年殿下村民具体名录详见本书附录二。
② 1949—2015 年殿下村出生、死亡名录详见本书附录三。

续表

年份	总人口数	出生情况			死亡情况				
		出生人数	其中		死亡人数	其中			
			男	女		16岁及以上	7~15岁	3~6岁	1~2岁
1957	704	30	18	12	2	2			
1958	716	20	10	10	3	3			
1959	719	19	12	7	3	3			
1960	724	16	4	12	1	1			
1961	734	11	6	5	2		2		
1962	760	32	19	13	2	2			
1963	831	39	20	19	0				
1964		30	13	17	3	2		1	
1965		35	18	17	8	1		2	5
1966	913	36	19	17	13	6			7
1967	916	34	17	17	7	4	1	2	
1968	933	21	15	6	8	3		1	4
1969	972	39	22	17	5			1	4
1970	988	31	11	20	8	5			3
1971	1004	24	13	11	8	4		1	3
1972	1019	20	12	8	11	7			4
1973	1033	17	11	6	10	8			2
1974		13	6	7	4	2	1		1
1975		11	6	5	8	5			3
1976	1062	17	12	5	9	5	2		2
1977	1065	17	9	8	14	12			2
1978		28	12	16	7	3			4
1979	1112	27	16	11	10	8			2
1980	1125	11	7	4	6	4	1		1
1981	1143	22	13	9	7	6	1		
1982	1145	19	10	9	10	7			3
1983	1145	18	11	7	7	7			
1984	1162	25	9	16	7	7			
1985	1163	20	12	8	7	7			
1986	1175	26	17	9	3	3			

年份	总人口数	出生情况			死亡情况				
		出生人数	其中		死亡人数	其中			
			男	女		16岁及以上	7~15岁	3~6岁	1~2岁
1987	1179	22	14	8	13	13			
1988	1187	34	16	18	2	2			
1989	1208	26	13	13	10	9			1
1990	1246	17	7	10	6	6			
1991	1233	22	12	10	8	8			
1992	1265	16	8	8	4	4			
1993	1242	19	8	11	8	8			
1994	1241	11	7	4	8	6			2
1995	1253	16	9	7	11	11			
1996	1269	10	5	5	6	6			
1997	1276	17	8	9	11	11			
1998	1263	17	14	3	9	9			
1999	1270	12	4	8	8	8			
2000	1274	14	7	7	9	9			
2001	1285	12	6	6	8	8			
2002	1298	10	0	10	8	8			
2003	1301	16	9	7	9	8		1	
2004		14	7	7	13	13			
2005	1298	21	12	9	4	4			
2006		14	11	3	8	8			
2007		13	10	3	7	7			
2008		17	11	6	4	4			
2009		12	9	3	9	9			
2010		13	9	4	3	3			
2011		17	9	8	13	13			
2012		19	12	7	13	13			
2013		21	12	9	17	17			
2014		15	7	8	6	6			
2015		13	3	10	16	16			
总计		1353	730	623	456	386	8	9	53

第二节　人口质量

一、平均寿命不断增长

1949 年以来,殿下村村民的平均寿命在不断增长。死亡登记时有年龄记载的 16 岁及以上者,1950—1959 年有 19 人,其平均寿命为 55.9 岁;1960—1969 年有 19 人的平均寿命 65.6 岁;1970—1979 年有 58 人,平均寿命 70.4 岁;1980—1989 年有 66 人,平均寿命为 66.3 岁;1990—1999 年有 77 人,平均寿命 73.9 岁;2000—2009 年有 78 人,平均寿命 76.8 岁;2010—2015 年有 68 人,平均寿命 76.3 岁。从 20 世纪中叶到 2010 年左右,60 年里村民平均寿命增长了约 20 岁。

二、高寿老人数量增加

2022 年年底,殿下村户籍内 60 岁及以上老人有 353 人,占总人口数的 24％;80 岁及以上高寿老人共有 58 人,其中女性 31 人,约占 53％;90 岁及以上的 17 人,其中女性 10 人,约占 59％。

夫妻双双都 90 岁及以上高寿健在的有 3 对:赵仁恩、林领姐夫妻;赵守满、钟冬青夫妻;林大法、许妹香夫妻。

夫妻双双都 80 岁及以上高寿健在且一方已达 90 岁的有 1 对:赵加文、金小连夫妻。

夫妻一方 90 岁及以上高寿健在且另一方享年 80 岁以上的有 1 对:骆小连(已故)、谢小领夫妻。

夫妻一方享年 90 岁及以上且另一方 80 岁及以上高寿健在的有 2 对:赵一信(已故)、张香莲夫妻;赵凌根(已故)、林菊英夫妻。

夫妻双双都 80 岁及以上高寿健在的有 2 对:赵一清、蔡小彩夫妻,赵家培、叶香领夫妻。

夫妻一方 80 岁及以上高寿健在另一方享年 80 岁以上的有 9 对:赵振力(已故)、陈玉梅夫妻;赵南中(已故)、许桂香夫妻;赵一时、陈香姐(已故)夫妻;赵一桃(已故)、王春香夫妻;赵家友(已故)、俞夏花夫妻;赵家金(已故)、赵彩香夫妻;赵振更(已故)、蔡彩娥夫妻;金宽业(已故)、赵素琴夫妻;赵玉香(已故)、杨凤领夫妻。

2022年年底,殿下村基本都可以做到三世同堂,四世同堂的有35户(排名不分先后):

赵加文、金小莲

赵一信(已故)、张香莲

赵一时、陈香姐(已故)

赵法达(已故)、颜香领

赵有恩、周冬姐(已故)

赵仁恩、林领姐

赵凌根(已故)、林菊英

赵一华、陈香娥

赵一如(已故)、王玉文

赵一宗(已故)、尤香姐

赵家增(已故)、张领姐

赵南中(已故)、许桂香

赵家春(已故)、叶冬领

赵守满、钟冬青

赵家唐(已故)、叶玲香

赵振清(已故)、王夏香

赵家培、叶香领

赵家金(已故)、赵彩香

赵洪友(已故)、王彩娇

金宽业(已故)、赵素琴

赵仁法(已故)、鲍夏琴

骆小连(已故)、谢小领

赵玉香(已故)、杨凤领

蔡良法(已故)、林夏花

杨和顺、赵彩云

林大法、许妹香

蔡二姐(已故)、王凤姐

赵仙春、蒋凤姐

赵家青、陈冬姐

赵一桃(已故)、王春香

赵一良(已故)、蔡珠凤

赵家顺、鲍香领(已故)

赵守会、鲍玉兰

赵小根(已故)、卢领花

赵一照(已故)、陈春兰

而 1956 年,四世同堂仅 1 户,三世同堂 23 户。

截至 2022 年年底,殷下村 80 岁及以上高寿老人名录见表 3-2。

表 3-2　殷下村 80 岁及以上高寿老人名录(截至 2022 年年底)

姓名	性别	出生年月	年龄	组别	备注
王夏香	女	1927.08	96	五组	赵东方母亲
赵守满	男	1927.11	96	四组	
赵仁恩	男	1928.02	95	二组	
黄玉凤	女	1928.06	95	三组	赵家君母亲
赵振梯	男	1929.05	94	三组	
林领姐	女	1929.11	94	二组	赵若森母亲
林大法	男	1930.08	93	六组	
张领姐	女	1930.11	93	三组	赵贤正母亲
谢小领	女	1931.03	92	五组	骆春法母亲
赵振橡	男	1931.09	92	四组	
钟冬青	女	1931.11	92	四组	赵云岳母亲
许妹香	女	1932.02	91	六组	林照宋母亲
陈春兰	女	1933.04	90	五组	赵西林母亲
赵素琴	女	1933.07	90	六组	金海英母亲
赵茂友	男	1933.08	90	二组	
尤香姐	女	1933.08	90	三组	赵华君母亲
赵加文	男	1933.08	90	一组	
林菊英	女	1934.09	89	二组	赵家德母亲
叶香领	女	1935.02	88	五组	赵大顺母亲
赵有恩	男	1935.03	88	二组	
张香莲	女	1935.03	88	一组	
卢夏莲	女	1935.03	88	五组	赵友岳母亲
赵彩香	女	1935.11	88	五组	赵和菊母亲

续表

姓名	性别	出生年月	年龄	组别	备注
赵梧香	男	1935	88	五组	
赵家地	男	1936.01	87	五组	
赵法顺	男	1936.03	87	四组	
赵益华	男	1936.11	87	二组	
赵家培	男	1937.02	86	五组	
王凤姐	女	1938.01	85	六组	蔡妙富母亲
赵一时	男	1938.03	85	一组	
杨凤领	女	1938.03	85	六组	赵宝连母亲
赵家顺	男	1938.07	85	二组	
王彩娇	女	1938.08	85	五组	赵妙德母亲
蔡小彩	女	1938.08	85	六组	赵云福母亲
许桂香	女	1938.08	85	三组	赵旭智母亲
卢领花	女	1938.11	85	四组	赵美顺母亲
金小莲	女	1938.12	85	一组	赵守云母亲
金香姐	女	1940.03	83	三组	赵华林母亲
赵宗启	男	1940.03	83	二组	
鲍夏琴	女	1940.03	83	六组	赵和田母亲
蔡彩娥	女	1940.04	83	六组	赵晓波母亲
赵一清	男	1940.07	83	六组	
赵法兴	男	1940.08	83	一组	
杨和顺	男	1940.08	83	六组	
赵一志	男	1941.06	82	五组	
毕夏青	男	1941.09	82	三组	
林夏花	女	1941.11	82	六组	蔡岳明母亲
赵家启	男	1942.12	81	六组	
赵加仁	男	1942.01	81	三组	
林大生	男	1942.04	81	五组	
潘夏妹	女	1942.07	81	四组	赵炳烁母亲
凌彩芽	女	1942.08	81	四组	赵招友母亲
赵守土	男	1942.10	81	二组	
陈玉梅	女	1942.11	81	三组	赵文忠母亲
赵家富	男	1943.07	80	四组	
俞夏花	女	1943.07	80	四组	赵守康母亲
陈香娥	女	1943.08	80	二组	赵建平母亲
赵法友	男	1943.10	80	五组	

注:时间具体信息已不可考者,仅以已知信息记录。

1949年至2022年年底,殿下村有文字记录的享年80岁及以上亡故老人共有184人,其中女性92人,男女比例1∶1;享年90岁及以上亡故老人46人,其中女性26人,占57%。以上具体名录见表3-3。最长寿者是2014年去世的筻篖童振财,享年103岁;其次是2020年去世的金凤姐(赵法先母亲),享年99岁;并列第三的是2018年去世的赵斯伦、赵桂香(筻篖骆小春母亲),享年98岁;并列第五的是2009年去世的筻篖赵玉增、2008年去世的王小姐(赵一和母亲),享年96岁;并列第七的是2009年去世的筻篖骆仙根、1992年去世的郑三妹(赵加俭母亲),享年95岁。享年95岁以上的共有8人,男女各4人,殿下和筻篖各4人;且筻篖的4人中3位为男性,同时4人均出自毛竹下前后两个道地。截至2022年年底,夫妻双双享年80岁以上的共有29对。

夫妻双双享年都在90岁及以上的有4对:

赵文法、王小姐夫妻

赵恭沛、江小妹夫妻

赵玉增、王彩领夫妻

骆仙根、赵桂香夫妻

夫妻一方享年90岁及以上另一方享年80岁及以上的有10对:

赵一昌、罗小姐夫妻

赵一福、姜领姐夫妻

赵小宽、张小妹夫妻

赵达仁、徐小花夫妻

赵一浩、郑三妹夫妻

赵家增、张领姐夫妻

赵斯伦、王玉姐夫妻

赵振思、鲍小领夫妻

赵振灯、叶三妹夫妻

林美地、罗四妹夫妻

夫妻双双享年都在80岁及以上的15对:

赵一仁、卢彩莲夫妻

赵一奎、孙领凤夫妻

赵守增、鲍妹娇夫妻

赵若富、叶香莲夫妻

赵一仁、孙玉领夫妻

赵家顶、张彩云夫妻

赵家俭、叶 娇夫妻

赵振元、林照凤夫妻

赵小玉、林妹青夫妻

赵振方、张领姐夫妻

赵一凤、潘彩领夫妻

赵一仁、叶妹凤夫妻

赵一冶、蒋妹英夫妻

李五妹、陈妹领夫妻

赵一标、卢彩玉夫妻

表 3-3 1949—2022 年殿下村享年 80 岁及以上有文字记录亡故者名录

序号	姓名	性别	享年	生卒年	备注
1	陈氏	女	80 以上	？ —1959	杨继友母亲
2	陈荷英	女	82	1885—1966	赵四连母亲
3	王四妹	女	81	1892—1972	赵加灯母亲
4	林小女	女	81	1893—1973	赵一福母亲
5	赵一浩	男	85	1889—1973	赵加俭父亲
6	钟小香	女	86	1889—1974	户主
7	俞领妹	女	83	1892—1974	赵一昌母亲
8	赵一德	男	84	1892—1975	赵家富父亲
9	潘夏姐	女	83	1893—1975	赵守顺母亲
10	赵正志	男	90	1886—1975	赵一彩父亲
11	赵振方	男	84	1893—1976	赵一宗父亲
12	赵克信	男	89	1888—1976	赵仁恩继父
13	赵家宽	男	84	1892—1976	赵守增继父
14	赵一玉	男	84	1894—1977	赵道尧父亲
15	蒋香梅	女	85	1895—1979	五保户
16	徐小香	女	80	1900—1979	赵林根母亲
17	卢彩芽	女	89	1892—1980	五保户
18	赵克彩	男	88	1894—1981	赵玉香父亲
19	李老五	女	82	1900—1981	赵达仁母亲
20	林秀英	女	81	1902—1982	赵洪烈母亲

续表

序号	姓名	性别	享年	生卒年	备注
21	林昌格	男	80	1904—1983	林法明父亲
22	叶领	女	91	1894—1984	赵加兵母亲
23	林美地	男	82	1903—1984	林大法父亲
24	盛花	女	81	1905—1985	赵良金母亲
25	王三妹	女	87	1900—1986	赵正福母亲
26	赵如家	男	89	1899—1987	赵茂友父亲
27	赵一池	男	82	1906—1987	赵加富父亲
28	赵一池	男	81	1909—1989	赵家汉父亲
29	赵一元	男	83	1907—1989	赵法良父亲
30	赵振斯	男	84	1906—1989	赵仙春父亲
31	陈小花	女	84	1907—1990	赵一林母亲
32	赵斯连	男	87	1905—1991	赵娇花父亲
33	赵正满	男	82	1910—1991	赵一志父亲
34	罗四妹	女	93	1899—1991	林大法母亲
35	胡五妹	女	86	1906—1991	赵小美母亲
36	谢小女	女	90	1903—1992	赵加美母亲
37	郑三妹	女	95	1898—1992	赵加俭母亲
38	赵克桃	男	88	1905—1992	赵云平外公
39	蔡仁朋	男	90	1904—1993	蔡良法父亲
40	赵法根	男	83	1911—1993	赵小玉父亲
41	赵正桃	男	81	1913—1993	赵法先父亲
42	赵家华	男	82	1912—1993	赵加方继父
43	杨玉领	女	87	？—1993	五保户
44	翁小领	女	90	1905—1994	赵一标母亲
45	叶妹凤	女	80	1915—1994	赵加德母亲
46	林二姐	女	84	1912—1995	赵加林母亲
47	蒋妹英	女	89	1907—1995	赵家汉母亲
48	陈三姐	女	92	1904—1995	赵有恩母亲
49	毛三妹	女	86	1910—1995	赵守茂母亲
50	蒋春姐	女	80	1916—1995	赵加地母亲
51	柯珠妹	女	85	1911—1995	蔡二姐母亲
52	刘小英	女	91	1905—1995	赵茂顺母亲

序号	姓名	性别	享年	生卒年	备注
53	赵一玉	男	80	1916—1995	赵加生父亲
54	赵一顺	男	80	1917—1996	赵法林父亲
55	刘四头	男	82	1915—1996	刘照妹父亲
56	赵一其	男	88	1910—1997	赵法达父亲
57	赵振玉	男	84	1913—1997	赵斯连弟弟
58	张领姐	女	89	1909—1997	赵一保母亲
59	叶凤姐	女	87	1911—1997	赵春法母亲
60	赵一仁	男	86	1914—1999	赵妙玉父亲
61	陈小领	女	82	1918—1999	赵守勤母亲
62	赵昌友	男	93	1901—1999	赵加文父亲
63	赵文法	男	91	1909—1999	赵一和父亲
64	赵一富	男	83	1917—1999	赵学松父亲
65	叶妹凤	女	85	1916—2000	赵一启母亲
66	王四妹	女	81	1920—2000	赵一松母亲
67	赵一仁	男	90	1912—2001	赵家顺父亲
68	孙玉领	女	83	1919—2001	赵加顺母亲
69	叶三妹	女	88	1914—2001	赵夏清母亲
70	谢小女	女	84	1918—2001	林法明母亲
71	赵正灯	男	91	1911—2001	赵夏清父亲
72	赵一奎	男	82	1921—2002	赵友根父亲
73	赵二妹	女	86	1917—2002	鲍妙东母亲
74	骆小连	男	80	1924—2003	骆春法父亲
75	赵一达	男	85	1919—2003	赵家开父亲
76	江小妹	女	93	1911—2003	赵守华母亲
77	王姐头	女	93	1911—2003	赵加和继母
78	赵家云	男	84	1921—2004	赵守土父亲
79	赵一桂	男	85	1920—2004	赵本顺父亲
80	林夏兰	女	85	1920—2004	赵法良母亲
81	赵一盼	男	81	1924—2004	赵云初父亲
82	赵正莫	男	86	1919—2004	赵一炬父亲
83	卢彩玉	女	85	1920—2004	赵加唐母亲
84	朱玉姐	女	90	1917—2006	赵法寿母亲

续表

序号	姓名	性别	享年	生卒年	备注
85	赵一昌	男	82	1925—2006	赵华有父亲
86	潘二妹	女	91	1917—2006	赵家富母亲
87	赵恭沛	男	93	1914—2006	赵守华父亲
88	张领姐	女	82	1925—2006	林增来母亲
89	王玉姐	女	82	1926—2007	赵一堂母亲
90	卢娇英	女	87	1921—2007	毕夏青岳母
91	赵一凤	男	87	1921—2007	赵加初父亲
92	谢 莲	女	83	1925—2007	赵家方岳母
93	赵一标	男	86	1922—2007	赵家唐父亲
94	陈小领	女	85	1924—2008	赵守清母亲
95	王小姐	女	96	1913—2008	赵一和母亲
96	赵家兵	男	82	1927—2008	赵守增叔父
97	骆仙根	男	95	1915—2009	骆小春父亲
98	赵家俭	男	86	1925—2009	赵法清父亲
99	赵玉增	男	96	1914—2009	赵一顺父亲
100	叶彩芽	女	81	1929—2009	赵家宝母亲
101	赵若富	男	88	1922—2009	赵加勤父亲
102	管香英	女	85	1926—2010	赵贤苏母亲
103	林小英	女	83	1929—2010	赵小歪母亲
104	鲍妹姐	女	93	1918—2011	赵增福母亲
105	谢二妹	女	91	1921—2011	赵守元母亲
106	王玉姐	女	81	1931—2011	赵照连母亲
107	林娇凤	女	83	1931—2011	赵妹云母亲
108	赵家丁	男	83	1929—2011	赵贤春父亲
109	赵五妹	男	81	1931—2011	赵加玉叔父
110	赵一义	男	80	1932—2011	赵家德父亲
111	张小妹	女	84	1929—2012	赵本法母亲
112	赵家灯	男	88	1925—2012	赵永秀父亲
113	赵若方	男	83	1929—2012	赵照连父亲
114	王妹英	女	92	1921—2012	赵法兴母亲
115	张彩云	女	83	1930—2012	赵贤夫母亲
116	叶 娇	女	88	1926—2013	赵法青母亲
117	赵桂香	女	98	1915—2013	骆小春母亲

序号	姓名	性别	享年	生卒年	备注
118	赵一秋	男	93	1921—2013	赵国增父亲
119	潘彩领	女	86	1929—2013	赵家初母亲
120	赵正元	男	89	1925—2013	赵妹云父亲
121	赵加金	男	83	1931—2013	赵守雨父亲
122	赵小宽	男	92	1922—2013	赵加球父亲
123	鲍小领	女	94	1920—2013	赵仙春娘妗
124	柯彩英	女	89	1925—2013	赵汉福母亲
125	孙领凤	女	83	1931—2013	赵友根母亲
126	赵守顺	男	80	1934—2013	赵道友叔父
127	赵正福	男	88	1927—2014	赵一海父亲
128	童振财	男	103	1912—2014	童玉定父亲
129	赵家增	男	88	1927—2014	赵贤正父亲
130	杨荷花	女	87	1929—2015	赵艳燕母亲
131	赵小连	男	86	1930—2015	赵哲明父亲
132	许小花	女	83	1928—2015	赵美聪母亲
133	李五妹	男	84	1933—2015	李贤夫父亲
134	李玉姐	女	90	1926—2015	赵守正母亲
135	姜领姐	女	85	1932—2015	赵云青母亲
136	赵一桃	男	87	1930—2016	
137	潘荷英	女	91	1925—2016	林万明母亲
138	赵家友	男	82	1936—2017	赵丹阳父亲
139	赵顺茂	男	84	1934—2017	
140	陈梅领	女	81	1937—2017	李贤夫母亲
141	王彩领	女	93	1925—2017	赵一顺母亲
142	赵小歪	男	84	1934—2017	
143	赵启义	男	80	1938—2017	
144	赵一福	男	91	1927—2017	
145	王小凤	女	91	1927—2017	赵玉清母亲
146	张香姐	女	92	1926—2017	赵守尧母亲
147	赵达仁	男	92	1927—2018	
148	赵玉香	男	82	1937—2018	
149	赵法海	男	81	1938—2018	
150	赵斯伦	男	98	1921—2018	
151	鲍玉姐	女	92	1927—2018	赵和德母亲

续表

序号	姓名	性别	享年	生卒年	备注
152	赵家先	男	87	1933—2019	
153	赵一要	男	82	1938—2019	
154	叶香连	女	97	1923—2019	赵家勤母亲
155	林春领	女	86	1934—2019	赵启根母亲
156	赵守明	男	80	1940—2019	
157	赵守茂	男	92	1928—2019	
158	鲍妹娇	女	82	1938—2019	蔡公飞岳母
159	赵法达	男	81	1939—2019	
160	卢花女	女	89	1932—2020	赵和春母亲
161	赵振更	男	89	1932—2020	
162	赵守增	男	84	1937—2020	
163	金宽业	男	89	1932—2020	
164	金凤姐	女	99	1922—2020	赵法先母亲
165	赵法林	男	80	1941—2020	
166	顾领姐	女	90	1932—2021	赵云飞母亲
167	潘二姐	女	89	1933—2021	刘照梅母亲
168	谢桂连	女	82	1940—2021	赵启才母亲
169	胡小姐	女	89	1933—2021	鲍洪明母亲
170	蒋彩琴	女	85	1937—2021	赵友泉母亲
171	赵家友	男	88	1934—2021	
172	赵一信	男	92	1931—2022	
173	赵家美	男	86	1937—2022	
174	赵振勇	男	94	1929—2022	
175	赵南中	男	89	1934—2022	
176	卢彩连	女	86	1937—2022	赵法剑母亲
177	赵一标	男	89	1934—2022	
178	赵春法	男	90	1933—2022	
179	赵凌根	男	94	1929—2022	
180	林妹青	女	83	1940—2022	赵荣超母亲
181	卢小姐	女	91	1932—2022	赵华友母亲
182	陈香姐	女	84	1939—2022	赵家明母亲
183	赵小玉	男	88	1935—2022	
184	张香连	女	88	1935—2022	赵学夫母亲

三、婚姻状况

殿下村的婚姻状况总体比较稳定。截至 2022 年年底,殿下村民结婚年限达到或超过 50 年的夫妇有 149 对。详见表 3-4。

表 3-4　殿下村结婚 50 年及以上夫妻名录(截至 2022 年年底)

丈夫姓名	生卒年	妻子姓名	生卒年	迁入时间	金婚年份	结婚年限
赵若明	1922—1998	叶彩芽	1929—2009	1944	1994	55
赵一仁	1920—2002	卢彩莲	1937—2022	1952	2002	51
赵一夫	1917—1999	鲍香女	1922—1997	1938	1988	60
赵学松	1950—	赵彩英	1950—	1971	2021	
赵一奎	1921—2002	孙领凤	1931—2013	1947	1997	56
赵友根	1950—	郑新香	1951—	1973	2023	
赵守增	1937—2020	鲍妹娇	1938—2019	1956	2006	64
赵一淇	1910—1997	高大凤	1919—1986	1935	1985	52
赵一信	1931—2022	张香连	1935—	1951	2001	72
赵法达	1939—2019	颜香领	1945—	1961	2011	59
赵振退	1902—1979	鲍妹姐	1918—2011	1925	1975	55
赵一要	1938—2019	郑夏凤	1945—	1963	2013	57
赵一启	1940—	金玉凤	1947—	1964	2014	
赵一顺	1917—1996	张玉凤	1927—2004	1946	1996	51
赵一义	1932—2011	叶桂夏	1934—2003	1950	2000	54
赵一秋	1921—2013	潘彩领	1928—2000	1950	2000	51
赵一昌	1925—2006	罗小姐	1932—2022	1948	1998	59
赵华友	1950—	张春芽	1954—	1973	2023	
赵仁恩	1928—	林领姐	1929—	1945	1995	
赵茂友	1933—	卢彩姐	1938—2014	1955	2005	60
赵有恩	1935—	周冬姐	1934—2002	1953	2003	50
赵茂顺	1946—	林云芽	1950—	1969	2019	
赵若林	1947—2020	张小菊	1949—	1968	2018	53
赵振梯	1929—	许美彩	1935—2009	1956	2006	54
赵若富	1922—2009	叶香莲	1923—2019	1942	1992	68
赵一仁	1912—2000	孙玉领	1919—2001	1936	1986	65
赵一福	1927—2016	姜领姐	1935—2015	1947	1997	69

续表

丈夫姓名	生卒年	妻子姓名	生卒年	迁入时间	金婚年份	结婚年限
赵家清	1948—	陈冬姐	1950—	1969	2019	
赵一桂	1920—2004	林文香	1922—1991	1938	1988	54
赵本顺	1946—	程小花	1952—	1968	2018	
赵凌根	1929—2022	林菊英	1934—	1951	2001	72
赵小宽	1922—2013	张小妹	1929—2012	1944	1994	69
赵家祥	1926—1998	徐玉领	1934—2012	1949	1999	50
赵家顶	1929—2011	张彩云	1930—2012	1960	2010	52
赵振佩	1894—1972	翁小领	1945—1994	1921	1971	52
赵一标	1934—2022	谢冬姐	1942—2013	1959	2009	55
赵振力	1938—2020	陈玉梅	1942—	1963	2013	58
赵达仁	1927—2018	许小花	1929—2015	1945	1995	71
赵法顺	1948—	卢彩清	1950—	1973	2023	
赵家方	1950—	李香娟	1951—	1973	2023	
赵守行	1946—	金玉文	1952—	1970	2020	
赵一华	1936—	陈香娥	1945—	1960	2010	
赵守会	1946—	鲍玉兰	1952—	1970	2020	
赵一浩	1889—1973	郑三妹	1898—1992	1914	1964	60
赵家俭	1924—2009	叶娇	1926—2013	1944	1994	66
赵守土	1942—	叶彩领	1946—	1965	2015	
赵守茂	1928—2019	朱素琴	1935—2012	1953	2003	60
赵道友	1951—	潘小娟	1953—	1971	2021	
赵守堂	?—	李夏莲	1949—	1969	2019	
赵家寿	1919—1996	管香英	1926—2010	1941	1991	56
赵振元	1925—2013	林照凤	1929—2011	1945	1995	67
赵一元	1907—1989	林荷兰	1902—2004	1935	1985	55
赵法连	1950—	王香妹	1950—	1973	2023	
赵家增	1927—2014	张领姐	1930—2023	1947	1997	68
赵斯伦	1921—2018	王玉姐	1927—2007	1941	1991	67
赵一堂	1945—	赵荷香	1950—	1972	2022	
赵南中	1934—2022	许桂香	1938—	1962	2012	61
赵小玉	1936—2022	林妹青	1940—2022	1956	2006	67
赵法明	1949—	陈菊玲	1952—	1973	2023	

丈夫姓名	生卒年	妻子姓名	生卒年	迁入时间	金婚年份	结婚年限
赵一时	1938—	陈香姐	1939—2022	1955	2005	68
赵振桃	1915—1993	金凤姐	1922—2020	1936	1986	58
赵法先	1941—2017	张秀英	1949—	1968	2018	50
赵法增	1945—	赵春姐	1949—	1969	2019	
赵振方	1893—1976	张领姐	1909—1997	1921	1971	56
赵家仁	1941—	金丽华	1949—	1962	2012	
赵顺茂	1934—2016	蒋彩姐	1937—2021	1958	2008	59
赵一桃	1930—2016	王春香	1940—	1957	2007	60
赵守明	1940—2019	李夏花	1947—	1964	2014	56
赵家庭	1911—1986	谢二妹	1927—2011	1936	1986	51
赵文法	1909—1999	王小姐	1913—2008	1930	1980	70
赵四妹	1940—2013	凌彩芽	1942—	1958	2008	56
赵一和	1946—	叶香云	1949—	1967	2017	
赵法林	1941—2020	赵春芳	1952—	1970	2020	51
赵家友	1934—2021	俞荷花	1943—	1959	2009	63
赵一林	1946—	黄春香	1949—	1968	2018	
林法明	1939—2013	叶秀琴	1945—2019	1962	2012	52
赵振福	1927—2014	谢玉凤	1929—2005	1949	1999	57
赵恭沛	1914—2006	江小妹	1911—2003	1930	1980	74
赵守华	1945—	卢桂玉	1949—	1968	2018	
赵守满	1927—	钟冬青	1931—	1945	1995	
赵良金	1931—2000	林妹兰	1929—2004	1947	1997	54
赵一如	1926—2000	王玉文	1928—	1946	1996	55
赵家君	1947—	潘彩香	1950—	1970	2020	
赵一德	1913—1991	王荷妹	1928—1984	1935	1985	50
赵加文	1933—	金小莲	1938—	1954	2004	
赵一炬	1946—	凌彩娟	1947—	1969	2019	
赵一凤	1921—2007	潘彩领	1929—2013	1948	1998	60
赵珠龙	1948—	潘凤娇	1953—	1970	2020	
赵一法	1916—	王彩芽	1922—	1945	1995	
赵守富	1946—	饶小洪	1950—	1973	2023	
朱子民	1927—2010	赵肖云	1935—	1956	2006	55

续表

丈夫姓名	生卒年	妻子姓名	生卒年	迁入时间	金婚年份	结婚年限
赵法顺	1936—	叶领香	1947—	1960	2010	
赵宝明	1949—	金领玉	1950—	1970	2020	
赵一连	1914—1982	蒋春姐	1916—1995	1931	1981	52
赵家地	1936—2023	包香莲	1948—2017	1965	2015	53
赵若方	1929—2012	王玉姐	1931—2011	1946	1996	66
赵振清	1927—1998	王夏香	1927—	1945	1995	54
赵一茂	1948—	卢冬琴	1949—	1970	2020	
赵法友	1943—	赵冬妹	1952—	1971	2021	
赵一富	1926—2003	鲍玉姐	1926—2018	1942	1992	62
赵家有	1936—2017	王玉英	1947—	1965	2015	53
赵一德	1892—1975	郑秀英	1896—1972	1915	1965	58
赵家金	1931—2013	赵彩香	1935—	1953	2003	61
赵一仁	1914—1999	叶妹凤	1915—1994	1932	1982	63
赵一治	1909—1989	蒋妹英	1907—1995	1927	1977	63
赵家先	1933—2019	李芽头	1943—2017	1961	2011	57
赵家田	？ —	李菊彩	1948—	1966	2016	
李五妹	1932—2015	陈妹领	1937—2017	1957	2007	59
赵守钿	1948—	蔡冬香	1952—	1971	2021	
赵振满	1910—1991	张妹儿	1920—1989	1935	1985	55
赵一志	1941—	卢彩领	1945—	1966	2016	
周维新	1943—	赵贤燕	1948—	1969	2019	
赵守文	1944—	陈妹领	1945—	1965	2015	
林美金	1921—1994	潘荷英	1925—2016	1944	1994	51
赵一标	1922—2007	卢彩玉	1920—2004	1937	1987	68
赵家唐	1942—2018	叶玲香	1946—	1966	2016	53
赵洪友	1936—2011	王彩娇	1938—	1956	2006	56
赵家培	1937—	叶香领	1935—	1953	2003	
赵振更	1932—2020	蔡彩芽	1942—	1966	2016	55
赵家启	1941—	叶俊青	1946—	1965	2015	
金宽业	1932—2020	赵素琴	1933—	1951	2001	70
赵克华	1897—1973	王三妹	1899—1977	1915	1965	59
赵振勇	1929—2022	林春兰	1931—2002	1949	1999	54

丈夫姓名	生卒年	妻子姓名	生卒年	迁入时间	金婚年份	结婚年限
赵一洪	1930—1999	卢花女	1932—2020	1948	1998	52
童振财	1912—2014	张三妹	1926—2002	1949	1999	54
童玉定	1950—	赵菊清	1954—	1972	2022	
赵玉增	1914—2009	王彩领	1925—2017	1939	1989	71
赵一富	1947—	陈春香	1948—2020	1966	2016	55
赵守顺	1951—	叶玉芽	1952—	1973	2023	
杨继法	1899—1977	刘大姐	1901—1970	1917	1967	54
杨和顺	1940—	赵彩云	1945—	1961	2011	
蔡良法	1937—2013	林夏花	1941—	1959	2009	55
骆仙根	1915—2009	赵桂香	1920—2013			约70
骆小连	1924—2003	谢小领	1931—2023	1946	1996	58
骆小春	1949—	叶彩芽	1954—	1973	2023	
赵振思	1906—1989	鲍小领	1920—2013	1938	1988	52
赵仙春	1946—	蒋凤姐	1948—	1966	2016	
赵一松	1944—	卢娇芽	1948—2018	1968	2018	51
赵克彩	1894—1981	王二妹	1892—1968	1910	1960	59
赵玉香	1937—2018	杨凤领	1938—	1955	2005	64
赵振灯	1911—2001	叶三妹	1914—2001	1933	1983	69
赵一清	1940—	蔡小彩	1938—	1960	2010	
林美地	1903—1984	罗四妹	1899—1991	1918	1968	67
林大法	1930—	许妹香	1931—	1947	1997	
林大生	1942—	赵梅兰	1949—	1970	2020	
林增来	1949—	赵小凤	1950—	1970	2020	
刘照林	1947—	陈小青	1954—	1972	2022	
蔡二姐	1932—2004	王凤姐	1937—	1948	1998	57
赵斯连	1905—1991	王三姐	1913—1984	1930	1980	55

注:1. 本表数据统计时间截至 2022 年年底,以户籍为序,排名不分先后。

2. 金婚年份按周岁计,婚龄按虚岁计。

3. 生卒年月列中"—"后无具体时间者,表明于 2022 年年底仍在世。"结婚年限"一列中有空缺者,可确定时长已达 50 年,但因年代久远无法考证具体时长。

1990 年以前离婚家庭极其罕见,1992 年以后才渐趋平常。据初步统计,1992—2015 年,殿下籍村民离婚计 28 起,其中出嫁离婚的 11 起,迎娶离婚的 17 起。

第三节　人口姓氏结构

截至 2023 年 1 月 1 日,全村共计 500 户 1470 人,其中男 739 人,女 731 人,计 82 个姓氏,有 12 个主要姓氏家族,包括:赵、林、刘、蔡、杨、骆、鲍、童、金、李、卓、毕。具体分布情况详见表 3-5。

赵氏家族　明朝永乐年间自桥里迁入殿下。桥里赵氏德明公之信一房赵诜 (1396—1436)迁居殿下(殿东),信三房赵恢(1401—1437)迁居笑簧(殿西)。赵氏在殿下已有近 600 年历史了。赵氏长期持续发展为殿下第一大姓。2022 年年底赵氏人数为 889 人,占全村人口的 60.5%。赵氏始祖及发展状况在有关章节中另作专题介绍。

笑簧林氏家族　清朝时,母亲携子由陶家埠嫁殿西(笑簧)信三大房赵兴仁(字永敖),子取名林赵得。林赵得育有四子:林希根、林家富、林家兴、林家顺。林家兴传当代笑簧林氏,延展为林美地(林大法的父亲)、林美泉(林大生、林增来、林增明、林大行、林增良的父亲)、林美金(林万明的父亲)三个分支。

殿东林氏家族　殿东信一三房赵隆鉴女儿嫁岩头山林世凤为妻,后迁到殿东。民国时有林昌玉、林昌格两家。当代延展为林法夏、林法兴、林法明三个分支。

刘氏家族　母亲携子刘宣由新河塘下上桥村嫁大溪殿西信三大房赵隆溪,几年之后,赵隆溪亡故。随后,盘山岭头老鸦窝蔡氏入赘刘(赵)家。刘宣育有三子:刘扬沛、(小二头)、刘扬德(三和)。当代刘氏延展为刘忠富(迁住海门,曾任台州造船厂厂长)、刘忠土、刘忠标(刘照林的父亲)和刘四头(刘照梅的父亲)四个分支。

蔡氏家族　由新河塘下上桥村迁入笑簧。刘氏刘扬沛的祖父赵隆溪去世后,其母招盘山岭头老鸦窝蔡氏入赘为夫。蔡氏育二子,长子蔡贤江,小儿子过继给下横母舅赵氏家,即打银根的父亲。蔡贤江育三子,延展为蔡育庆(蔡二姐的父亲,即蔡妙香、蔡妙富、蔡妙春、蔡小明的爷爷)、蔡仁朋(蔡良法的父亲,即蔡岳明的爷爷)、蔡育琪(外迁入赘吴姓)三个分支。殿西刘、蔡、赵三姓氏源头同出一母,故而三姓氏本家近亲不得结婚。

杨氏家族　清朝顺治年间,杨明廷、杨明进两兄弟,由沙岸迁入笑簧。清末民国时有杨时通、杨时福两家。当代杨氏延展为杨际法、杨际土、杨际友(杨和宝、杨和顺、杨和连的父亲)三个分支。

骆氏家族　殿东信一三房赵隆褒女儿嫁黄岩陆金松,后迁殿东,改姓骆,育有一子骆庆祥。民国时骆庆祥迁箅箦。当代骆氏延展为骆仙根（骆小春、骆春梅的父亲）、骆小连（骆春法、骆春方、骆春富、骆富春的父亲）两个分支。

隔墙前门鲍氏家族　殿西信三大房赵隆斌女儿嫁秀岭鲍氏，育子鲍祖凤。鲍祖凤母亲购得隔墙前门房屋两间，携子迁入箅箦。当代延续为鲍妙东（鲍林平、鲍红兵的父亲）一支。

屏风墙里鲍氏家族　1957年，殿洋乡干部东桥虎啸鲍启法购得箅箦屏风墙里房屋一间，迁箅箦。当代延续为鲍洪明一支。

童氏家族　母亲携童亨、童二头两个儿子，由温岭观应童嫁大溪殿西信三大房赵隆朝。民国时童振财家族迁入箅箦毛竹下。当代童氏发展为童玉定、童玉林两个分支。童振财103岁寿终，是殿下村近现代以来有史可查的最高寿者。

金氏家族　1951年土地改革时，山市塔岙金宽业娶殿西信一大房赵克彩女儿赵素琴为妻，随后携妻迁箅箦。金宽业育有三子，延展为金海英、金海来、金海波三个分支。

箅箦李氏家族　温岭城北鉴洋湖李孔登，在大溪下村街开豆腐店，入赘殿西信三赵克传家为婿。民国时为李五妹一家。当代李氏延续为李贤富一支。

殿东李氏家族　杨府庙李金祥，在大溪做工，入赘殿东信一大房赵一曜家为婿，当代延展为李德先、李法兆两个分支。

卓氏家族　白箬桥高田卓氏，原有二三十人，后来分别迁往吕岙、中岙张、钱家岙。卓崇军三兄弟，因母亲是殿东人，仍住殿东，后两兄弟迁往吕岙。卓崇军无子女，侄子卓妙德由吕岙过继卓崇军。当代卓氏延续为卓妙德（卓玉兰、卓法清、卓法美、卓胜利的父亲）一支。

毕氏家族　1965年，乐清大荆叠石村毕夏清娶殿下赵振好女儿赵法彩为妻，居殿下。当代毕氏延续为毕方富一支。

表3-5　殿下村姓氏人口分布情况（截至2023年1月1日）

姓氏	人数	其中		姓氏	人数	其中	
		男	女			男	女
赵	889	606	283	林	44	21	23
杨	34	19	15	张	34	5	29
王	34	2	32	李	32	8	24
金	31	7	24	叶	30		30
蔡	28	16	12	陈	25	1	24

续表

姓氏	人数	其中		姓氏	人数	其中	
		男	女			男	女
谢	23	1	22	骆	22	16	6
潘	22	1	21	卢	19		19
郑	15	1	14	刘	14	9	5
鲍	12	4	8	徐	12	2	10
黄	10		10	江	9		9
童	8	6	2	胡	6	1	5
吴	6		6	卓	5	4	1
项	5	2	3	孙	5		5
许	5		5	蒋	5		5
周	5		5	程	4		4
戴	3		3	吕	3	2	1
凌	3		3	方	3		3
陶	3	1	2	毕	2	2	
元	2		2	詹	2		2
罗	2		2	邵	2		2
季	2		2	滕	2		2
管	2		2	应	2		2
袁	2		2	高	2		2
钟	2		2	戚	2		2
丁	2		2	毛	2		2
习	1		1	翁	1		1
廖	1		1	朱	1		1
颜	1		1	钱	1		1
龚	1		1	乔	1		1
牟	1		1	庞	1		1
阮	1		1	狄	1		1
盆	1	1		尤	1		1
颜	1		1	何	1		1
肖	1		1	邬	1	1	
俞	1		1	满	1		1
柴	1		1	尚	1		1

姓氏	人数	其中		姓氏	人数	其中	
		男	女			男	女
施	1		1	石	1		1
冯	1		1	柏	1		1
余	1		1	池	1		1
柯	1		1	包	1		1
卫	1		1	姜	1		1

第四节 殿下赵氏

一、殿下赵氏溯源

殿下赵氏是冠山赵氏一脉。冠山赵氏是洪洋（今路桥）赵氏的分支。据《冠山赵氏宗谱》载，明代万历年间赵纯恩推考，冠山赵氏祖先大约于唐末战乱时由福建迁居浙江上虞蛟井镇（今属嵊州）。在五代后周时期，蛟井赵氏有赵仁晖科举入仕当地钱氏政权吴越国小朝廷，出使中原王朝后周，于显德年间被周世宗柴荣封为银青光禄大夫，荣归故里。后来当地匪乱，赵仁晖于北宋初举家避居台州洪洋石曲（今路桥区新南安街），乃为洪洋赵氏始祖。洪洋赵氏发展到第九世，其中一支当地助教官吏赵百拱家族成为地方富豪，大约于北宋末年，买下黄岩县驯雉乡古城里的冠山、潭头山为赵氏墓葬之地。元末路桥方国珍造反，洪洋赵氏第十五世孙赵德明（1301—1379），于1352年举家避乱到冠山，居住在守墓地的东庵。赵德明即冠山赵氏始祖。

冠山赵氏第四世赵岩（1373—1436），开垦冠山、潭头山周围大片荒地，拥有良田数千亩，成为地方富豪，又于明永乐十七年（1419）出任千夫长，成为赵氏东房祖，地产在冠山东、桥里、桥外、殿下、念母洋、双凌一带。赵岩有五子，长子赵说地产在殿下、念母洋、闸头一带。信一房赵说有五子，长子嗣竖、次子嗣钲、三子嗣鉴、四子嗣镠、五子嗣锷。由于冠山赵氏人口日益增多，桥里祖宅显得狭窄，赵嗣竖和三弟赵嗣鉴约于明正统末年，另择宅基地于殿下坊里大，一起侍奉母亲居住。赵嗣竖和赵嗣鉴兄弟是殿下赵氏始祖。

如今居住在殿下的赵氏子孙发展到千余人。殿下赵氏村民其中绝大部分是信一大房和信一三房的子孙,还有一小部分赵氏村民是信三大房和信八五房的。

信八五房也是冠山赵氏东房之一,其祖宗赵克丰(1859—?)于清朝末年从桥里迁居笑箦。殿下赵氏信一三房基本聚居在殿下;而信一大房不仅在本地发展,自明清两朝就一直向外发展,如今除冠山八保有大量信一大房子孙以外,在部溇村、油屿村、吞里村、水坦村等地也发展成为地方大族,闸头、花金、东桥下村、兆吞、城南小坑洋,黄岩秀岭、金山,椒江葭沚等处也都有信一大房子孙聚居地,零散居住在全国各地的更是数不胜数。

殿下赵氏秉承祖宗"崇文重教、读书明理、敦本裕后"之遗训,自古以来,科第连绵,扬历中外,椒聊远条,兴旺发达。

二、笑箦赵氏绵延状况

赵克岳家 1949 年,赵克岳(赵振思的父亲)向隔墙前门赵振群买得西首横屋 2 间,赵振思改建成楼房。现发展为赵先春一家。

赵克菜家 赵克菜(赵振谷、赵振玉的父亲)向隔墙前门赵振群买得东首横屋 3 间。现发展为李思友一家。

赵家秋家 下村赵家秋(赵守顺、赵守德的父亲)迁回笑箦。现发展为赵守顺、赵守德两家。

赵以来家族 桥里人赵以来(赵克海、赵克掌、赵克风、赵克湘的父亲)迁住笑箦隔墙外透。民国时,绵延为赵振松家族。当代发展为赵妙寿(赵小利、赵小兵的父亲)、赵振登(赵夏连、赵一清、赵一秀的父亲)两家。

赵隆佐家族 居殿下,宣统三年在笑箦建楼屋一透(俗称新屋)迁入。民国时,发展为赵克彩、赵克华两家。当代为赵玉香(赵宝琏、赵宝璋、赵宝琋的父亲)、赵振尹(三女赵玲玲赘婿张富法的父亲)、赵振更(赵晓波的父亲)三家。

里、外透赵氏 由横山公三公迁至殿西。

赵克照、赵克晖、三妹先三兄弟 自殿下迁入。

屏风墙里赵氏 全部由殿下梅庵迁入。

赵振满家 土改迁入。现发展为赵一志、赵一球两家。

赵家美家 土改迁入。现发展为赵云清一家。

赵一照家 土改迁入。现发展为赵西玲、赵家方两家。

赵家山家 土改迁入。现发展为赵守田、赵守正、赵守增三家。

　　赵克田家　居隔墙前门。现发展为赵昌友(赵家和、赵家文的父亲)一家。

　　赵克训家　土改迁入。子外迁。

　　赵一春家　居屏风墙里,因工作携全家(子赵云帆、赵长波、赵继荷)迁住宁波百丈街。

　　赵振标家　迁居宁波。

　　赵克林家　居隔墙前门,育两女。

　　如兰四爷家　育两女。

　　赵克松家　患眼障。无子女。

　　赵昌启家　无子女。

三、殿下赵氏外迁录

　　据赵氏宗谱记载及赵春法(85岁)、赵斯伦(97岁)回忆,村民从信字辈开始住殿下村,有信一的大房、二房、三房、四房、五房。由于村落地理位置较好,生活条件也不错,人口发展较快。随着人口的增多,人们陆续往外迁。据宗谱记载及他们排摸,外迁的共有80户左右,外迁最多的是信一大房和三房。其中信一大房约有50户外迁,信一三房约有23户外迁。

　　信一大房迁往念母洋的人口发展较快,至今已有300多人;迁往部渎、油屿的已发展到100多人。

　　本村村民有的迁往本镇各村,如双凌、闸头、下洋岙、花金、东桥、屿孙、山后、下村、麻车屿、部渎、田茶、中岙张、水仓、小溪、桥外、潘郎、潘岙;有的迁往本县各乡镇,如温岭城关、温西焦湾、白壁、城南小坑洋、新河镇;有的迁往台州市其他区域,如椒江、黄岩、路桥、玉环;有的迁往本省其他地区,如乐清(大荆、小荆)、东阳、嘉兴以及宁波、杭州等地;还有的迁往了其他省(区市),如上海、江西、新疆等地。

　　具体人员迁徙情况如下:赵若桃、赵一才、赵一灿、赵振聪、赵振生、赵阿晓三兄弟、赵加礼、赵一泰、赵一明、赵一春、赵家焕、赵家国、赵振清、赵振玉、赵水全、赵华俭、赵振章、赵振友、弹湖松(绰号)、赵守福、赵小富二叔迁往宁波;赵克波、赵小敏迁往杭州;赵一勤、赵卓起、赵执中、赵家明、赵一开、赵四梅、赵守炬、赵守全、赵桂法迁往上海;赵加满、赵守富迁往江西;赵守堂迁往安徽和县;赵一明迁往宁夏银川;赵一行迁往福建福州;赵一茂及子赵华春迁往新疆石河子。

第五节　特殊群体

一、五保户

殿下村对符合条件的五保户对象,历届党政班子都认真落实相关养老政策,照顾好他们的晚年生活。具体五保户人员有:

殿下　蒋香梅,1979 年去世。

笑篁　卢彩芽,1980 年去世。

殿下　胡五妹,1991 年去世。

笑篁　杨玉领,1993 年去世。

殿下　赵小玉,1992 年送冠城敬老院,1997 年去世。

殿下　赵加兴,2000 年签协议,2004 年去世。

殿下　赵启义,2004 年 9 月 8 日签协议,入养老院。

二、知识青年

1969 年,党中央号召知识青年上山下乡,到农村去参加农业生产锻炼劳动。温岭城关的两位女知识青年金丽华、邵蔓玲,来殿下村插队落户。1969 年 11 月 8 日,两人的户口落实到村。她们吃住都在村里,安排在生产队劳动。农忙割稻、插田季节,女青年参加晒谷和其他轻松一点的适合女青年的农活。1978 年 3 月 10 日,两位女知识青年户口迁回温岭城关。

三、支援边疆者

1958 年,国家号召支援边疆建设,殿下村有两户 6 人参加了支援宁夏回族自治区建设。他们是——赵一达一家(赵一达、柯冬英、赵法招)与赵洪友一家(赵洪友、王彩娇及其小孩)。柯冬英、赵法招的户口于 1960 年迁回,赵一达的户口于 1962 年迁回。赵洪友、王彩娇的户口于 1962 年迁回。按照有关政策,援疆人员随带小孩可以不迁户口,因此,赵洪友的小孩户口留在殿下。后来,国家对援疆人员发放一定的补助,只有当时全劳力有,随大人带去的小孩不享受。

四、支援水利建设者

1958年,支援筑太湖水库,支援三门水利建设,派出民工。同年,支援湖漫水库开建。

1960年,支援建着棋岩水库。

1961年,支援金清水利建设。黄岩西溪盉里判柴300元,由社员自己砍柴解决炊事问题。

1978年,支援疏浚光明河。支援东海塘水利建设。

第四章　经　济

第一节　集体经济的建立

一、土地改革

殿下村本是以农耕为主的农业村庄，新中国成立以后，经过土地改革，逐步建立了集体经济。

殿下村的土改情况如下：

县派土改工作队，乡里派一个干部到村里驻村负责土改工作（田垟乡土改队长为李治坤）。殿下村于 1951 年上半年重新丈量土地，下半年秋季分房产，1952 年上半年开始分田到户，下半年登记。分房产时，头夜先贴封条，第二天再进行分配。分配的程序是先由贫雇农自报需要什么，再由土改代表进行集体评议决定。殿下村的土改代表是：赵一盼、赵春法、赵夏连、林美泉、赵家祥、潘二姐、赵家祥姐妹等二十余人。

土改时，殿下村约有人口 740 人、山林 700～800 亩、水田 800 亩。土地实行全乡统筹，冠城乡人均土地标准定为 1.1 亩/人，村与村之间进行余缺调剂。殿下村自有土地 1.05 亩/人，不足部分从念母洋、双凌等调拨。

土改的具体政策是：地主的土地分掉，富农的土地归其自种，小土地出租者的土地超过人均土地数量 2 倍的,将多余的土地拿出来分掉。地主家的家具、农具、土地、房屋,除留少量给本人之外,其余的都拿出来分给贫雇农。

土改时,殿下村各类成分划分情况如下:

地主,11 户。地主分为三类——恶霸地主,1 户;牛头地主,会做事,很苛刻;破落地主。

富农,3 户。田多,自己耕种,土地数量超过人均数量 1 倍,不雇长工。

小土地出租者。因缺乏耕种土地的劳动力而将土地出租给别人种,土地数量超过人均土地数 2 倍部分予以征收,属于团结对象。

中农。中农分为四类——富裕中农,也叫上中农,土地数量超过人均数量 1 倍,不出租;中农,土地数量与人均标准差不多;下中农;佃中农,租小租田多。

贫农。没有土地或土地数量不足,土改时分给土地。

雇农。帮别人做长工,没有或只有极少量的土地,评成分与有无土地无关,土改时分给土地。

二、互助组

土地改革后,农民从没有土地到有自己的土地,劳动积极性大大提高,但是单干户力量分散,生产资源有限,粮食产量不高。1954 年,在自愿基础上,村民组织了互助组。互助组是组内农户自愿组织互相帮忙的松散组织,尤其是在农忙季节互帮互助,但土地仍归属于各家各户。互助组不限户数,是否参加互助组都是自愿的。殿下组建了赵春法、赵有恩、赵一盼 3 个互助组,有 18 户农户参加。

赵春法互助组:本村最早组织的互助组。由赵春法、赵一头、赵振桃、赵振友等 4 户组成。

赵有恩互助组:由赵有恩、赵一通、赵一达、赵振尧、卓妙德、赵加寿、赵茂友、赵仁恩等 8 户组成。

赵一盼互助组:由赵一盼、赵一堂、赵一东、赵法根、赵克桃、金红花等 6 户组成。

三、初级社

1955 年初,殿下村在互助组基础上,组建了农业生产合作社。合作社经历了初级社和高级社两个阶段。初级社是集体经济建立的初级阶段。

村民组织初级社是自愿的,可以入社,也可以不入社。初级社规模不限定,但是只能贫雇农参加,地主、富农属阶级敌人,不能参加。初级社土地集中耕种,大型农具入社使用。初级社社长由村民自己推荐。殷下村组织了4个初级社,分别由赵春法、赵振清、刘忠标、林美金等担任社长。4个初级社的社名是各社自己起的,不统一,一般是以社长的名字为社名。

需要特别介绍的是赵春法初级社,这是殷下村最早成立的初级社。因为赵春法家庭条件好,牛、水车、犁、耙都有,稻也种得好,大家就推荐赵春法为社长,赵家定为副社长。加入赵春法初级社的有23户,分别是:赵春法、赵振友、赵一头、赵振桃、赵振尧、赵家定、赵守明、赵振木、赵一凤、赵一德、赵一池、赵一士、赵家茂、赵家来、赵一岳、赵昌友、赵一儒、赵文法、赵家兴、赵守仁、赵振满、赵一桃、赵振顶。

四、醒农社(高级社)

1955年下半年,初级社开始合并转为高级社,开始具有集体经济的基本形式。1956年上半年正式运行高级社。全村(包括殷下和箅箅)统一组建了一个高级社,要求全体村民都加入。1956年,殷下村编为照洋乡第9村,属照洋乡。高级社正式定名为"照洋乡醒农农业生产合作社",村民习惯称之为"醒农社",赵春法任醒农社社长。醒农社这个社名是由当时的德明中学教师朱作新提议的,意为"觉醒了的殷下农民组织的农业生产合作社"。高级社成立后刻制了村里第一枚公章——醒农社公章。当时的醒农社会计是赵振力、助理会计是赵有恩。1957年7月5日,赵有恩接任会计,迄2008年止,连续任职计51年。村出纳为赵小连(1956—1961年)。

农民入醒农社要投股金。每10分劳动底分必须投资生产股金36元人民币,加上公有化股金9元,合计45元。

1956年3月29日,农民的农具折价入社。全村农具折价入社数量如下:谷箩325.5担、竹簟207条、犁27张、耙31张、犁头20只、犁壁24只、牛轭27只、铰刀28把、铰刀床5只、水锹29把、铁锹5把、两丈水车9具、一丈八水车3具、一丈四水车36具、一丈水车7具、手车19具、四人车头22只、三人车头24只、车马24.5双、大车板3311张、小车板390张。

参加醒农社经济核算的共有180户,712人,划分为12个生产队,其中殷下8个生产队,箅箅4个生产队。一个生产队规模一般在15户左右,50~60人。户数最多的一个生产队是第8队,有20户。户数最少的是第2队,只有12户。人口最少的是第5队,48人。各队队长一般由有丰富种田经验的人担任。

1957年,醒农社实行包产包肥,超产有奖,减产赔偿,以超产奖50%,减产赔40%的方法处理。

醒农社社员分队情况见表4-1。

表 4-1　醒农社社员分队情况

生产队名	生产队长	社员(户主姓名及家庭人数)				合计(户;人)
1 队	赵斯伦	赵斯伦 7　赵一彩 4　赵一仁 3　赵一义 5 赵一顺 5　赵若明 9　赵一中 1　赵仁恩 6 赵有恩 3　赵如加 4　赵一海 4　赵文香 2 柯彩英 2　赵孜元 1　赵一盼 5				15;61
2 队	赵守文	赵守文 4　赵一秋 6　赵守增 4　赵一信 3 赵一其 7　赵妙林 6　赵妙法 1　赵正培 5 赵若富 8　赵小桃 6　赵一团 4　赵加朋 4				12;58
3 队	赵加寿	赵加寿 6　赵达仁 6　赵一兵 6　赵小连 5 赵一浩 2　赵克桃 3　赵一明 2　赵一东 2 赵加寿 7　赵加增 4　赵加治 7　赵扶士 1 赵菊生 1				13;52
4 队	赵林根	赵林根 4　赵加顺 8　赵一福 3　赵一营 1 赵一桂 7　赵小宽 6　赵正友 3　赵道尧 6 赵一昌 7　赵一奎 4　赵小歪 2　赵正钿 4 赵华春 2　赵一要 6　赵正满 4　赵一桃 1 项二姐 1　赵正纠 2				18;71
5 队	赵加祥	赵加祥 6　李金祥 4　赵加礼 3　赵加华 1 赵加云 7　赵加俭 3　赵守茂 3　赵加治 4 赵守根 2　赵守华 5　赵一炳 1　赵一启 3 赵礼寿 5　赵克端 1				14;48
6 队	赵加定	赵加定 7　赵一良 1　赵守志 3　赵加兵 3 赵加福 3　蒋香妹 1　赵加新 2　赵守成 3 赵守顺 2　赵一玉 3　赵良金 5　赵一如 6 赵正顶 7　赵一元 7				14;53
7 队	赵文法	赵文法 7　赵正宝 4　赵一德 3　赵加文 3 赵正增 3.5　赵正莫 5　赵一凤 6　赵一时 4 赵加来 6　赵加茂 3　赵加亨 3　赵一岳 3 林昌格 8　潘小妹 1　赵一治 8　赵加春 6				16;73.5

续表

生产队名	生产队长	社员(户主姓名及家庭人数)				合计(户;人)
8队	赵正元	赵正元 4 赵一头 3 赵春法 6 赵正友 2 赵正福 3 赵正尧 5 赵守清 3 赵一宗 8 赵正好 3.5 赵正贤 3 赵一连 3 赵正中 3 赵一法 3 赵加灯 2 赵一记 5 卓妙德 3 赵一达 3 赵一通 2 赵正桃 7 钟小香 1				20;73.5
9队	赵一富	赵一富 5 赵加林 2 赵一春 5 赵加汉 6 赵加地 2 王玉姐 2 潘小妹 2 赵济法 3 赵正清 6 赵加金 4 赵一由 2 赵一德 2 赵加现 1 赵一洪 3 李五妹 1				15;46
10队	赵守满	赵守满 6 赵夏清 4 赵夏连 4 赵克彩 6 赵荣庚 8 赵一标 5 赵加富 3 赵加喧 2 刘四头 4 杨荷花 3 赵一照 5 赵加山 5 赵志行 2 赵加美 2 罗领姐 2				15;61
11队	林美泉	林美泉 6 赵昌友 5 赵正国 5 刘中标 5 骆仙根 4.5 赵加培 8 赵仁法 7 赵一间 4 骆小连 5.5 林秀芳 3 赵训甫 4 林美金 4 林秀英 1				13;62
12队	赵玉增	赵玉增 5 赵正思 3 鲍祖凤 5 杨继法 2 蔡仁朋 2 蔡育庆 4 林美地 7 杨继友 8 杨玉领 1 卢彩芽 1 童正财 5 赵妙寿 5 赵正勇 2 赵克华 2 赵洪友 2				15;54
合　计		180 户;712 人				

注:社员栏列明参加生产队分粮食的户数和人数,现役军人、五保户除外。同一劳动力分摊计入 2户时,按每户 0.5 人计。

五、人民公社

1. 管理体制

1958 年,人民公社化运动兴起。1958 年下半年,大溪区成立人民公社,"三位一体,队为基础",殿下村更名为殿下生产队。1959 年 4 月,调整公社管理体制,实行管理区、大队、生产队三级核算,以大队为基本核算单位,殿下生产队更名为殿下大队。1961 年小公社时,"三级所有,队为基础",即公社、大队、生产队三级所有,生产队为基本核算单位。殿下大队更名为殿下生产大队,人民公社集体经济管理制度确立。

1958 年,在 1953 年国家实行粮食统购统销政策,以及 1957 年的奖赔制度基础上,殿下大队实行的基本分配制度是:按劳分红,底分评议,基分参加分红,妇女参加劳动。1959 年分红为 0.871 元/(天·工),为冠城最高,当年大队的粮食任务是 20 多万斤。

1960 年,继续实施按劳分红制度,基分参加分红继续实施。微调奖赔制度,实行超产奖 40%,赔产 20%。同时实行供给制。

1961 年,开始兑现公社化时期的"一平二调"遗留问题。不再实行供给制。

1962 年,实行"大包干"。

1982 年,归还社员入社时缴纳的股份基金,原每股 37.80 元,归还时加 2.20 元作利息,计每股还 40 元。

1986 年,国家取消实行了 33 年的粮食统购统销,实行合同订购政策。

2. 生产队组织

生产队是人民公社基层集体劳动组织。殿下从 1956 年高级社集体开始设立生产队组织,分 12 个生产队。1959 年 8 个生产队,1960 年 6 个生产队。1977 年 12 个生产队,1981—1982 年,其中有 11 个队内部又自行分成 2 个小队。2001 年以后 6 个生产队。

生产队是村(大队)内部村民(社员)的集体劳动组织形式。每个生产队都自己安排生产计划和农活,特别是农忙季节生产劳动和大型农具设备使用。生产队内的村民(社员)统一出勤,集体劳动,自带小型农具如锄头、扁担、谷箩、粪桶等,大型农具如犁、耙、打稻机、水车和耕牛一般由生产队集体掌握使用;抽水机等则由村(大队)集体调度使用。生产队集体劳动时,农活一起干,当天早上村民(社员)先到生产队晒谷场集中,由队长统一分配农活任务,中午和晚上统一收工回家吃饭休息。生产队民主评议每个村民(社员)的工分底分,按照农活质量和干农活的态度,分别评定工分底分,一般青壮全劳力和老农骨干 10、9、8 分,刚学干农活的小青年 2、3、4 分。到 20 世纪 80 年代包产到户后,生产队集体劳动也就失去存在的意义了。

生产队春耕生产时,大田用耕牛拖着犁(后来用手扶拖拉机、大型拖拉机),把花草(紫云英)田翻耕,灌满水,半个月左右,花草烂得差不多了,再用耙耙平,同时育好稻种,播好秧苗。拔秧时,两手掌贴泥平放,左右手同时用力将秧苗根部连同泥土挖出,不伤秧根;轻灌水面,洗掉根部带出的泥土,用稻秆扎成一手大小的秧把,担到大田去分插。插田前,用棕绳(后来用尼龙绳)将大田分割成一米五左右宽、50～80 米长的若干列,人站在堤埂上,将秧田里挑来的秧苗,准确地按照一定的密度均匀地甩到田里。然后每个人挑选一列从堤埂边下田开始插秧。一般是青壮劳力插秧快的在田中间,慢点的在两边上,防止被关夹在田中央出不来。完成自己的长方形区块插田任务后,就可以收起插田绳,接着到另一个区块插秧了。

春耕时节,春雨绵绵。20 世纪 70 年代前,农民下田干农活,戴上棕榈蓑衣和笠帽,或用棕叶和竹篾做成的类似于大乌龟壳一样的叫"翼翅"的雨具背在背上来防雨,蛮沉的,因为那时没有尼龙雨衣卖。当时也没有尼龙水田袜,只能赤脚下水,冻得脚板皲裂,还要忍受蚂蟥的叮咬。

一年农忙过去,生产队往往要举行一次"㓥缸吃",就是庆祝聚餐,热闹一下。说是聚餐,也就是香喷喷的大锅大米饭,有点肉和地里刚割来的青菜萝卜而已,条件好一点的生产队还会有黄酒喝。但是,大家非常高兴。

第二节　集体经济的发展

一、艰难起步

在建立人民公社后的集体经济起步阶段,发展艰难,农民种的粮食在交公粮后只能维持在最低生活水平。1958—1960 年,大队决算日分红在 0.5 元上下波动,直到1963 年,三年困难时期过后,日分红才达到 1.3 元。1956—1963 年殿下村人民公社基本情况见表 4-2。

表 4-2　1956—1963 年殿下村人民公社基本情况

年份	人口/人	田地/亩	每日分红/元	备注
1956	698		0.871	
1957	704		0.84	
1958	716	902	0.426	
1959	719		0.572	实行供给制, 每 10(100)基分 21 元
1960	724	832.8	0.374	实行供给制, 每 10(100)基分 14.11 元
1961	734	817.6		

年份	人口/人	田地/亩	每日分红/元	备注
1962	760	797.48		
1963	831	791.4	1.316	

二、"吃大食堂"

1958年下半年,根据上级政府要求,实行粮食供给制。殿下大队174户,716人,实施大食堂吃饭制度,老百姓俗称"吃大食堂"。就是以国家实行粮食统购统销政策为保障,大队办大食堂,吃饭由大队食堂按人口统一供应,各家各户不再烧饭。据当时任大队长赵春法回忆,殿下大队吃大食堂是比较迟的。当时大队干部有疑虑,觉得这样吃饭有问题,长期下去粮食供应肯定无法解决,但最终也不得不搞。殿下大队的"吃大食堂"经历了三个阶段。

第一阶段,吃食堂饭。全大队都到食堂来吃饭,叫"放开肚皮吃饱饭"。那时产量不高,粮食还不充裕,除去应该上交给国家的部分,剩下的不够放开吃。这一阶段时间很短。因为大队干部很快发现这样放开吃下去会坐吃山空,大家都会没饭吃,必须省着吃。

第二阶段,发饭票。大队食堂统一烧饭,社员用饭票买饭(粥),回家吃。大队统一印制饭票。根据各个家庭的人口数,区别大人和小孩,大队把饭票分配到各家各户。各家庭考虑自家具体情况,每餐到大队食堂凭饭票打饭。

第三阶段,蒸饭制。社员凭饭票到大队食堂领取粮食,再用饭盒等放到大队食堂大蒸笼中蒸饭,统一烧熟后再领回家吃饭。

据林大法、赵守满回忆,大队食堂烧饭地址在现赵仙福的老屋处。当时食堂的工作人员组成及分工如下:吃饭大米安排,林大法、赵守满;烧菜厨师,童正才;烧火人员,赵一仁、陈夏英(赵守会母亲)、赵一德、叶妹凤(赵一启母亲)、王姐头(赵加和母亲)、张领姐(赵一宗母亲)。

1959年早稻熟时,殿下大食堂解散。

三、集体资产

在集体经济发展过程中,村集体的有限积累主要用来购置农业机械、举办村办产业、改善村民生活条件等集体资产。人民公社化前后,实现半机械化收割水稻;1957

年初步实现抽水机抽水灌溉和碾米机械化;1961年村内通了电话;1972年村通了广播、有了电灯;1979年开始村办饮用地下水自来水,1983年实现镇办自来水全覆盖;1981年实现手扶拖拉机耕地机械化;1991年村民看上了黑白电视。

历年集体资产置办情况如下:

1956年 醒农社集体置办的农具有,双轮双铧犁1台,91.23元;150斤秤1杆,11.51元;200斤秤1杆,16.88元;30斤秤1杆,5.62元;农船1条,70.36元;大谷桶1个,8元;双人打稻机1台,76.54元。

1957年 秤2杆,13元;米车头1台,56元;抽水机1台,393.50元;滚耙12张,(1957—1958年配齐);双轮双铧犁1台;双人打稻机1台。

1958年 双人打稻机2台;单人打稻机2台,129.48元;双轮双铧犁2台;绳索牵引机4台,83.64元;快速收割机4台;秤1杆;手拉车1辆;广播1个;乡人民委员会选址殿下炼铁小高炉1座,乡办,分摊本村17元。

1959年 钢丝车(无架)2辆,278.92元;圆盘耙2张,62元;磅秤1台,95.59元。

1960年 单向犁1台,12.50元;建公共厕所(石头门)1座,137.29元;插秧机1台,71.20元;蒔丝机1台,62元;喷粉机1台,20元;喷雾器1台,17.68元;牛车盘1个,61.45元;华东水田犁3张,86.10元;双人打稻机5台,394.10元;窨门2扇,11元。

1961年 建养鸭屋1间,64.97元;养鸭小木船1只,58.73元;电话机1台,86.14元;广播筒3只,27元;水泥船(捻泥用)2只,100元、170元;赵一海的住房估价140元(笑箄办食堂用)。

1962年 双轮双铧犁卖给供销社,81.28元。

1963年 殿下、笑箄晒谷场落成;闸头米厂(碾米)屋重建,随年出售234.80元。

1964—1965年 因账本被鼠损毁,无记载数据。

1966年 提汽灯3盏,其中2盏10元,1盏5.53元;8马力柴油机1台,(包括运输、安装、场地整理等其他费用)993.39元;仓库横头与庙接槦用作打米厂;后山种杨梅接活按每株0.28元付款。

1967年 台虎钳55.68元;直式柴油机1台,993.39元。

1969年 磨粉机1台,91.02元。

1970年 麦面加工机1台,264元;水泥机船1只。

1971年 开办豆腐店;打糕粉机。

1972 年　收扩两用机 1 台；麦克风 1 个,178.04 元;建蘑菇房;购电表,通电。

1973 年　2 号米车头 1 台,196.43 元。40 马力柴油机 1 台,3272.50 元,过桥轴配套齐全,617.95。1974 年 40 马力柴油机卖出,3986 元。

1974 年　淀粉机 1 台,173.30 元;12 马力柴油机 1 台,184.70 元;12 马力、20 马力柴油机各 1 台,十进十出水泵,4330.78 元;8 马力柴油机 1 台,卖给沙岸村,2040 元(赚 147.51 元);磨粉机 1 台,96.30 元;三吨抽水机船 1 条,591.80 元;油库一个,295.88元。

1975 年　十进八出高扬程水泵 1 台,451.43 元;篥簹 6 队安装电灯、电线,85 元;面店用 12 伏发电机 1 台,55 元;十进十出水泵 1 台,672 元;建蘑菇房,3731.45 元;20 马力柴油机 1 台,2363.57 元;12 马力柴油机 1 台,卖临海上盘 1500 元;30 马力柴油机,卖黄岩新桥,3500 元。

1976 年　办搓丝厂,2789.51 元。石水缸下山开垦青年林,种杉树。

1977 年　坑门口建蘑菇房,横头建搓丝厂,2568.99 元;12 马力柴油机 1 台,840元;糕粉机,131.30 元。

1978 年　24 型拖拉机 1 台,12347.76 元;手扶拖拉机 1 台,2567.53 元;12 马力动力柴油机 1 台。

1979 年　打机井 1 口,2346.50 元;白箬桥造桥,452.75 元。

1980 年　自制糕粉机,122 元。

1981 年　手扶拖拉机 1 台,1872 元;烘干房,242.60 元。搓丝机按原价卖给社办,2713.52 元;十进十出水泵卖下陈村,422 元。

1982 年　购高压线设备,6571.10 元;打水用电灌,全乡 8 个村首先解决吕岙、殿下两个村。糕粉机,1 台,253.33 元。手扶拖拉机卖农机站,2529.49 元。

1983 年　购 10 千瓦电机 1 台,641.77 元;自来水安装,19274.66 元。建造殿下村自来水站,联网大溪区自来水站。造价 1.40 万元;自来水型式为交换池式;饮水户数 270 户;饮水人数 1200 人。

1984 年　1 队、2 队晒谷场落成;橘山通电,727.44 元;每户安装水表。

1985 年　分自留山到户;后山劳动地种橘;转播台一只,709.83 元;橘山板坑,679.10元。

1986 年　12 马力柴油机 1 台,893.37 元。卖出 20 马力柴油机 1 台,电动机2 台。

1986—1987 年 修建闸桥,10437.08 元。

1988 年 橘山砖柱,4834.25 元。

1989 年 1100 瓦潜水泵(机井用),580 元;水泵,1 台,1516.40 元。

1991 年 17 英寸西湖牌黑白电视机 1 台,540 元;1988 年的砖柱升高,1358 元。

1992 年 水井报废;下湾种柿,3078.20 元;建房,3 间,6521.02 元;移庙,16615.38 元。

1992—1993 年 建 5 间村部和戏台(到 11 月止),222960 元。

1993 年 下湾购旧 1.5 吨水泥船 1 只,240 元;望远镜,550 元;双桥后门电机,12968.94 元。

1994 年 米车头,933.20 元;靠背椅,39 张,700 元;历年变压器价值,24566.35 元。

1995 年 写字台 7 张,1750 元;高背钢椅 30 张,1530 元;历年电线路改造完工,168546.55 元。

1996 年 文件柜 1 只,1350 元;写字台 4 张,1000 元;100W 扩大机,1600 元;高音喇叭,210 元;话筒,150 元;前山头安喇叭 2 只,324 元;转椅 4 张,1000 元;戏台增容,1003 元。

1996—1997 年 建造水埠头,8997.20 元。

2002 年 坑门口挖水井 1 口,村出资 1500 元,其余一律自负。电费收取为达到城乡同价必须每户一表,每个 150 元。做公墓,定价 2600 元/穴。

四、集体农业

殿下村的土地以水田为主,所以农作物种植以水稻为主;数量比较少的旱地、山脚边的冷水田和灌溉困难的高田,往往用来种植经济作物或从事副业活动,但前提是不影响完成国家粮食征购任务和保证村民自分口粮充足。

1957 年,耕作制度改进,由单季稻变为双季稻,由间作稻变为连作稻,再加上 20 世纪 60 年代引进推广"矮脚南特"等优良水稻品种,以及先进种植技术的推行,水稻年亩产量由四五百斤迅速突进到 1000 斤左右。尤其是杂交水稻推广后,亩产又突进到 1500 斤左右。

1956—1982 年殿下村农作物种植情况见表 4-3,1983—2000 年殿下村水稻产量情况见表 4-4。

表 4-3　1956—1982 年殿下村农作物种植情况

年份	水稻品种	经济作物和副业
1956	503、小暑白、老黄米	油菜籽、席草、甘蔗、芋头、菱、茭白
1957	龙三京、503、小暑白	油菜籽、甜瓜、红甘蔗、芋头、菱、茭白
1958	老来青、10509 种、乌嘴糯、大谷种	油菜籽、藕、红甘蔗、芋头、菱、茭白
1959		畜禽、番莳秧、桑叶、杨梅、瓜类、捕鱼、蜡石、麻帽、蚕茧等
1960	推行"倒种春"种植技术	
1961	老黄米、矮脚南特号、陆财号、北京粳	
1962	老黄米、矮脚南特号、陆财号、早南特、连塘早、湖白、大谷种	
1963		甘蔗、芋头、菱、茭白
1966	八十矮、福矮、矮福、连塘早、矮南特、团粒矮、二九矮、矮脚陆财、江矮早杂交	面店、米车、水浮莲
1967	早熟矮南早 1 号、早熟矮南早 16 号、八十矮、三矮早、团粒矮、矮福 1 号、矮南特、连塘早	
1968	农垦、二九矮、三株斤	
1970	南塘矮 16 号、爱武	席草 1.8 亩(1 队)、莳药 1.146 亩(5 队)、瓜 2.22 亩(2~4 队)、甘蔗 1.402 亩(1、2、5 队)
1972	农垦 6 号粳稻、广选 3 号	芋头、茭白、瓜
1973	大麦早熟 3 号、浙农 12 号、米麦 757、小麦友谊亚安早	
1979	早籼 143、不脱早、二九青、温选、军协、连珍、广陆 4 号、杂交早金凤、凤成 2 号、苏选 2289、东方红、台粳、秋收 1 号、南塘矮、京引 15 号、双糯	荸荠
1982	早籼 143、青秆黄、竹科 2 号、竹菲 10 号、晚稻东方红、双糯	荸荠

表 4-4 1983—2000 年殷下村水稻产量情况

年份	田地/亩		全年亩产/斤	
	水田	旱地	早稻	晚稻
1983	839		1336	
	774	65		
1984	838		1423	
	839	65		
1985	830		1485	
	838	60	720	765
1986	817		1522	
	830	49	802	720
1987	817		1096	
	817	49	720	376
1988	817		1492	
	817	49	680	812
1989	817		1410	
	768	49	670	740
1991	817		1670	
	768	49	810	860
1992	811			
1993	800		1236	
	751	49	420	816
1994	795		1470	
	746	49	770	700
1995	792		1596	
	743	49	770	826
1996	783		1662	
	736	47	826	836
1997	765		1584	
	718	47	860	724
1998	763		1484	
	716	47	684	800
1999	763		1573	
	716	47	797	776
2000	763		1230	
	716	47	802	428

五、粮食政策

国家在很长时期内实行粮食统购统销政策，以确保国家粮食安全。国家粮食征购任务必须优先保证完成，由公社分配到大队，再由大队根据各生产队的土地和人口情况分配到生产队。生产队在完成夏收夏种后，组织劳力到当地国家粮库交售；同时留足大队和生产队再生产的稻种和五保户的粮食及救济粮等集体用粮；再以生产队为单位，根据当年粮食收成情况及社员家庭人口和劳力劳动情况，预算后公布和实施分粮方案。人民公社体制下的粮食政策，老百姓归纳成三句话："交足国家的，留够集体的，剩下自己的。"

1956—2003 年殿下村国家粮食征购任务完成情况见表 4-5。

表 4-5　1956—2003 年殿下村国家粮食征购任务完成情况

年份	征/斤	购/斤	合计	备注
1956	87449			
1957	89779	183128	272907	三定证尚存
1958	94535	181383	275918	
1959	104201	185364	289565	因受灾国家减征 15000 斤
1960			238356	
1961	46414	215441	261855	
1962	33323	141593	174916	
1963	60394	144606	205000	
1966				水费 2400 斤
1967	54915			水费 2250 斤
1968	63153	203847	267000	
1970	63153	203847	267000	
1971	63150	199850	263000	
1972	63106	205604	268710	
1973	63106	205604	268710	水费 1560 斤
1975	63106	201644	264750	
1976	63028	198672	261700	
1977	63028	194472	257500	
1978	63031	194382	257413	
1979	62822	191885	254707	水费 1686 斤

续表

年份	征/斤	购/斤	合计	备注
1980	62822	（加晚谷）137628	200510	水费 1686 斤
1981	62822	200000	262822	
1982	62821	（加价）183379	246200	水费 1557 斤
1983	79931	167269	247200	
1984	79900	166300	246200	
1985	62709	186429	249138	
1986	62709	190290	252999	
1987	47389	190272	237661	因受灾农业税减征 15320 斤
1988	62709	189553	252262	
1989	62710	189000	251710	
1990	62710	190862	253572	
1991	62710	191200	253910	
1992	62710	192200	254910	
1993	50774	144000	194774	
1994	62652	147400	210052	
1995	62560	148080	210640	
1996	50600	96800	147400	
1997	49702	97716	147418	
1998	49454	97946	147400	
1999	51000（代金 10180）	65820	116820	
2000	25834（代金 35344）	64566	90400	
2001	59426			
2002	58738			
2003	57450			

注：1. 表中"代金"指用人民币抵交征粮任务指标。

2. 表格"水费"指以粮食任务抵交使用太湖水库水源费用。

第三节　畜牧业

一、家庭养猪

殿下村的畜牧业发展中,家庭养猪一直是主力军。20世纪50年代至70年代,集体牧场加入养殖大军,但集体养猪养牛的积极性不高,而家庭养猪的积极性则长时期持续稳定。这与当时的农业发展水平有关。

生产队种植高产水稻,需要大量肥料,20世纪50年代市场上几乎没有化肥,只有少量化肥分配到生产队。到了60年代,虽然化肥多起来了,但长期使用化肥会降低土质肥沃度。所以,生产队就把农户的"猪栏""牛栏"(猪粪、牛粪和稻草等杂合在一起的有机质肥料)和人的粪便等交给生产队的数量多少,纳入生产队基分核算体系中,与分稻秆、工分等挂钩;同时,若养的是奶猪、肉猪,还可以增加一笔不少的家庭收入,从而调动起家庭养猪的积极性。具体情况见表4-6与表4-7。

表4-6　1966—1982年殿下村户养家畜、家禽等情况

年份	母猪/只	奶猪与肉猪/只	牛/头	备注
1966	81	464		奶猪180只、肉猪284只
1967	76	233		另有兔284只
1968	104	194		
1969	128	151		
1970	134	443	10	奶猪301只、肉猪143只;参加生猪保险的有130户,含母猪95只,肉猪56只
1971	124	172	12	另有兔74只
1972	116	199	9	
1973	117	222	5	
1974	111	799	6	奶猪511只,肉猪288只
1975	129	207	4	
1977	106	159		
1978	130	154		
1979	132	289	2	
1980	96	276		

续表

年份	母猪/只	奶猪与肉猪/只	牛/头	备注
1981	108	243	1	
1982	107	208	2	

表 4-7　1983—2003 年殿下村户养家畜、家禽等情况

年份	母猪/只	售出肉猪/只	自宰猪/只	全年生猪创养量/只	蜜蜂/桶	兔/只	牛/头	小牛/头
1983	99	国 98	22	877	62	15	1	1
1984	97	国 112	15	790	32	20	1	1
1985	96	市 95	16	695	35	75	1	1
1986	91	国 30,市 52	11	690	40	72	1	
1987	61	国 55,市 45	10	633	60	38	1	
1988	77	国 35,市 39	10	536	65	20	1	1
1989	78	国 90,市 60	15	643	70	30	1	
1990	79	国 31,市 25	7					
1991	73	国 75,市 62	8	637	30	20		
1993	62		195	595	10	15		
1994	67		96	475		12		
1995	44		44	306				
1996	42		190	492				
1997	40		185	475				
1998	37		60	272				
1999	32		44	236				
2000	20		30	214				
2001	19		20	120				
2002	20		210	394				
2003	65		250					

注:1."售出肉猪/只"一列标注了"国"的,意为完成国家任务的售卖数量;标注了"市"的,意为在市场自由售卖的数量。有一段时期,需要先完成国家任务后,才能到市场自由售卖。

2."全年生猪创养量"指全村年生猪存栏增量。

二、集体牧场

1958 年,上级要求每个大队都必须办牧场。为应付上级,大队在笪簟隔墙前门后面小屋养了几头猪,还把第六生产队所有的几头牛也关在一起,这样看起来,好像牧

场养了好多猪和牛。牧场由赵一团、赵加来负责。养起来的猪按规定卖给国家食品公司,但其实那时养猪是亏本的。后来牧场迁移到殿下。1961年,牧场关闭。

1962年,大队重新办畜牧场,主要还是养猪,由赵加祥、赵玉增、赵一德三人负责。牧场地点在殿下水沿井旁边。大约在1978—1979年,集体牧场关闭。

1956年,赵一团转入牛4头,卖小牛1头,买黄牛1头。年终结存4头。

1957年,卖小牛1头。年终结存3头。

1958年,买牛1头,年终结存4头;另,农户养牛有小牛的户有优待,赵文法、赵正保、赵一安、赵正丁、赵一岳5户养牛。

1959年,向县商业局购大水牛1头、小水牛1头、黄牛4头,供销社购耕牛2头,户折价入社11头(其中8头按原价款卖给户饲养),集体母猪13只,9月28日又买进耕牛4头。

1961年,卖小水牛1头,150元;宰杀3头,分别获利58元、109.37元、144元。年终余鸭71只、母猪15只、牛11头。

第四节　产业发展

一、村办产业

从1949年新中国成立初到50年代末,几乎没有什么企业,到了60年代,村集体企业开始发展。有了这些集体企业,村集体经济积累不断增加。

1957年,购桑苗1300株,准备养蚕。

1957年,殿下村集体办起了以柴油机为动力的碾米加工厂,地址设在殿下桥横山公祠堂。从此,村民在家门口就可以用机器快速地把稻谷加工成大米。70年代后,村碾米厂依次搬迁至回龙庙北边、回龙庙西边,1997年下桥头过桥边上建成一排小屋,从此碾米厂地点固定下来了。

1958年,大队集体在篢簧隔墙前门办了牧场,养了母猪和牛等,在1961年初牧场倒闭。

1958年,为了后山发展毛竹,向外地购竹种26株、橘苗120株进行培育。

1959年,购橘苗500株。

1962年,再办牧场,地点有前山脚下、赵雨家、水沿井边,养了公猪、母猪、肉猪、奶猪等。

1964年，村集体办了面店，加工米面。因为在解放前，殷西保赵加夫家五兄弟曾办过面店，殷东保赵加来家也办过面店，所以村办面店有人、有技术、有工具，村集体给予启动资金，就办起来了。

1965—1979年，大溪区养鱼许家渭，冠城公社养鱼投入450元，大队养鱼投入29.75元。

1966年，向仰天湖林场购桑苗2000株，屿山种桃。养水浮莲，养革命草（即水花生）。仓库楼上办花厂（妇女绣花）。

70年代，大队里办了豆腐店、搓丝机，种蘑菇等。

1975年，养绿萍。

1981年，为种橘需要收回饲料地归为集体，取消山地包产面积，全部按人口分配到户。

1983年，殷下村打深井，自建村自来水站，造价1.4万元，自来水站为交换池式。饮水户数270户，饮水人数1200人。

1989年，吕岙种枇杷1483株，投票承包7年，至1995年停止。第三年投产后，承包人分期按投票承包总额的百分比给村集体，1991年10%，1992年20%，1993年25%，1994年30%，1995年15%。

二、个体私营经济的发展

20世纪80年代后，随着国家对个体私营经济政策支持力度的不断加大，基于百姓日常生活的村办集体企业完成了自己的历史使命，让位给了以制造业为主体的民营经济。

20世纪60年代至80年代，村民家庭手工业和副业如编织草帽、卖猪头肉、种植菜秧等，一度遍及全村家家户户，殷下村成为远近闻名的"菜秧村""猪头村"；修鞋、做衣服、理发、木工、油漆、泥水、石匠等百工，由于村民的基本生存生活需要而始终存在，但一直没有在殷下村发展成产业。

20世纪90年代尤其是21世纪以来，殷下村以泵业为主体的制造产业随着大溪镇泵业集群的发展步伐也不断发展。据不完全统计，到2022年年底，殷下有41家泵业机电类生产企业、52家泵业机电类营销商家，共近百家企业从事制造业的生产和营销。另有纸业1家、建筑业2家、包装3家、物流1家、文化1家、汽车装潢1家等近10

家生产企业,以及从事五金、家电、工具、建材、鞋服、塑料、日用百货、饮食等行业的 50 多家经商门店。正因为民营产业的强劲发展,殿下村曾于 1995 年至 2000 年 5 次获大溪镇工业十强村荣誉称号。

殿下村具体工商企业的法定代表人、企业名称、主要产品或经营内容等信息如下(个别信息不全):

赵云福　五洲特种纸业集团股份有限公司,特种纸,上市企业。

赵晨惠　电缆厂,电缆。

赵家宝　水泵厂,水泵。

蔡公飞　老蔡激光刀模,刀模。

赵云东　水泵配件加工厂,水泵配件。

赵守贤　环宇轴承,轴承。

赵守林　温岭市金明配件厂。

赵　焕　机电有限公司,机电。

赵贤富　电器配件冲件厂,电器配件。

赵守方　大宇泵业,水泵。

张秋生　配件厂,水泵、机电配件。

赵卫志　超科机电厂,机电。

赵法松　浙江宁民水泵厂,水泵。

赵文斌　车床加工配件,配件加工。

赵敏志　浙江大牛有限公司。

赵云林　翻砂厂,翻砂。

赵宝璋　台州泰立电器有限公司,电器。

骆剑波　浙浦泵业,水泵。

赵守忠　中力铸造,铸造。

骆春妹　水泵配件厂,水泵配件。

金　展　天伦电机厂,电机。

赵德华　水泵电器、配件。

赵松谱　油封。

赵小宝　上海宁民水泵厂,水泵。

赵守建　网条。

林　超　电子设备。

赵来增　机电有限公司,机电。

赵军卫　三广泵业,水泵。

赵　辉　水泵、机电配件,水泵、机电配件。

赵　兵　温岭市心力冲件有限公司,冲件。

赵建明　丰业水泵,水泵。

林万明　电缆厂,电缆。

杨妙根　胜科管道泵壳,泵壳。

赵家德　水泵配件加工,水泵配件。

赵春庭　博龙机电,机电。

赵晓波　工大机械,生铁铸造。

赵江醒　温岭大溪永佳塑料制品厂,塑料。

赵守雨　温岭市旭翰广塑料制品厂,塑料。

赵江建　黄岩标力建设集团公司,建筑。

赵本尧　建筑。

赵林斌　建筑。

赵军斌　众利包装有限公司,包装。

刘经纪　大溪殿下制箱厂,包装。

赵守彩　纸箱厂,包装。

赵国良　在外经商,卖水泵。

赵松青　在外经商,卖水泵、机电。

赵建林　在外经商,卖水泵。

赵富林　在外经商,卖水泵。

赵守才　在外经商,卖水泵。

赵家泉　在外经商,卖水泵。

赵慧敏　在外经商,卖水泵。

赵贤标　在外经商,卖水泵。

赵华明　在外经商,卖水泵。

赵荣超　在外经商,水泵机电。

赵美华　在外经商,机电、五金。

赵坚勇　在外经商,卖水泵。

赵贤春　在外经商,卖水泵、机电。

赵建平　在外经商,卖水泵。

赵剑波　在外经商,电气设备公司。

赵剑红　在外经商,卖水泵。

赵凌明　在外经商,卖水泵。

赵　德　在外经商,卖水泵。

赵坚华　在外经商,卖水泵。

赵华林　在外经商,卖水泵、机电。

赵云标　经营,水泵机电配件。

赵文忠　在外经商,卖水泵。

赵明东　在外经商,卖水泵。

赵明琥　在外经商,卖水泵。

赵美玉　在外经商,经销机电。

赵云德　在外经商,卖水泵。

赵卫忠　在外经商,卖水泵。

赵玲辉　在外经商,卖水泵。

赵建华　在外经商,卖水泵。

赵海兵　在外经商,卖水泵。

赵和菊　在外经商,卖水泵。

赵一球　在外经商,卖水泵。

蔡妙香　在外经商,卖水泵。

蔡妙春　在外经商,卖水泵。

杨平华　在外经商,机电。

杨平富　经营,水泵机电配件。

赵明才　在外经商,卖水泵。

杨平才　经营,水泵电机配件。

骆富春　在外经商,卖水泵。

赵建斌　在外经商,卖水泵。

赵美良　在外经商,卖水泵。

赵云飞　在外经商,机电。

赵才兵　在外经商,鸿越机电公司。

蔡腾斌　在外经商,卖水泵。

骆春富　在外经商,卖水泵。

金海来　在外经商,卖水泵。

卓法美　在外经商,泵业旗舰店。

赵建国　在外托运、物流。

赵　平　上海紫涛文化传播有限公司。

赵　赞　汽车装潢。

杨宝玉　在外经商,建筑机械材料。

赵劲松　在外经商,建材。

赵华宝　在外经商,百胜小家电。

赵法春　市场经营五金。

赵友青　在外经商,五金工具。

赵云军　在外经商,工具店。

赵美云　在外经商,天翔工具有限公司。

赵美顺　在外经商,电动工具。

赵守斌　在外经商,柯桥卖布。

赵伟华　在外经商,柯桥卖布。

蔡小明　在外经商,乐登鞋业。

徐妙根　在家经营,服装。

赵云青　经营,塑料制品。

赵　旭　经营,塑料。

赵友富　在外经商,劳保用品。

赵云华　在家经营,超市。

赵春辉　在外经商,日用百货。

赵劲伟　在外经商,日常用品。

蔡妙富　开小店。

骆剑敏　经营,日用品。

赵守聪　在外经商,文化用品公司。

赵国庆　在外经商，文化用品公司。

林德富　在外经营眼镜店。

赵剑荣　在外经商，卖眼镜。

赵利平　在外经商，卖眼镜。

赵丹阳　五强酒业。

赵卫东　在外经商；卖水。

赵友敏　卖猪头肉。

赵根香　在家，开快餐店。

赵贤军　在家卖年糕。

赵　鑫　柯桥经商。

赵志伟　网上经商。

赵劲华　经商。

赵万荣　在外经商。

赵妹云　经商。

赵和田　在外经商。

赵家超　在外经商。

赵斌辉　在外经商。

赵卫平　在外经商。

张彦兵　在外经商。

赵华智　在外经商。

赵军辉　经营装饰材料。

赵友正　在外经商。

赵贤苏　经营大理石。

赵敏军　常州倍加超电机有限公司，机电。

赵美勇　经营电容。

赵法清　在外经商。

赵守林（殿西）　温岭市大溪东新电器配件厂。

赵军福　经营家具。

赵福生　在外经商。

赵鑫伟　浙江水源机电科技有限公司。

赵勤伟　　在外经商，百货。

赵巧波　　经营餐饮。

赵建军　　经营餐饮。

赵和良　　在外经商。

谢贝贝　　水泵配件。

林照亨　　运输。

赵清波　　汽车教练。

赵云富　　配件。

赵美顺　　在外经商。

赵明利　　经营煤气。

赵士明　　水泵配件。

第五节　百工杂活

杂耍表演　解放前，殿下由于一方面水资源严重匮乏，另一方面又饱受水灾之苦，经常粮食歉收，村民吃不饱饭。有些村民自发组织表演杂技，到外乡乞讨。如赵一昌、赵一桃、赵一要组织打花鼓；赵一茂、赵正增组织滚狮子；还有的跳窜桌、沿竹杠等。他们在年关外出表演，讨得一些年糕、粽子回家过年。现在，这些行业逐渐消失，不再有人外出乞讨了，只是到了春节作为文化活动，丰富村民生活。

泥水匠　造房子需要泥水老师砌墙。殿下泥水老师有赵本云、赵本尧、赵加来、赵若森、赵清云、赵守来、刘经纪、刘志珍、赵妹云、刘友法等。随着农村造大寨屋在20世纪90年代结束，现在的建筑用的是钢筋混凝土加砖石，建筑相关行业师傅，很多转行了。

木匠　在过去，人们想要学一门手艺是很不容易的，必须先拜师，要买几样东西送上师傅家的门，作拜师礼。比如学木工、当木匠，要拜木匠师傅为师，木匠老师再带徒弟给人干活，在实践中学木工技术。过去大户人家要造三透九明堂，需要很多木料。特别是到了20世纪70年代末80年代中期，农村到处建大寨屋，那时学木匠的很多，学细木（做家具等）的也很多。一户人家建房一间、二间、三间的，大量使用木头，就需要木匠老师来做。村里的赵一森、赵照来父子，原来在大溪木器社上班，也需要到人家家里做几天木匠活。木匠老师有赵夏清、赵云福、杨和顺、赵建阳、赵西林、赵一记、赵云卿、赵凌根、赵守林等。

石匠 造房子还需要打石头（石匠）老师。石匠老师有林照宋、林照岳、赵一间、赵若华、赵云桂、赵贤军、鲍洪明、赵美良等。

油漆 油漆的对象不仅是家具，还有房子及生产和生活用品，极其广泛，直到现在，油漆师傅仍然活跃在装修装饰装潢市场上，当然，大量的生产生活用品都由机械化流水线生产了。但是，在20世纪及以前主要靠手工油漆，所以，无论是大溪街油漆店，还是村里的几位油漆师傅，生意都很红火。殿下村从事油漆手艺的有赵振灯和他的儿子赵夏连，赵妙寿和他的父亲赵振松，以及赵家初、赵家宽、赵昌启、赵东方。其中赵振灯在大溪油漆社上班，其他都是在家里做或上门进户做。但是，进入21世纪后，村里的油漆手艺渐渐消失了。

篾匠 1956年，全村实行集体所有制，把农民家的农用家具投入生产队，有些可用，有些不可用，需要修补。村民赵振推、赵一要、赵增福、赵一桃、赵一盈、赵一通等，在农闲季节到各生产队或各村去打篾，修补簟皮（竹篾制成用来摊晒稻麦的席子）、畚斗、谷箩筐等。每年两季农忙之后都要修理农具。改革开放后，生产队解散，实行分田到户承包责任制，这个打篾的手艺也就传承不下去了。

箍桶 现在几乎所有大小、所有材质的家具用品都能在网上和市场上买到，可在20世纪七八十年代塑料和铁皮桶制品问世前，只能让箍桶师傅用木板给做桶。尤其是哪家要嫁女儿了，各色陪嫁桶是少不了的，什么水桶、凹斗、面桶、脚桶、揉粉桶、浴桶、稻桶、粪桶等等，一应俱全，全都是木制的。当然，一般农家往往去集市上或大溪街、潘郎街的箍桶店买几个桶。大户人家嫁女儿时，要请来几位箍桶师傅做上半个月一个月，再让油漆师傅漆好。殿下村的箍桶师傅有赵家池、赵一海、赵小根。赵家池父子在大溪木器社上班，后来木器社解散了，也就没再做了。赵一海、赵小根在自家做，农闲时间去各村修桶。现在箍桶手艺基本失传了，只有在一些保存较完好的古街上还偶尔能看到一两家箍桶店，不过现在木桶是被当作工艺品、装饰品，而不再是作为生活用品家具来买卖了。

理发 古往今来，理发手艺一直存在，只是人们的发式随着时代变化而已。在20世纪50年代至70年代，殿下全村男女老少都知道的理发师傅叫"传"，其实他的名字叫赵振传，习惯上大家都称呼他"传"，他也很高兴大家叫他"传"。全村男女老少几乎都领教过他的理发手艺。他的理发店在殿下村的中心点、殿下小店附近，殿下村主干道路边。殿下村民进出村或去小店买东西，还有桥里村、桥外村、双桥村村民去大溪赶集,都会经过他的理发店。理发店门面有半间房子,设有一张标准的木制理发躺椅,还有几把长凳子,供等候理发的人坐。那时村里还没有建立老人会,村里的老人们有事没事就会去理发店或店门外坐坐闲聊。"传"的人缘很好,他都会笑着和大家说说话。理发店的生意一直很好,尤其是年纪大一点的村民,不喜欢到大溪街理发店去,而是习惯到"传"的理发店理发。

裁缝 以前的人有了一件新衣服,平时根本舍不得穿,只有到过新年、走亲戚时,才拿出来穿一穿,真是"新三年,旧三年,缝缝补补又三年"。过去人们穿的衣服,都是自己去街上买新布料,去裁缝老师那里量尺寸做衣服,过几天衣服才做好。我们村裁缝老师有林领姐、赵克信,他们专做老年人的大襟衣裳,因为那时女人穿的是斜襟衣服,男人穿的是直襟衣服,扣子都是用布料做成的。直到20世纪末还有老年人穿这样的衣服。年轻人在六七十年代就开始做中山装、列宁装穿了,但依旧是买布料去裁缝店做衣服。还在集体经济时期时,村民赵若林等三四个人组织起来,在冠城小学边上办了个裁缝组。现在,不管是在城镇还是农村,裁缝老师都很少见了。

鞋匠 以前补鞋也是一门不可缺少的手艺。20世纪五六十年代,人们还是以穿布鞋为主,到六七十年代才逐渐穿上了篮球鞋和套鞋(雨鞋)、高筒套鞋(雨靴)等。但村民下田垟或走远路,还是舍不得穿鞋子,往往是穿草鞋。一双鞋子穿上几年是常事,鞋底或鞋面破了舍不得丢掉,要送到鞋店去补好再穿。殿下村民赵一法就有这个本事,他会把鞋底鞋面修补好,当然,他的鞋店里也有做好的新鞋子卖。还有村民自己做好鞋底鞋面让鞋匠师傅代加工的。

做花 20世纪五六十年代,农村妇女一般都是在家做家务,如烧饭、洗衣服、带小孩。农忙时,参加生产队劳动,如割麦子、晒稻谷。60年代,年轻姑娘和妇女农闲做花(一种绣花技术)慢慢兴起。开始的时候,全村的姑娘妇女们集中在村部集体学习做花,赵冬凤担任做花教员,她们在赵冬凤的指导下边学边做,边做边学,学得差不多了,自己能够独立做花了,就回家里去做花,这样便于操持家务,如果碰到问题,就到村部来请教老师。后来赵冬凤成为乡里的教花员。那时,虽然一板印花布做好赚不了多少钱,但作为家庭副业还是很受姑娘妇女们欢迎的。殿下村的做花在六七十年代很兴盛,到80年代就基本消失了。

开小店 解放后,村民赵振方、赵有恩、赵一启利用自家居住大路边的便利条件开起了小店,以赚点钱补贴家用。现在村里仍有开小店的、开超市的,如村民赵云华开自选店,还有赵守德、骆小春、赵一志、蔡妙富、林增良等人开小店,赵丹阳开卖酒批发部。

捕鱼 农闲时节,有的村民搞起了捕鱼副业。他们买来毛竹做成竹排,再买来渔网及其配套渔具。捕鱼人从家里扛着竹排放到河里,撑着竹排,人站在竹排上撒网打鱼。捕鱼村民有李金祥、李德先、赵良金、赵一兵、赵如家、赵加顶、赵加池、赵守土、赵有恩等。后来工业发展了,河水受到了严重污染,鱼也很少了,这门副业也断了。

卖糕卖饭 相传在清朝时,殿下村就有人做卖糕卖饭生意,一直延续到大集体时代。过去做卖糕卖饭生意,要起个大早,先在家里把糕做好,把饭烧好,同时带上些小菜,挑到集市上去卖,不是集市一般不出去卖。那时的卖糕卖饭有点类似于现在的流动早餐摊。做卖糕卖饭生意的村民有赵一仁、赵一福、林昌格。现在,老一辈的都不做了,新一辈开卖糕店的有赵贤军,开小饭店的有赵先福、赵建斌。

担面 1964年,村里办起了面店厂,于是产生了一批农闲担面卖面的生意人。本村或者外村的卖面人,到殿下面店厂来担面后,串村走户或到集市上卖。少数买家用人民币买面,一般是用大米来兑面交易。卖面人卖完面后再回到面店厂按照商定的价格比例交纳大米或人民币。特别是每年的七月半前后,生意好,他们天天来担面卖。殿下村做担面生意的有赵一桂、赵小宽、赵一昌、赵振斯、赵先春、赵加和、赵一标、赵一仁、赵一奎等。20世纪80年代,随着村集体面店厂的关闭,担面生意也就没有了。

养蜂 一年四季都可以养蜂,若要养几百箱规模的蜂,就要到外地、外省。村里养蜂专业户有赵家勤、赵法明、蔡良法。蔡良法养的蜂少,仅有几箱,一般在当地养。而赵家勤、赵法明养蜂规模大,一般在外地养。他们一边养蜂,一边卖蜂蜜,就地销售。

赤脚医生 解放后,医院很少,只有大溪医院大一点,还有规模很小的公社卫生院,加上交通不方便,老百姓看病很难。20世纪60年代,村里办起了保健室,有了"赤脚医生",就是农民医生。村民小病小痛,赤脚医生背着药箱上门看病,很是方便。殿下村最早的赤脚医生是赵守土,"文革"时期有赵一和、孙美英、赵梅兰(林大生妻)。村保健室每天开门接诊。改革开放后,村赤脚医生只剩下赵一和一个人了,保健室相应迁移到赵一和家里。

接生 过去妇女生小孩都说是过鬼门关,有些妇女和孩子因难产而死亡。20世纪50年代中期,殿下村培养了一位土生土长的接生员,她叫罗领姐。哪家妇女要生小孩了,马上差人去叫来接生员接生。接生员指导帮助产妇顺利产出婴儿,给新生儿剪脐带,顺气啼哭了,包好婴儿衣服,交代产妇产后注意事项,就算基本完成接生任务了。当然,产妇还会去向接生员咨询产后卫生保健问题,接生员会继续指导帮助。至于说接生员的报酬是很少的,也没规定是多少钱,反正就各家看着给,顺便吃顿饭或点心而已。妇女在自己家里生孩子,接生员来家里接生,持续到20世纪80年代末。随着大溪镇卫生院和温岭人民医院医疗条件的改善,20世纪八九十年代,大多妇女会选择去医疗条件比较好的医院生小孩了。

畜牧兽医 殿下村民世世代代都有家家户户养猪、养牛、养鸡、养鸭的习俗,一方面卖了后可以补贴家用改善生活,另一方面可以积累有机肥料改善土质。五六十年代,村里还办起了畜牧场。猪和牛特别容易生病,这就需要有医生为猪、牛医病。20世纪60年代,殿下村民赵本顺去县里学了兽医技术,为村民或集体牧场的猪、牛治病防疫。那时,公社和乡镇有畜牧兽医站,指导帮助村畜牧兽医工作。90年代后,村民家里养猪的比较少了,自然也就不需要兽医了。

卖猪头肉 殿下村因"筻篁猪头肉"得了整个温岭及附近县闻名的诨号"猪头村"。20世纪60年代就有几个村民做卖猪头肉生意的。他们从市场上买来生猪头,烧熟后拿到集市上去卖。最早做卖猪头肉生意的有赵一洪、赵仁法、赵加友、李五妹、蔡二姐、赵一秀、赵家先等人。1982年后,这个生意慢慢带动了一批人来做,特别是筻篁自然村,前门溪里全都是猪头,家家户户都做猪头肉生意。近百户村民从路桥、椒江、黄岩、三门各地市场和冷冻厂买来猪头,加工之后销售到温岭各地及附近县,直至温州乐清、清江等地,猪头肉生意供不应求。1985年后,本地市场猪头严重短缺,就有人到外地如杭州、上海,甚至江苏省组织货源,在那些地方的冷冻厂、县级食品公司直接进货,用大卡车整车运进村来。猪头肉生意是兴旺了,但是村里的环境也因此而受到严重污染,说是"臭气熏天"也毫不为过。1992年后,吃猪头肉的人慢慢少了,一是因为口味习惯了,觉得没味道了,不想吃了;二是因为不卫生,吃了还容易得痛风病,长期吃不利于身体健康。猪头肉生意就此逐渐冷淡下来。2008年7—10月,村里按照上级治理环境污染的要求开展环境整治,红极一时的猪头肉生意渐成历史。2015年至今,全村只有赵友敏还在经营猪头肉生意,但在温岭区域餐桌上,"殿下猪头肉"依旧小有名气。

卖菜秧 殿下因整个村卖菜秧而得"菜秧村"的美称。20世纪60年代中期左右,一些头脑聪明且种植技术不错的殿下村民,开始利用自留地,自己培育菜秧,到市场上去卖。到70年代,殿下菜秧达到鼎盛,整个村家家户户自留地几乎都播种菜秧,全村男女老少都忙于菜秧培育。至 80 年代中期前后,殿下菜秧市场渐渐衰落。菜秧品种包括包心菜、大白菜、青蒜头、芥菜、花菜、番薯等等。每当大溪市日,整个菜秧市场大部分都是殿下人。村民一般在头一年就选择好菜种培育菜籽,或去市场上采购好品种,第二年按照种菜节候整理好自留地,撒上菜籽,注意密度,每天浇水,适当施肥,控制疯长,下半年天气冷时还要盖上稻草防冻,以培育出苗壮的菜秧。待到菜秧长到一定程度可以移栽了,一般头天下午、晚上或当天早上天亮前后拔好菜秧,按照每 50 棵菜秧(特殊品种另外按约定俗成计数)为一把,整齐排列,置放于相应的箕箅中,肩挑车拉运到市场上去卖。殿下菜秧兴盛时,足迹遍布大溪、潘郎、牧屿、横峰、大荆、泽国、院桥等。菜秧当令时节,一到晚上,整个殿下山和全村房前屋后都是煤油灯闪闪点点,颇为壮观。菜秧的价格一般每百棵苗卖 5 分到 1 角,一担菜秧卖完 5~8 元。在当时,每逢集市能有这样的收入,足以贴补家用了。

第六节 土地开发

殿下村从 20 世纪 50 年代中期合作化后,全村集体农田一般都稳定保持在 800 多亩,自 21 世纪初开始,由于发展工业、交通、教育事业和民用住宅建设的需要,镇政府征用和村集体统一规划,逐步征用后,目前尚存约 200 亩。具体租用征用情况如下:

1979 年,村民赵守林在山后梨园征了旱地,办了翻砂厂。

2002 年,下湾 39 亩土地被镇政府征用,用来建造大溪中学(高中),每亩 2.5 万元。

2003 年,大溪供电所在滩头桥池西南建 110kV 变电站,征用土地 5 亩。

2011 年,镇政府在本村沙丘一带征用土地 38 亩,建造豪成贝利商品房和大型超市。

镇政府向本村征用了土地,杨柳汇 22 亩返还本村为村留地,并获批出租企业办工厂。杨柳汇工业区村留地为 10 年一期出租,企业自建房办厂。山后洋工业区(滩头桥至山后村交界)、坑门口、屿山附近等也逐步办了企业。

2017 年,镇政府继续征用土地 30 亩,用来建造大溪镇方山小学。

2018 年,镇政府在箕箅征用土地 70 亩,用作建商住楼。

现在殿下村主要存有闸桥外土地,包括天打洋、双桥后门 180 亩左右。同时,村集体收回了村民的承包田,由村里一年每亩补贴 1200 元。

2002年开始,村对出租村留地收取租金,从开始每年几十万元,到100多万元,至2017年年收入在300万元左右,2017年后达到500万以上。

村集体经济的壮大,土地的开发利用,为村民带来了福利。取之于民,用之于民。土地征用收入基本用来补贴失地农民和村民公益事业。每年下半年村拨款分配失地村民金额从每人1000元,到2016年12月改为每人5000元。全村承包田补贴从每亩800元,调至现在的1500元。自1994年起,村里对60岁以上老人实行生活补助。规定61周岁以上老人每人每月6元,后陆续增加到几十元。2015年起,61~70岁每人每月100元,71~80岁120元,81~90岁150元,91~100岁200元。春节慰问老人,1994年,80岁以上每人20元,1995年30元,2004年50元。1995年,为1~35岁村民投保,集体出钱,每人100元。1996年,根据投保人员利息计算,每月所得5.4元,自该年10月1日起,60周岁每人发6元,后调整为61~64岁6元,65~70岁10元,71~80岁20元,81~90岁30元,91岁以上40元。1996年,为年龄36~48岁村民投保。2004年,实行新型合作医疗保险,每人40元,由村出资。1994年,每户安装电表一台,村民自负20元。1997年,开通闭路电视,每户420元。1997年,卫生改厕每户出资200元,村助建三格式粪坑3个及支管。2000年,村前大路从滩头桥至冠城小学门口水泥路面硬化,资金除村集体资金补贴部分外,同时由路面硬化利益相关村民集资,居住屋靠近大路边的每间500元,家庭置办摩托车、小汽车的每辆200~300元。

第七节　其　他

一、台州供电公司洋城110kV变电站

台州供电公司洋城110kV变电站,俗称大洋城变电站,位于殿下村的冠屿山公园·赤龙园西入口处滩头桥旁。变电站占地面积5亩(全部为殿下村征地),2000年2月开工建设,投资2053.33万元,拥有2台4万kVA的变压器,10kV线路16回路,2001年12月建成投运。多年来,变电站不断改造升级,现有总容量16万kVA变压器(2台8万kVA)、26路10kV出线,现总投资达5000多万元。

变电站建成投运以来,供应了半个大溪镇,即东至上新建、南至大溪岙、西至太湖山仰天湖茶场及平山村、北至塔岙村,共计40多个村的农户、居民及企业用电,尤其是大洋城工业区一带的企业用电,对大溪镇的工业和民用用电,起了重要的保障

作用。

二、碾米厂

把稻谷加工成大米,国家统购统销的粮食由国家办的粮油加工厂负责,而村民则要靠各家各户用捣臼或磨子等把稻谷加工成大米和米糠。到了1957年,殿下大队购买了小号米车头,办起了碾米厂,村民叫打米厂。殿下碾米厂最早办在紧靠殿下桥南面的祠堂里,后来迁移到殿下桥北面、前山脚、荷花池边的大队部西头保健室外面,再迁移到一鹏家,又迁移回桥南。

1969年,依托碾米厂,购置磨粉机;1971年,购置打糕粉机。这样,村民不仅可以在村里把稻谷加工成大米,还可以把大米或小麦加工成米粉和麦粉,以及把大米加工成做年糕的糕粉了。

1973年,为提高粮食加工能力,购置了2号米车头、40匹马力柴油机以及过桥轴。

碾米厂一直运行到2005年左右。

村(大队)碾米厂的管理和技术操作师傅最开始是赵一头。赵守元、赵家塘(因参军仅工作一个月)、赵家友、赵本连、赵和菊、赵守增等先后成为碾米厂的师傅。

三、石仓

殿下山坑后门庙往下一百多米处,其岩石适合作为石材开采利用。1970年后,为兴修水利和村民建造大寨屋所需提供石材,石仓主要生产块石和条石,乱石和碎石主要用于砌垒河岸和修路加固及村民建房地基。一度试采石板,因石头裂缝太多而未获成功。村民建大寨屋结束后,石仓废弃,终止开采,并进行周边绿化还山。

21世纪初建设冠屿山公园时,废弃石仓旧址改建为洗心池,池旁建回廊,池上方建洗心亭。鸣文先生书"洗心亭"和对联:"上岭访禅门一曲清溪迎百客;登亭开眼界四围丽景冠三春。"

四、双轮双铧犁

1949年以前,我们国家农业生产工具非常落后,在西方发达国家已经使用机械化农具的时候,我们还在靠牛拉犁,用锄头挖掘,用人的肩膀挑担。

1957年,醒农社集体购买了第一台半机械化农具——双轮双铧犁。这种犁是铁制的,有两个犁头,一头牛拉不动,两头牛会缠夹在一起无法拉,于是许多年轻力壮的青年人与牛一起拉。由于双铧犁不适合南方水田耕作,后来就不用了,放在殿下庙前的戏台路边,年久烂掉了。

同年,醒农社集体还置办了双人打稻机、碾米机等,实现了生产生活半机械化。

五、人力手拉车

20 世纪 60 年代到 70 年代,殿下村民家庭开始拥有自有手拉车;到八九十年代,50%以上的农户家庭有了手拉车。

手拉车传动装置为钢轴、钢轮毂、橡胶轮胎,需要到市场上购买。而车身一般自制,车架和扶手是原木,车身的底和两侧以竹片铺挡。运送物品时,双手用力拉两边扶手;拉重物时,辅之以肩带;若拉重物上下山坡,往往车后还需有若干人帮助。

有了手拉车,对一户人家来说,到田间、市场拉东西方便多了。用手拉车不仅拉的东西多,且省力气,有些本来必须由成年男劳力完成的事情,妇女和半劳力也可以做了。如果有几天生产队没有安排劳动任务,或者农闲季节,几个年轻力壮的就会约在一起,偷偷地到乐清的石壁崖、甸岭下拉一车硬柴回来,到大溪柴木市场卖,赚点小钱,补贴家用。

六、村民现代交通工具发展

殿下村民最现代化的交通工具是从自行车开始的。

那是 1954 年农历十二月二十几了,在杭州工作的殿下村民赵振梯,为了回家过年方便,在杭州买了一辆德国产配有夜行灯的自行车。那时,自行车只有大城市才会有卖,乡下的老百姓还没有见到过自行车。赵振梯和一起工作的 4 个同事骑着自行车从杭州出发回温岭老家过年。360 公里的路程,而且都是沙石子公路,很不好走。他们连续骑行了 4 天光景,每天晚上就在公路边上露营。要知道那时农村还不富裕,大哥见到振梯骑回来的自行车,有些不太高兴,毕竟一家人吃饱饭才是硬道理。春节过了,振梯骑自行车回到杭州后,就把自行车给卖了,把钱寄回家,以减轻家里的经济负担。殿下村的第一辆自行车就这样晃了晃便消失了。

1964 年,十年后,在面店工作的笺簦赵家富买了村里第二辆自行车。到了 1972 年左右,在温岭电厂上班的笺簦赵家启,为了方便回家,买了村里第三辆自行车。

在六七十年代,大溪供销社开始有自行车出租,年轻人要学骑车或需要用自行车出行的,会到大溪车行租一辆自行车。租用自行车按时间计费,还车时车行验车后付费。

直到 70 年代末 80 年代初,自行车才在殿下村慢慢普及。虽然按国家牌价一辆永久牌自行车的价格是 162.5 元,但那时农民在田里劳动,每天只有不到一元的收入,勉强做到一家人不饿肚子,买一辆自行车还是够档次了。殿下村从 50 年代初出现第一辆自行车,到逐渐普及自行车,足足用了 30 多年的时间。

八九十年代,改革开放,实行土地承包责任制,农民可以经商办企业,开工厂,做生意了。自行车显得落后了,适应不了做生意和外出的需要,摩托车代替了自行车。

21 世纪以来,几乎家家户户都有小轿车,办企业的还一人一辆呢,再置办几辆大小货车。现在外地来大溪打工上班的,也嫌电瓶车、摩托车不安全,用上了小轿车。

第五章　政　治

第一节　村党政组织的建立和发展

一、抗日战争时期

抗日战争期间,民国二十七年(1938)10 月,殿下成立了中共地下党的外围组织——"抗日大刀队",规模有 60～70 人,赵一文任大刀队领队,使用器械是 70 根木棍。

二、解放战争时期

解放战争时期,殿下已建立中共地下组织活动据点。位于殿下的赵氏小学和德明中学创办后,地下党员赵任(念母洋人)以学校董事会董事长的公开身份为掩护,经常以赵氏小学、德明中学为据点,组织地下活动,召开会议与部署工作。

三、新中国成立后

新中国成立后的近 40 年里,殿下村的党支部书记和村长(大队长)基本由赵一盼和赵春法两位担任,20 世纪 80 年代还有赵一志、赵本连、赵法兴等参与了主要领导工作。

1949 年 5 月,温岭解放。7 月,双桥并入殿东保,成立了农会组织,农会主任为赵克模(双桥人),后赵一萼任农会主任,保长为赵一连(1949—1950 年)。同时建立民兵、儿童团组织,民兵室在殿东赵扶士家,赵一盼任民兵负责人(1949—1950 年),儿童团由赵三根负责。双凌并入殿西保,农会主任吕孔宝(双凌人),保长殿西赵妙寿。同时建立民兵、儿童团组织,民兵室在殿西新屋里透,林大法负责民兵工作。

1950 年,殿下建立共青团组织,赵春法任第一任团支部书记(1950—1955 年)。

1950 年下半年,殿下建立妇女组织,妇女干部金红花。

1951 年上半年,双桥从殿东保析出,双凌从殿西保析出,殿东与殿西合并为殿下村。建立了殿下村农会组织,赵一顺任农会主任。建立了村行政组织,赵一连任村长(1951 年)。建立了殿下村民兵组织,赵一盼任民兵负责人(1951—1955 年)。

土改开始后,赵家礼任村长,潘二姐任妇女主任(1951—1963 年)。

1951 年,实行土地改革,土地重新丈量,下半年秋季分房产。1952 年上半年开始分房到户,下半年登记。殿下村建立了土改分田领导组织,冠城乡驻村代表李治坤为负责人,土改代表主要有赵一顺、赵家礼、赵一盼、赵春法、潘二姐、赵夏连、林美泉、赵家祥、赵家祥姐妹等 20 多人。

1952 年春节后,赵振尧接任村长(1952—1955 年)。

土地改革结束后,农会组织撤销。

1953 年 3 月,赵一团参加抗美援朝后从部队退伍回乡务农,成为殿下村第一位中共党员,是殿洋乡三名共产党员之一。

1955 年,殿下村建立了 4 个初级农业生产合作社,赵春法、赵振清、刘忠标、林美金分别担任初级社社长。最早成立的是赵春法初级社,23 户农户参加。

1956 年 3 月,赵一盼在殿洋乡入党。同年 10 月,赵春法、赵一头、赵家来入党。是年,建立了殿下村党支部,赵一盼担任第一任党支部书记(1956—1960 年)。

1956 年上半年,胡小姐在双凌入党,1957 年组织关系迁入殿下,成为殿下第一位女共产党员,1958 年户籍迁入殿下大队。

1956 年,初级社合并升格为高级社,取名"照洋乡醒农农业生产合作社",简称醒农社。赵春法任醒农社社长(1956—1958 年)。高级社成立后刻制了村里第一枚公章——醒农社公章。会计赵振力(1956—1957 年 6 月底),赵有恩为助理会计(1956—1957 年 6 月底),之后赵振力赴温州平阳学习,回来后去乡政府工作,赵有恩接任会计

（1957年7月5日至2008年），连续任职计51年。出纳为赵小连，民兵负责人由赵春法兼任，团支部书记先后为赵一头（1956—1958年）、赵小美（1958—1960年）。

1958年10月赵小连入党。是年，赵茂友部队退伍并在大队入党。

1958年，冠城营（公社）殿下和桥外两个连（村）分别奉命组建武装民兵排。退伍军人赵茂友任殿下武装民兵排长；后成立武装民兵连，赵茂友任连长（1958—1968年）。1959—1978年，赵茂友任殿下连（大队）党支部副书记。

1960年，赵一盼受上级组织委派到桥外改造"落后队"。由赵春法接任大队党支部书记（1960—1968年）。赵一盼从桥外回来后，任殿下生产大队大队长（1960—1968年），林美泉任副大队长。1960—1962年，林大生任殿下大队团支部书记；1962—1966年，赵家顺任团支部书记。妇女主任为陈玉梅（1964—1970年），协助工作的有潘二姐、胡小姐、赵梅姐、徐玉领、潘夏梅、杨领花。

新中国成立后，殿下村从一个吃不饱穿不暖的落后小村庄，发展成为当今几乎家家户户办企业、住新房、有轿车的实现初步小康的现代化新农村，一靠党的领导和社会主义制度，二靠广大村民的勤劳奋斗，三离不开殿下村历任领导班子对建设事业发展的贡献。他们带领村民在一穷二白的基础上，完成了从单干户到醒农社、合作化、人民公社化的集体农业的转型，发展集体经济，为新时代的腾飞打下了坚实的发展基础。全部农田进行平整土地改造，部分农田实现太湖水库自流灌溉，大部分农田实现抽水机机械化灌溉，山林绿化，种植果树；办起了畜牧场、碾米厂、米面加工厂、豆腐店、蘑菇种植场、榨菜加工厂、采岩仓、搓丝机、绣花场；盖起了村部和各生产队集体用房及调配足够的集体晒谷场地；开办村卫生室，支持赤脚医生、民间接生，发展了村卫生保健事业；兴办全民扫盲班、识字班、夜校、幼儿班，实现青壮年扫盲达标；实现户户听广播，全公社最先实现全村广播应急呼叫全覆盖；规划实施大寨屋建设，全村村民住新屋；开发地下水，全村实现自来水供水；等等。

四、"文化大革命"时期

1966年下半年，"文化大革命"初期，大队党政群团组织被迫处于停止活动状态。田下生产大队成立"'文革'领导小组"，赵家顺任组长，赵一彩任副组长，造反派负责人为赵家亨，成员有赵守土、赵一良、赵达仁，贫下中农代表赵家治。

1968年，田下大队成立老中青三结合的革命委员会，赵一盼任主任，赵四妹任副主任①。

1970年,田下大队党组织恢复正常活动。赵一盼任大队党支部书记(1970—1985年),赵茂友任副书记(1970—1978年)。同时,群团组织恢复正常活动。大队团支部书记依次由赵家美(1970年)、赵法友(1970—1971年3月)、林增明(1971年3月—1972年9月)、赵一林(1972年9月—1976年)担任。凌彩娟任大队妇女主任(1970—1974年),协助妇女工作的有陈玉梅、潘二姐、胡小姐、徐玉领、潘夏梅、罗彩领。1974—1999年4月,陈玉梅任妇女主任,协助妇女工作的有潘二姐、胡小姐、鲍领香、徐桂香、谢小夏、徐玉领。赵法兴任大队民兵连连长(1968—1987年)。

五、改革开放时期

"文化大革命"结束后,赵一盼继续担任大队党支部书记,赵一志任副书记兼大队长(1978—1983年),1981下半年到1983上半年赵贤苏任副书记,1983—1985年赵本连任副书记。1985—1987年,赵本连任党支部书记,赵守德任副书记(1985—1987年),赵法兴任大队长(1983—1987年)。殿下大队团支部书记依次为赵一志(1976—1977年10月)、赵贤来(1977年10月—1980年9月,兼任共青团冠城人民公社团委副书记)、林增来(1979年10月—1983年上半年)、赵明东(1983年下半年—1984年上半年)。赵家美任出纳(1982—1995年)。

六、党组织状况

截至2022年年底,中共殿下村支部党员名单(含组织关系迁出党员)②如下:

赵一团(1910—1976) 入党时间按其履历推算,应为加入解放军后,参战淮海战役至抗美援朝战争期间。1952年3月部队复员回乡,为当时殿下村第一位中共党员,殿洋乡三名中共党员之一。

鲍启法(1930—2003) 1952年入党。在党51年。

赵一盼(1924—2004) 1956年3月入党。介绍人为赵一团等。在党48年。

赵春法(1934—2022) 1956年10月入党。在党66年。

赵一头(1932—1982) 1956年10月入党。

赵家来(1902—1976) 1956年10月入党。

---

① 赵四妹是退伍军人,班子要求有一个军代表。
② 另有三名党员被开除党籍。

胡小姐(1932—2021) 1956 年 10 月在双凌入党。在党 65 年。

赵小连(1930—2015) 1958 年 11 月入党。在党 57 年。

赵茂友(1933—) 1959 年 9 月入党。在党已 64 年。

赵振力(1938—) 1959 年 11 月入党。在党已 64 年。

赵加堂(1942—2018) 1962 年 5 月入党。在党 56 年。

赵法兴(1940—) 1964 年 3 月入党。在党已 59 年。

赵四妹(1940—2013) 1964 年入党。在党 49 年。

林大生(1942—) 1966 年 8 月入党。在党已 57 年。

赵茂顺(1946—) 1967 年 1 月入党。在党已 56 年。

赵法友(1943—) 1967 年 4 月入党。在党已 56 年。

赵法增(1945—) 1967 年 6 月入党。在党已 56 年。

赵南中(1934—2022) 1971 年 1 月入党。在党 51 年。

赵一志(1941—) 1971 年 8 月入党。在党已 52 年。

赵家美(1937—2022) 1971 年 8 月入党。在党 51 年。

赵家祥(1926—1998) 1971 年 8 月入党。

赵顺茂(1934—2017) 1971 年 12 月入党。

林照富(1951—2015) 1972 年 4 月入党。

赵本连(1947—) 1972 年 1 月入党。在党已 51 年。

骆春法(1951—2021) 1973 年 4 月入党。在党 48 年。

林增明(1953—) 1973 年 12 月入党。1974 年迁出。在党已 50 年。

林增来(1949—) 1974 年 12 月入党。在党已 49 年。

赵守贤(1954—) 1976 年 3 月入党。

赵贤苏(1956—) 1977 年 9 月入党。

赵守德(1957—) 1978 年 3 月入党。

赵一顺(1955—) 1979 年 2 月入党。

许桂香(1938—) 1987 年 12 月入党。

陈玉梅(1942—) 1987 年 12 月入党。

赵小春(1937—) 1987 年 12 月入党。

郑平平(1954—) 1992 年 6 月入党。

杨平清(1975—) 1997 年 11 月入党。

赵清波(1978—　) 1999 年 1 月入党。

赵守正(1954—　) 2002 年 1 月入党。

赵守林(1962—　) 2002 年 1 月入党。

赵道友(1951—　) 2002 年 1 月入党。已迁出。

赵守云(1962—　) 2002 年 1 月入党。

罗　丹(1984—　) 2003 年 11 月入党。

赵萍方(1957—　) 2004 年 6 月入党。

赵守建(1984—　) 2005 年 9 月入党。

吴玉秀(1970—　) 2005 年 1 月入党。

赵和田(1957—　) 2005 年 12 月入党。

赵卫勇(1984—　) 2006 年 11 月入党。

周云荷(1984—　) 2006 年 12 月入党。

赵　宏(1987—　) 2007 年 6 月入党。2021 年迁出。

赵慧敏(1987—　) 2007 年 12 月入党。

赵加章(1963—　) 2008 年 12 月入党。

赵建敏(1976—　) 2009 年 6 月入党。

赵贤春(1969—　) 2009 年 9 月入党。

赵国增(1963—　) 2009 年 9 月入党。

赵　赞(1987—　) 2010 年 1 月入党。

赵雅婷(1991—　) 2010 年 5 月入党。

赵永皓(1987—　) 2010 年 1 月入党。

赵宇峰(1986—　) 2010 年 1 月入党。

谢贝贝(1991—　) 2010 年 11 月入党。

赵婧贝(1989—　) 2010 年 12 月入党。

赵晶晶(1990—　) 2011 年 6 月入党。

赵永军(1988—　) 2011 年 6 月入党。

赵晨怡(1992—　) 2011 年 12 月入党。

赵夏萍(1989—　) 2011 年入党。

赵晨薇(1993—　) 2013 年 11 月入党。

赵勤伟(1991—　) 2013 年 11 月入党。

赵　乐(1991—　) 2014 年 5 月入党。

赵程程(1994—　) 2015 年 6 月入党。

赵　奔(1994—　) 2022 年 2 月入党。

赵建军(1972—　) 2022 年 2 月入党。

赵云清(1953—　) 具体入党时间不详。

赵振灯(1911—2001) 具体入党时间不详。

赵一森(1925—　) 具体入党时间不详。

殿下籍人员担任大溪地区镇(乡)党政领导职务名单如下:

鲍启法

殿洋乡副乡长	1952 年 2 月—1954 年 10 月
潘郎乡乡长	1955 年 4 月—1956 年 3 月
潘郎乡乡长	1956 年 9 月—1958 年 10 月
下陈人民公社营营长	1958 年 11 月—1959 年 4 月
潘郎人民公社管理委员会副主任	1959 年 4 月—1961 年 10 月
部渎人民公社管理委员会副主任	1961 年 10 月—1967 年 5 月
部渎人民公社革命委员会副主任	1973 年 8 月—1979 年 4 月
照洋人民公社革命委员会副主任	1979 年 4 月—1981 年 10 月

赵春法

中共冠城人民公社委员会副书记	1977 年 3 月—1981 年 3 月

赵法云

中共山市乡委员会副书记	1983 年 7 月—1988 年 9 月

赵晔民

中共大溪镇第五届委员会委员	1992 年 5 月—1993 年 3 月
中共大溪镇第六届委员会委员	1993 年 3 月—1994 年 6 月
中共太湖乡第六届委员会委员	1994 年 6 月—1996 年 3 月
太湖乡工会工作委员会主任	1992 年撤区扩镇并乡后
大溪镇政协联络组组长	1990 年后

政协温岭市委员会大溪镇(区)委员,十届镇机关,特邀委员

赵云初

新建乡副乡长　　　　　　　　1990 年 3 月—1992 年 5 月

第二节　村"两委"

一、村"两委"概况

1987 年,殿下村党政班子的产生由任命制转变为选举制,殿下村经选举产生了第一届党支部委员会和村民委员会,简称村"两委"。

村"两委"每届任期三年,一般情况下,村"两委"同期换届。党支部委员会由全体党员选举产生,村民委员会由全村村民直接选举产生。截至 2023 年,36 年来已历 12 届村"两委"。同时,按照党建带群建的要求,建立健全了村级经济、社会、群众团体基层组织机构和村务公开制度。

从 1987 年第一届村"两委"选举产生,30 多年来,各届村"两委"在党支部书记、村长的领导下,依靠班子集体的力量,带领村民走上了共同富裕的康庄大道:实现了由传统农业为主体的第一产业向机械制造为主体的第二产业转移,大部分家庭都经营着不同规模的工商企业,许多成了规上企业甚至上市企业;二次规划村民住房,基本完成新农村建设,家家户户住进了小高层、小康型排屋;轿车成为家庭日常交通工具;成立了老人协会,为 60 周岁以上的老人发养老补助金,并逐步提高补助额度,组织 60 周岁以上老人去省内外旅游;建造了五间三层楼新村部及新戏台,同时为老人协会提供了活动场地;建造了集办公、商用为一体的综合性大型文化礼堂,用地面积 4552 平方米(约合 6.8 亩),总建筑面积 9104 平方米;建设公共厕所,消灭露天粪坑,改善村民环境条件;滩头桥至下桥头河道拓宽,两岸垒石;建造殿下桥和滩头桥水泥桥;自滩头桥至学校前面与桥里交界处的水泥路面硬化;配合大溪镇政府征用殿下土地,建造大溪中学(高中)、方山小学和改造原冠城小学为大溪镇幼儿园,建造 110kV 大洋城变电所,建设大型商住小区和包括大型超市的综合商业大楼、杨柳汇工业区,拓宽方山大道和殿下桥等;箕箦山包头到殿下坑门口环山路建成并进行路面硬化,村主干道拓宽并硬化;第二轮土地承包田收回集体,包括自留地收回;殿下莲花台州市和温岭市两级申遗成功;等等。

二、历届村"两委"班子

第一届村"两委"(1987年) 村党支部委员会由赵本连、赵守德、赵贤苏等组成,赵本连任书记,赵守德任副书记。村民委员会由赵法兴、赵小春等组成,赵法兴任村长,赵小春任副村长。村联社社长为赵小春。

村群团组织和村务负责人有:村团支部书记赵守女,村妇女主任陈玉梅,村民兵连连长赵贤苏;村会计赵有恩,村出纳赵家美。

第二届村"两委"(1990年3月) 村党支部委员会由赵本连等组成(支委资料缺),赵本连任书记。村民委员会由骆春法、赵小春、赵法兴等组成,骆春法任村长,赵小春、赵法兴任副村长。村联社社长为赵小春。

村群团组织和村务负责人有:村团支部书记赵云卿,村妇女主任陈玉梅,村民兵连连长赵法兴;村会计赵有恩,村出纳赵家美。

第三届村"两委"(1993年3月) 村党支部委员会由赵春法、林增来、赵法兴、赵振力、赵家美等组成,赵春法任书记,林增来任副书记。村民委员会由骆春法、赵小春等组成,骆春法任村长,赵小春任副村长。村联社社长为赵小春。

村群团组织和村务负责人有:村团支部书记赵云卿,村妇女主任陈玉梅,村民兵连连长赵法兴;村会计赵有恩,村出纳赵法俭。

第四届村"两委"(1996年) 村党支部委员会由赵春法、林增来、赵贤苏、赵云卿(女)等组成,赵春法任书记,林增来、赵贤苏(接任)任副书记。村民委员会由蔡妙富、赵妙德、赵一志、赵法兴等组成,蔡妙富任主任,赵妙德、赵一志任副主任。

村群团组织和村务负责人有:村团支部书记赵云卿,村妇女主任陈玉梅,村民兵连连长赵法兴;村会计赵有恩,村出纳赵法俭。

第五届村"两委"(1999年4月) 村党支部委员会由赵贤苏、赵守贤、赵法兴等组成,赵贤苏任书记。村民委员会由赵道友、赵妙德、赵守林、赵春香、赵守正等组成,赵道友任主任,赵妙德、赵守林任副主任。村经济合作社社长为赵道友。

村群团组织和村务负责人有:村团支部书记赵云卿,村妇女主任赵春香(6个月),后相继由陈玉梅、吴玉秀接任,村民兵连连长赵法兴;村会计(文书)赵有恩,村出纳赵法俭。

第六届村"两委"(2002年) 村党支部委员会由赵贤苏、赵法兴、杨平清、赵清波等组成,赵贤苏任书记。村民委员会由赵道友、赵华勇、赵守正、赵家焕、林万明等组成,赵道友任主任,赵华勇、赵守正任副主任。村经济合作社社长为赵道友。

村群团组织和村务负责人有:村老人协会会长鲍启法,村团支部书记赵劲华,村妇女主任吴玉秀,村民兵连连长杨平清;村会计(文书)赵有恩,村出纳赵法俭。

第七届村"两委"(2005年4月)　村党支部委员会由赵守林、林增来、杨平清、赵一顺、赵守德等组成,赵守林任书记,林增来、杨平清任副书记。村民委员会由赵美勇、赵家焕、赵敏志、毕方富等组成,赵美勇任主任,赵家焕、赵敏志任副主任。村经济合作社社长为赵道友。

村群团组织和村务负责人有:村老人协会会长赵春法,村团支部书记赵劲华,村妇女主任吴玉秀,村民兵连连长杨平清;村会计(文书)赵有恩,村出纳赵法俭。

第八届村"两委"(2008年3月)　村党支部委员会由赵守林、赵守德、杨平清、赵守云(增选)等组成,赵守林任书记(3个月后辞去),赵守德接任书记,杨平清任副书记。村民委员会由赵坚勇、赵建军、赵守林(箬篁)、赵国增、吴玉秀等组成,赵坚勇任主任,赵建军、赵守林任副主任。村经济合作社社长为赵道友。

村群团组织和村务负责人有:村老人协会会长赵家美,村团支部书记赵照才,村妇女主任吴玉秀,村民兵连连长杨平清;村会计(文书)蔡公飞,村出纳赵法俭。

第九届村"两委"(2011年2月)　村党支部委员会由赵加章、赵守林、赵守云、赵国增等组成;为第九届村民委员会选举工作需要,2011年2月,赵守云任党支部负责人;2011年3—6月,赵加章任书记(2011年6月改任副书记),赵守林任副书记;2011年6月—2013年1月大溪镇团委书记陈伟任殿下村党支部书记;2013年1月赵守云任书记;2011年6月,赵国增辞去委员职务。村民委员会由赵坚勇、赵美勇、赵一顺、吴玉秀、赵军卫等组成,赵坚勇任主任,赵美勇、赵一顺任副主任。村经济合作社社长为赵加章。

村群团组织和村务负责人有:村老人协会会长林增来,村团支部书记赵照才,村妇女主任吴玉秀,村民兵连连长赵清波;村会计(文书)蔡公飞,村出纳赵法俭。

第十届村"两委"(2013年9月)　村党支部委员会由赵守云、赵和钿、赵勇皓、赵霄峰(后免去)等组成,赵守云任书记、赵和钿任副书记。村民委员会由赵坚勇、赵建军、赵守德、吴玉秀、赵军卫等组成,赵坚勇任主任,赵建军、赵守德任副主任。村经济合作社社长为赵加章。

村群团组织和村务负责人有:村老人协会会长赵加仁,村团支部书记赵霄峰,村妇女主任吴玉秀,村民兵连连长赵清波;村会计(文书)蔡公飞,村出纳赵法俭。

第十一届村"两委"（2017年4月） 村党支部委员会由赵勇皓、赵清波、赵加章、赵赞、赵国增等组成,赵勇皓任书记,赵清波任副书记。村民委员会由赵坚勇、赵友清、赵守德、吴玉秀、赵军卫等组成,赵坚勇任主任,赵友清、赵守德任副主任。村经济合作社社长为赵勇皓。

村群团组织和村务负责人有:村老人协会会长赵和春,村团支部书记赵赞,村妇女主任吴玉秀,村民兵连连长赵清波;村会计（文书）蔡公飞,村出纳王海燕。

第十二届村"两委"（2020年10月） 村党支部委员会由赵守建、赵建敏、赵赞等组成,赵守建任书记,赵建敏任副书记。村民委员会由赵守建、赵宇灵、赵辉、赵江醒、吴玉秀等组成,赵守建任主任（兼）,赵宇灵任副主任。村经济合作社社长为赵守建（兼）。

村群团组织和村务负责人有:村老人协会会长赵和春,村团支部书记赵赞,村妇女主任（2021年起为村妇联主席）吴玉秀,村民兵连长赵守建（兼）;村会计（文书）赵霄峰,村出纳王海燕。

第三节　村民代表会议

殷下村村民代表会议制度于2005年4月第七届村"两委"换届时按规定建立。村民代表会议讨论决定村级重大事项决策、重大项目安排、大额资金使用等。村民代表会议由村党支委、村委会成员和村民代表组成,妇女村民代表占村民代表会议组成人员的三分之一以上。村民代表由村民按每5～15户推选一人,或者由各村民小组推选若干人。村民代表的任期与村民委员会的任期相同。村民代表可以连选连任。村民代表向其推选户或者村民小组负责,接受村民监督。殷下村村民代表会议为与村"两委"届次保持一致,首届村民代表会议确定为第七届村民代表会议。村民代表会议中的相应届次村"两委"成员名单见第二节。

殷下村第七届至第十二届村民代表名录如下:

第七届村民代表

第一组:赵家友（组长）、赵美勇、吴玉秀（女）、赵家明、赵道友

第二组:赵守林（组长）、赵家焕、赵本顺、赵家球、赵清波

第三组:赵云平（组长）、赵坚勇、赵华勇、赵贤聪、陈艳红（女）

第四组:赵家开（组长）、赵守明、赵法松、赵玉清、赵本连

第五组：赵文斌（组长）、赵一松、赵和春、赵丹阳、赵美云

第六组：骆春梅（组长）、蔡妙富、池素玲（女）、杨和连、林照岳

第八届村民代表

第一组：赵道友（组长）、赵美勇、赵家友、赵家明、赵小会

第二组：赵贤春（组长）、赵清波、赵来增、赵家金、赵家球

第三组：赵云平（组长）、赵家仁、赵贤聪、赵贤苏、赵贤军

第四组：赵家开（组长）、赵万荣、赵本连、赵法松、赵守明

第五组：赵西林（组长）、赵照连、赵东方、赵守良、赵家福

第六组：赵一顺（组长）、金海英、杨和连、赵林军、杨妙根

第九届村民代表

第一组：赵道友（组长）、赵辉、卓法美、赵海丽（女）、金美香（女）

第二组：赵清波（组长）、赵来增、赵桂通、卢香琴（女）、赵小丽（女）

第三组：陈艳红（组长，女）、赵贤苏、赵云平、赵家仁、许桂香（女）

第四组：赵家开（组长）、赵法松、赵万荣、方玉花（女）、赵丽萍（女）

第五组：赵西林（组长）、赵建军、赵和春、赵云清（女）、刘富娇（女）

第六组：杨妙根（组长）、赵春庭、杨和连、池素玲（女）、季雪娟（女）

第十届村民代表

第一组：赵美勇（组长）、赵道友、赵家友、赵辉、赵国增、赵海丽（女）、吕玉莲（女）

第二组：赵来增（组长）、赵清波、卢香琴（女）、赵贤富、赵若舜、赵小丽（女）、赵本法

第三组：赵萍芳（组长，女）、赵林祥、赵贤军、许桂香（女）、赵家仁、赵云峰、赵云平

第四组：赵家开（组长）、赵婧贝（女）、赵丽萍（女）、赵赞、谢肖红（女）、赵法松、赵永军

第五组：赵西林（组长）、赵和春、赵守林、应香云（女）、赵守良、赵家福、赵云青（女）

第六组：赵一顺（组长）、赵美玲（女）、张玲丽（女）、金海英、杨和连、赵守正、池素玲（女）

第十一届村民代表

第一组：赵美勇（组长）、赵辉、赵富增、赵海丽（女）、吕玉莲（女）、黄香妹（女）、赵家来

第二组：赵来增（组长）、赵清波、赵小丽（女）卢香琴（女）、赵建敏、赵本法、赵春芳（女）

第三组：赵萍芳（组长，女）、赵云平、赵方英（女）、赵云峰、赵启华（女）、赵贤军、张秋生

第四组：赵家开（组长）、赵法松、赵建斌、赵丽萍（女）、赵灵军、赵永军、叶茶芳（女）

第五组：赵守来（组长）、赵西林、赵文斌、赵云清（女）、谢菊萍（女）、赵守良、应香云（女）

第六组：赵美玲（组长，女）、赵一顺、金海英、杨和连、蔡妙富、池素玲（女）、赵守正

第十二届村民代表

第一组：吕玉莲（组长，女）、吴玉秀（女）、赵宇灵、赵辉、赵海丽（女）、赵守云、赵美勇

第二组：赵来增（组长）、赵清波、赵小丽（女）、赵守林、吴菊凤（女）、卢香琴（女）、赵家焕

第三组：赵萍芳（组长，女）、赵坚勇、赵华林、赵云峰、赵娇红（女）、谢贝贝（女）、赵芳英（女）

第四组：赵婧贝（组长，女）、叶茶芳（女）、赵灵军、赵永秀、赵建斌、谢肖红（女）、赵丽萍（女）

第五组：赵守来（组长）、赵云青（组长，女）、赵文斌、应香云（女）、鲍雪芬（女）、尚红辉（女）、赵守良①

第六组：赵美玲（组长，女）、赵一顺、蔡妙富、池素玲（女）、赵晶晶（女）、杨平清、赵春庭

第四节　党代会、人代会代表

殿下籍出席历届温岭县（市）党代表大会代表名单如下：

---

① 本届本组情况特殊，有两位组长，时间上有先后。

赵一堂,干部,温岭县第二次党代会(1959 年 10 月 12 日)候补代表。

赵春法,村党支书,温岭县第四次党代会(1976 年 6 月 19 日)代表。

赵南中,供销社党支书,温岭县第五次党代会(1979 年 10 月 18 日)代表。

赵本连,村党支书,温岭县第七次党代会(1987 年 4 月 11 日)代表,温岭县第八次党代会(1990 年 4 月 3 日)代表。

谢妙凤,镇妇联主席,温岭市第九次党代会(1993 年 3 月 30 日)代表,温岭市第十次党代会(1998 年 1 月 8 日)代表。

殿下村干部出席历次乡镇党代会代表名单①如下:

赵春法,大队党支书,第一次冠城公社党代会(1961 年 10 月)代表。

赵一盼,大队党支书,第二次冠城公社党代会(1971 年 3 月)代表。

赵一盼,村党支书,第三次冠城公社党代会(1983 年 10 月)代表。

赵本连,村党支书,第四次冠城公社党代会(1987 年 3 月 15 日)代表,第五次冠城公社党代会(1990 年 3 月 15 日)代表。

赵春法,村党支书,第六次大溪镇党代会(1993 年 3 月 3 日)代表,第七次大溪镇党代会(1996 年 3 月 15 日)代表。

赵贤苏,村党支书,第八次大溪镇党代会(1999 年 1 月 18 日)代表,第九次大溪镇党代会(2001 年 12 月 25 日)代表。

赵守林,村党支书,第十次大溪镇党代会(2005 年)代表。

赵守德,村党支书,第十一次大溪镇党代会(2010 年)代表。

赵守云,村党支书,第十二次大溪镇党代会(2016 年 12 月 29 日)代表(代表北城在主席台就座)。

赵勇皓,村党支书,第十三次大溪镇党代会(2019 年)代表。

赵守建,村党支书,第十四次大溪镇党代会(2021 年 10 月 25 日)代表。

殿下村干部出席历届乡镇人代会名单如下:

赵振尧,殿下村村长,殿洋乡第一届人代会(1954 年 3 月 6 日)代表。

赵春法,醒农社社长,照洋乡第二届人代会(1956 年)代表。

赵春法,大队长,照洋乡第三届人代会(1958 年)代表。

赵一盼,大队长,冠城公社第四届人代会(1963 年)代表,冠城公社第五届人代会

---

① 若以相同的身份参与多届,则合并为一条;否则以不同身份单列。

（1963年）代表，冠城公社第六届人代会（1966年）代表。

赵一志，大队长，冠城公社第七届人代会（1980年，主席台就座）代表。

赵一志，村长，冠城乡第八届人代会（1984年）代表。

赵法兴，村长，冠城乡第九届人代会（1987年3月28日）代表，冠城乡第十届人代会（1990年3月11日）代表，大溪镇第十一届人代会（1993年1月6日）代表。

赵有恩，村会计，大溪镇第十二届人代会（1996年3月26日）代表。

蔡妙富，村主任，大溪镇第十三届人代会（1999年1月21日）代表。

赵道友，村主任，大溪镇第十四届人代会（2001年12月28日）代表。

毕方富，村委，大溪镇第十五届人代会（2005年）代表。

赵坚勇，村主任，大溪镇第十六届人代会（2010年，北城组长）代表。

吴玉秀，村委，大溪镇第十七届人代会（2016年12月）代表，大溪镇第十八届人代会（2021年12月）代表。

第五节　群众组织

一、农会

1949年5月温岭解放之后，在中国共产党的领导下首先成立了农会组织。殿东保农会主任为赵克模（双桥人），后由赵一萼（殿东人）接任；殿西保农会主任为吕孔宝（双凌人）。1951年上半年，殿东与殿西合并为殿下村，村农会主任为赵一顺。土地改革中，村农会配合冠城乡驻村代表李治坤，组建村土改分田领导组织——土改代表，具体开展村土改工作。1952年土地改革结束后，村农会组织撤销。

二、共青团

1950年，高级社时建立了中国新民主主义青年团基层组织——团支部，赵春法任第一任团支部书记（1950—1955年）。1958年中国新民主主义青年团改名为中国共产主义青年团，赵一头接任团支部书记（1956—1958年）。

殿下村历任团支部书记名单①（按时间顺序）及任职时间如下：

---

① 1966下半年至1970年，"文化大革命"期间，共青团组织处未活动状态，故无团支部书记记录。

赵春法　1950—1955

赵一头　1956—1958

赵小美　1958—1960

林大生　1960—1962

赵家顺　1962—1966 上半年

赵家美　1970

赵法友　1970—1971 年 3 月

林增明　1971 年 3 月—1972 年 9 月

赵一林　1972 年 9 月—1976

赵一志　1976—1977 年 10 月

赵贤来[①]　1977 年 10 月—1980 年 10 月

林增来　1980 年 10 月—1983 上半年

赵明东　1983 下半年—1984 上半年

（不详）　1984 下半年—1987

赵守女　1987—1990 年 3 月

赵云卿　1990 年 3 月—2002 年 5 月

赵劲华　2002 年 5 月—2008

赵照才　2008—2013 年 9 月

三、妇女团体

1950 年下半年，村建立妇代会组织，第一任村妇女干部为金红花。1952 年，妇代会改名为妇联，妇女干部相应称妇女主任。2022 年 2 月，根据上级妇联通知精神，村主要妇女干部称村妇联主任，其他成员称妇联执委。

殿下村历任妇女主任（妇女干部）名单如下：

1949—1951 年，妇女主任金红花，妇委会委员不详。

1951—1963 年，妇女主任潘二姐，妇委会委员不详。

1964—1970 年，妇女主任陈玉梅，妇委会委员有：潘二姐、胡小姐、赵梅姐、徐玉领、潘夏梅、杨领花。

---

① 赵贤来兼共青团冠城人民公社副书记。

1970—1974年,妇女主任凌彩娟,妇委会委员有:陈玉梅、潘二姐、胡小姐、徐玉领、潘夏梅、罗彩领。

1974—1999年4月,妇女主任陈玉梅,妇委会委员有:潘二姐、胡小姐、鲍领香、徐桂香、谢小夏、徐玉领。

1999年4月—2002年5月,妇女主任赵春香、陈玉梅、吴玉秀。妇委会委员不详。

2002年5月迄今,妇女主任吴玉秀,妇委会委员有:赵海丽、卢香琴、吕玉连、赵云青、池素玲、赵小丽、赵萍芳、谢肖红、赵美玲、赵丽萍。

四、老人协会

2002年5月,殿下村建立了老人协会。凡年满60周岁的老人均为会员,鲍启法任第一任村老人协会会长。为保持与村"两委"换届届次同步,第一届村老人协会成立时,就确定为第六届;且首届只设一个会长。

殿下村老人协会历届领导班子如下:

第六届(2002年5月—2005年7月):会长鲍启法。

第七届(2005年7月—2008年6月):会长赵春法;副会长赵家美;秘书赵有恩;理事赵振勇、林大法、赵守满、赵茂友。

第八届(2008年6月—2011年6月):会长赵家美;秘书赵有恩;理事赵守满、林大法、赵振勇。

第九届(2011年6月—2014年5月):会长林增来;副会长赵家仁;秘书赵有恩;理事赵本顺、林大法。

第十届(2014年5月—2017年6月):会长赵家仁;副会长赵道友;秘书赵有恩;理事赵法明、赵本顺。

第十一届(2017年6月—2020年6月):会长赵和春;副会长赵道友;秘书赵本顺;理事赵法明、赵贤苏、赵一顺。

第十二届(2020年6月—　　):会长赵和春;副会长赵道友;秘书赵本顺;理事赵法明、赵贤苏、赵一顺。

2001年,第六届村"两委"研究决定,除老人活动室、发放老人补助金、慰问等常规活动外,从本届开始,今后各届村"两委"换届之后,都要支持老人协会组织老人们集体旅游一次,没有参加集体旅游的老人由村给予一定的补贴。

2002年5月,在村老人协会会长鲍启法的带领下,村内60周岁以上老人乘坐两辆大巴车游览了西湖、灵隐寺、动物园、萧山娱乐城 4000 米长廊等景点,还参观了杭州丝绸服装市场,观看了宋城表演,等等。

2008 年,第八届村"两委"换届选举后,村老人协会会长赵家美及理事带领老人们到江苏苏州、无锡旅游,游览诸多名胜古迹,如虎丘、拙政园、三国城、水浒城等,观看了多彩的夜景。

2011 年 4 月,在第九届村"两委"支持下,村老人协会会长林增来及理事,组织 60 周岁以上的老人 120 多人,乘三辆大巴车去宁波乘飞机到祖国首都北京旅游。老人们去天安门广场看升旗仪式,参观毛主席纪念堂、故宫,游览颐和园、明朝历代皇帝陵墓,登万里长城,有 10 人到达写着"不到长城非好汉"的最高点烽火台。在北京做生意的本村村民赵法青、赵本富,先后自费招待来北京旅游的父老乡亲用餐,赵本富还送每人一只北京烤鸭带回家,以表游子思乡、感恩乡民之情。游览结束后,老人们坐火车回家。这次北京之行,让老人们亲身体验了飞机、火车等现代交通工具!

2014 年 4 月,第十届村"两委"换届后,村老人协会会长林增来及理事,带领 120 多老人到海南旅游。老人们游览了南海观世音、宝塔寺、南霸天水牢、清水湾、海南最南端的三亚市海滩"天涯海角",了解海南少数民族农村建设、体验少数民族风俗,参观博鳌会议中心。时任殿下村党支部书记赵守云和在海南经商发展的赵守才,自费招待了来海南旅游的乡亲们,还送给每位老人一袋海南特产。

2017 年 5 月,在第十一届村"两委"支持下,村老人协会会长赵和春及理事,组织 170 多位 60 周岁以上老人到南京旅游,顺道参观了横店影视城和桐庐瑶琳仙境。在横店,老人们参观仿北京故宫、横店古城街道,观看古装戏剧等。在南京,老人们参观了侵华日军南京大屠杀遇难同胞纪念馆、中山陵、雨花台烈士陵园、南京总统府,游览了南京城最大的夜市。

2019 年新冠疫情来袭后,村老人协会遵守政府规定没有组织集体外出旅游。2021 年,村"两委"研究决定为 60 周岁以上老人发放旅游补助费每人 600 元。

第六节　退伍军人

新中国成立后,长期以来,殿下村民一直保持着踊跃报名参军的光荣传统,殿下村党政也一直保持着优待军属的优良传统,坚决贯彻落实上级各项拥军政策。即使在集体经济十分困难的 20 世纪 50—70 年代,村党政也坚持在年关到来时,敲锣打鼓给军属贴对联和"光荣军属"牌,送猪肉、桂圆、荔枝等慰问品,表达关爱之情。殿下出去的子弟兵也都尽心尽力保家卫国,努力当一个好兵,不断传来立功、受奖、提干的好消息,为家人、为家乡父老长了脸争了光!从目前的资料看,殿下最早加入中国人民解放军的是赵一团,他获得参加淮海战役、解放华中南、抗美援朝战争纪念章,并在部队入党,1952年3月退伍。赵一团是殿下第一位退伍军人,也是殿下第一位中共党员,且是当时殿洋乡仅有的3位共产党员之一。

殿下村自解放战争时期至2022年年底,共有77位村民光荣参军,具体名录如下:

赵一团,淮海战役前参军入伍,1952年3月退伍,获淮海战役、解放华中南、抗美援朝等纪念章。

赵一盈,入伍时间不详,1950年退伍。

赵一桃,1950年入伍,1957年退伍。志愿军,班长。

赵茂友,1955年3月入伍,1958年退伍。

赵南中,1955年入伍,1959年退伍。下士。

赵一华,1955年11月入伍,1958年退伍。下士。战斗英雄。

赵一要,1958年入伍,1966年退伍。上士,班长。

赵法云,1958入伍,1978退伍,中尉,副连长。

赵四妹,1959年3月入伍,1966年2月退伍。上士,班长。立三等功2次;五好战士。

赵法兴,1960年3月入伍,1965年2月退伍。上士,班长。获嘉奖1次。

赵加启,1960年9月入伍,1968年3月退伍。上士,班长。获嘉奖多次。

赵加堂,1961年入伍,1972年退伍。班长。

赵加田,1961年入伍,1968年退伍。班长。

林大生,1962年入伍,1970年1月退伍。上士。五好战士。

赵一正,1962年入伍,退伍时间不详。

赵法增,1962年2月入伍,1968年3月退伍。五好战士5次。

赵守唐,1963年入伍,退伍时间不详。

赵法友,1966年3月入伍,1970年1月退伍。副班长。获营嘉奖1次。

赵一炬,1964年11月入伍,1973年1月退伍。班长。立三等功1次;五好战士8次。

赵茂顺,1964 年 12 月入伍,1970 年 1 月退伍。班长。

赵桂法,1968 年入伍,1991 年 9 月退伍。正团级干部,上校军衔。

骆小春,1968 年 4 月入伍,1971 年 3 月退伍。

赵加法,1968 年入伍,1988 年退伍。

赵学松,1968 年入伍,1970 年退伍。

赵小富,1969 年 2 月入伍,1973 年 2 月退伍。五好战士。

赵法连,1969 年 2 月入伍,1975 年 2 月退伍。

赵本连,1969 年 1 月入伍,1975 年 5 月退伍。班长。获嘉奖 2 次。

赵一友,1969 年入伍,1975 年退伍。

林照富,1970 年入伍,1986 年退伍。

骆春法,1971 年入伍,1976 年 4 月退伍。班长。

林增来,1971 年入伍,1977 年 3 月退伍。班长。获嘉奖 5 次。

赵加来,1972 年 11 月入伍,1977 年 8 月退伍。

赵贤正,1972 年 12 月入伍,1988 年 8 月退伍。少校,营长。立三等功 1 次。

赵祖钦,1974 年入伍,1989 年退伍。

赵守贤,1972 年入伍,1978 年 4 月退伍。组长。获嘉奖 2 次;学雷锋先进个人。

赵贤苏,1974 年 12 月入伍,1982 年 1 月退伍。获嘉奖 13 次。

赵一顺,1974 年入伍,1980 年退伍。获嘉奖 2 次。

赵本初,1975 年 12 月入伍,1978 年 3 月退伍。班长,获嘉奖 2 次。

赵云岳,1976 年 2 月入伍,1989 年 1 月退伍。士官。优秀志愿兵;立三等功 1 次。

赵守德,1978 年 1 月入伍,1980 年退伍。

赵华明,1978 年入伍,1982 年退伍。上士,副班长。

邬夏春,1979 年 1 月入伍,1983 年退伍。班长。获嘉奖 2 次;学雷锋积极分子。

赵加力,1979 年 1 月入伍,1984 年 1 月退伍。班长。

卓法青,1980 年入伍,1985 年退伍。

林大行,1980 年入伍,1993 年退伍。士官。立三等功 1 次。

赵守雨,1981 年入伍,1985 年退伍。

蔡妙富,1982 年 1 月入伍,1986 年 1 月退伍。副班长。

赵明东,1984 年入伍,1987 年退伍。文书,报道员。

赵国宝,1985 年入伍,1989 年退伍。班长。

赵锐,1991年12月入伍,2017年3月退伍。中校,副团级。

杨平清,1994年12月入伍,1997年12月退伍。下士。优秀士兵。

赵军峰,1995年入伍,2001年退伍。上士。

赵清波,1996年入伍,1999年退伍。优秀士兵。

骆伟海,1998年12月入伍,2000年12月退伍。

赵海军,1999年12月入伍,2001年12月退伍。上等兵。

赵海玲,1999年12月入伍,2001年12月退伍。上等兵。优秀士兵。

赵兵,2000年12月入伍,2002年12月退伍。上等兵。

赵守建,2001年入伍,2003年退伍。三等功1次。

赵富增,2002年12月入伍,2004年12月退伍。上等兵,班长。优秀士兵。

赵江峰,2003年12月入伍,2005年12月退伍。上等兵。优秀士兵。

赵宇峰,2003年入伍,2010年退伍。

赵远清,2002年12月入伍,2007年12月退伍。一级士官。优秀士兵。

赵德华,2005年12月入伍,2007年12月退伍。二等兵。

赵慧敏,2005年入伍,2007年退伍。二等兵。优秀士兵。

赵伟,2006年入伍,2022年退伍。少校。

赵永军,2006年入伍,2011年12月退伍。士官。立三等功1次。

赵永皓,2008年12月入伍,2012年12月退伍。上等兵。优秀士兵。

赵旭峰,2008年12月入伍,2010年12月退伍。上等兵。

赵海卫,2009年12月入伍,2011年12月退伍。上等兵。优秀士官。

赵勤伟,2010年入伍,2012年退伍。上等兵。立三等功1次;优秀士兵。

赵伟军,2010年入伍,2022年11月退伍。上士。

赵宏,2012年入伍,2019年11月退伍。上尉,硕士研究生。

赵新曦,2013年9月入伍,2015年9月退伍。上等兵。

赵奔,2013年入伍,2015年退伍。上等兵,班长。

蔡雨翔,2013年9月入伍,2015年9月退伍。上等兵。

赵春辉,2014年9月入伍,2016年9月退伍。上等兵。

赵永涛,2016年9月入伍,2018年9月退伍。上等兵。

第七节 民兵与儿童团

为了加强社会治安,巩固人民政权,1950 年冬,殿下建立了民兵与儿童团组织。赵一盼任殿东保民兵负责人(1949—1955),民兵室设在殿东赵扶士家,儿童团由赵三根负责;林大法任殿西保民兵负责人,民兵室设在殿西度透里透。1951 年上半年,殿东与殿西合并为殿下村后,村民兵负责人为赵一盼。1956 年,醒农社社长赵春法兼任民兵负责人。

民兵白天对路过嫌疑人员和外地人员进行盘查,儿童团协助民兵站岗。晚上民兵在村口和重要场所站岗放哨。

1958 年,殿下组建了武装民兵排,排长由退伍军人赵茂友担任。后成立武装民兵连,由赵茂友任连长。武装民兵排配备的武器弹药有:加拿大制造的铜盘弹夹机枪一挺,苏联制造的冲锋枪一支,快五中正式步枪十支,子弹一箱,训练用手榴弹一箱。

1960 年,民兵队伍调整为由普通民兵、基干民兵、武装民兵三类组成。而在大溪地区只有少数几个村有武装民兵,冠城公社只有殿下和桥外两个大队继续保有武装民兵组织,同时配发枪支弹药。

20 世纪 70 年代初,民兵队伍再一次调整,调整后分为普通民兵和基干民兵两类。殿下大队建立了民兵连级建制,基干(武装)民兵为排级建制。村党支部书记兼任连指导员,连长和基干民兵排长由有军事训练经历的复退军人(复员军人、退伍军人)担任。党支部书记赵一盼任民兵连指导员,党支部副书记退伍军人赵茂友任连长,退伍军人赵法兴任民兵连副连长兼基干民兵排排长,副排长为赵法富(1970—1978 年)。

殿下基干民兵排即武装民兵排配备的武器弹药,当年由赵家美去温岭武装部领取。后经殿下时为台州军分区修械所现役军人的林大生回家探亲时辨认,下列武器均刻有林大生当年亲手修理通过的标识:一挺五三式 7.62mm 轻机枪、一支五四式 7.62mm 冲锋枪,十支五三式 7.62mm 骑枪,以及一批子弹和手榴弹。

基干民兵白天参加生产队劳动,每天晚上 6～10 人在大队部楼下民兵室集体住宿值班,2 人轮流在民兵室外 100 米左右路口值哨,分 3 班轮岗,不定时进行夜间巡逻。基干民兵每年都要接受 10 天左右的军事技术训练,训练科目包括队列、刺杀、瞄准、投弹等。军事训练结束后,要进行实弹射击考核,每人 3 发子弹,有的年份还要进行手榴弹实弹投掷考核。

殿下基干(武装)民兵参加人员先后有 6 批。第一批,1935—1940 年出生的村民;第二批,1941—1945 年出生的村民;第三批,1946—1952 年出生的村民;第四批,1953—1956 年出生的村民;第五批,1957—1960 年出生的村民;第六批,1960—1964 年出生的村民。第一批至第三批人员中,有赵一志、赵法友、赵法增、赵守田、赵珠龙、赵守文、赵守明、赵守元、赵小玉、赵四妹、赵一茂等。第四批人员中有赵和菊、林照宋、赵家方、赵小夫、赵法夫赵家林、赵法初、赵东方、赵家友、童玉定、赵祖清、赵法寿、赵学夫、赵云清、赵小明、赵玉清、赵本夫、赵守正、赵云贵、赵华君、赵和春、林增明、李德先、赵法正、赵一增、赵小宝、赵学松、赵梅兰、赵菊荷、赵香云、赵素娟等,30 人左右,3 个班的编制。

直到 20 世纪 70 年代后期,国际国内形势好转,中美建交,两岸关系缓和,农村民兵组织不再配备武器,殿下村基干民兵排的武器弹药全部上缴国家。

村里至今依然保留着民兵组织建制,民兵连长一般都是村"两委"成员中的退伍军人兼任。

第八节　殿下村两度成为乡政府驻地

一、照洋乡政府驻地

1956 年 3 月至 1958 年 10 月,冠城、照洋两乡合并为照洋乡,乡政府驻地为笑簟,具体地址为殿下村笑簟自然村度透里透,也叫度透里(注:度透分为里透、中央透、外透三透)。

1956 年 3 月,笑簟成为乡政府驻地后,里透 10 户村民暂时迁移各处,腾出 10 户村民住房作为乡政府办公用房。林秀英家迁到李树殿,林秀芳家迁念母洋村,杨夏花家迁李树殿,阿星家迁李树殿庙,赵一桃家迁殿下,赵家美家迁殿下,赵振满家迁殿下住一段时间后再迁念母洋,赵守满家迁殿下,李五妹家迁桥外,赵克勋亡故后空房。留居里透的住户有赵加山、罗领姐、赵一间、刘四头、林美金、赵一照等 6 户。1958 年 10 月,照洋乡政府主体迁址照洋村办公,但乡政府仍有许多工作人员继续在笑簟原驻地办公。1959 年 10 月,乡政府工作人员全部撤出,移居各处的里透住户基本搬迁回来,只有赵守满家留住在殿下,新调回赵一海家来里透居住。建大寨屋的时候,里透老屋全部拆掉,住户各自分散。

二、冠城公社（乡）政府驻地

1986 年至 1992 年，殿下村为冠城公社政府驻地。1986 年，冠城公社政府从桥外村迁至殿下村，地址选在冠城中学和冠城小学边的箕里。此时的箕里经建造大寨屋后，已经成为空地，不需要拆迁安置。1992 年乡镇"撤扩并"后，乡政府并入大溪镇，在冠城设管理区。到 90 年代末，镇政府工作人员全部迁入大溪镇，乡政府房地产出卖。

第九节　解放军宿营殿下

1950 年初，解放军从黄岩到温岭方向，路过殿下，驻营住宿笑箕新屋（小地名）。解放军要来殿下的事，村干部事先通知，没有引起村民的一点慌乱。解放军部队吃饭、烧饭放在赵玉香家，住宿也在赵玉香、赵振玉、金宽业三家所在的新屋，共计两天一夜。粮食、蔬菜、马料等都从村民处购买，没有拿老百姓的一草一木一针一线。部队离开时，把新屋整透里里外外打扫得干干净净。

解放军之所以经过殿下，并驻扎笑箕，是因为滩头桥在当时是交通要道。那时交通没有现在这么发达，滩头桥是去温岭方向的必经要道。据《太平县志》记载，从黄岩到太平县，必须经塘岭头、塘山，过照洋、东桥，过一座小桥叫黄岩桥，往西南方向，由杨柳汇河边下来，到滩头桥路廊，过滩头桥，折东南方向，经下溪沌、高田池、白箬桥、念母洋、上新建，走石刺头，最终到达太平县城。这条古道，明朝嘉靖就有记载。

第十节　殿下村的防空洞

1968 年，中国与苏联两国关系紧张，国家为了战备，号召深挖洞，广积粮。殿下大队组织社员挖了 6 个防空洞。

防空洞均位于殿下山沿山山脚，分别对应当时的 6 个生产队社员居住地附近。当时挖掘防空洞的主要工具只有锄头、铁锹、畚箕、扁担和手推车等比较原始的农具，因此，确定挖洞的具体位置时，不可能考虑牢固性而选择坚硬岩石的石壁下，而是都选择在易于隐蔽的黄泥土质的毛竹林边。防空洞一般宽 2 米，一人多高，黄泥墙壁，穹顶，单一进出口。

1970年春节期间,根据上级部署,全大队进行防空演习。

防空洞挖掘完成后,因其冬暖夏凉,也就常被社员用来休息,尤其是妇女织帽的好去处。

20世纪70年代中期,国际形势逐渐趋向缓和,再加缺少修缮资金,防空洞年久失修,逐渐自行坍塌。

农业学大寨运动中,村里掀起了填池造田和建造大寨屋的高潮,需要大量土石方。于是,第1、2、4、5、6队的防空洞因取土填池,第3队的防空洞因前山脚取石头,全部完成了历史使命。

第十一节　侵华日军败退窜扰殷下村

民国三十四年(1945)6月26日,侵华日军数千人败退窜扰大溪、冠城,殷下也遭劫难。殷下村民称此事件为"日本人过境逃乱"。

据经历日本人过境逃乱的老人讲,日本人6月26日(农历五月十七)晚路过并住宿殷下。村民四处逃窜,尤其是青壮年都往殷下山山上跑,经山后一路向太湖陈家洋山里逃乱,两三天后逐渐返家。许多村民家的粮食被日本人抢掠,家具被毁坏,有的米缸里和床被尿了尿或拉了大便。赵道尧的父亲赵一玉和呆度根(沈岙人,刚好在殷下亲戚家)两人被抓去做担夫,赵一玉担了几天后逃回来,呆度根至今生死不明。赵若夫家母猪头颈被切开,但日本人来不及把它杀了吃掉。日本人走了之后,赵若夫把母猪头颈用线缝回来继续养,后来还生了小猪呢。赵守明的母亲因花眼(瞎眼)且年老体弱,走不动,无法逃走,日本人闯进她家前,她躲到床底下,日本人睡床上,她老人家在床底下一动不敢动,更不敢出声,小便憋不住了只好尿在裤子里,第二天日本人走了,她才从床底下爬出来。

日本人驻扎箦里的冠屿小学时,在学校小礼堂东南前廊柱石板上烧火,石板被烧裂成一个十几厘米深、直径近一米的坑。这个坑直到20世纪90年代还完整地保存着,后因冠城小学小礼堂拆建改造而填埋。

第十二节　殷下籍民国时期担任相关职务人员名单

殷下籍民国时期担任相关职务人员名单如下:

赵　沛	温岭县第一届参议员	民国三十五年(1946)
	温岭县政府督学	民国三十一年(1942)
	潘郎小学校长	民国二十八年(1939)

赵　馥　冠山第二小学校长

赵　行　冠山赵氏第三夜校校长　民国八年(1919)

赵振忠、赵振雨　殿东保保长　民国二十七至三十八年(1938—1949)

赵一镕、赵一陶　殿西保保长　民国二十七至三十八年(1938—1949)

第六章　文化教育

第一节　殿下莲花

殿下是台州市非物质文化遗产"殿下莲花"的发源地。

殿下莲花也叫莲花落,是流传在温岭市大溪镇殿下村一带的莲花调,属于说唱形式的民间曲艺。殿下莲花演唱高亢有力,气氛热烈,富有感染力,旋律十分动听,真如专家所言:"喜闻乐见,群众欢迎,自有特色。"

殿下莲花的演奏乐器。有长鞭(竹竿剖腹在竹节间夹数串铜钱,村民称"洒尺",在敲打时需一手持鞭竿,保持手臂不动,仅用腕力挥动,另外一手则扬掌碰击)一支、短鞭(样式与长鞭同,短鞭可以互击,长短鞭俗称"雌雄鞭")两支、碰铃一对、细盆(平底瓷菜盘,加竹筷)一只、碗(瓷碗)一只、茶盏(盖瓷茶盏)一只、酒盅(村民厨房里常见的大个瓷质酒盅)一对、木鱼一只、"七姊妹"(7 根竹签串起来,另配一副竹片做的夹板)一副、莲花棍(村民唤作"咄咄棒",两根像手掌一样长、中间粗两头细的硬木短棒)一对、道情筒(唱道情用的竹筒,村民叫道情杠)一支、算盘(木质算盘)一个、竹筷若干等十几种敲击响器,早时演唱还加小扁鼓(村民叫"扁答鼓",精选两竹节间距为半指长的竹根,用牛、羊皮包裹的扁圆形小扁鼓,已失传),没有其他乐器配乐。

殿下莲花没有乐谱记载,唱词和曲调,都是口头流传下来的。

殿下莲花的演唱内容,多是戏剧传奇故事,或劝人为善,歌颂好人好事。

殿下莲花一般由5～10人表演,走唱或站唱,由一人放调领唱,众人帮腔。放调领唱者双手拿短鞭敲击,伴唱者每人手执一件响器,以帮腔、托腔为主。虽然没有其他乐器配合,但演唱起来旋律却十分动听。这些乐器演奏时敲打手法看似简单,其实对演员在操作中所用的腕力要求特别讲究,演唱时还得注意手口的协调配合。

一、起源和传承

殿下莲花起源于元末明初的田歌小曲,至今大约650多年了。清朝道光年间(1821—1850年)由海门传入。恰逢天旱,当地农民拜龙王求雨,遂将殿下莲花用于求雨送龙归位的仪式中,后发展成庙会、迎人胜等民俗活动的重要节目。经几代老艺人的不断创新,田歌小曲演变成今日的"殿下莲花落",并定名为"殿下莲花"。

殿下莲花的传入,有两个传说版本。21世纪初,根据第四代传人、时年八旬的赵加灯介绍,殿下莲花是在清朝道光年间由海门传入的。那时殿下村有个姓赵的年轻人在海门经商,看到海门当地"迎人胜"(方言,也叫迎神胜,一种庙会)中有此形式,出于爱好便拜师求教。赵某学成后回乡,在当地组织一班年轻人进行教学传唱,后逐渐将这项活动用于求雨送龙归位时的仪式中。另一说是,本村有两个赵姓青年去路桥卖小方糕,正值"迎人胜",游向洪家去,有一队人正在唱莲花曲,两人觉得很好听,便跟在后面学唱,因时间有限没学全。有一天,他们同绰号叫老彭绷的人讲了路桥庙会学莲花的事,于是三人相约一起去路桥学唱莲花曲,基本学全后,便拜谢了师傅,回到村里传唱。后来殿下莲花代代口头相传至今,到20世纪40年代末已传至第四代,现已传至第六代。

殿下莲花的传承,经历了曲折的过程。据殿下村90多岁的殿下莲花第五代传人赵加文回忆,新中国成立后,他们自编自导了莲花落节目,放声歌唱共产党,歌唱新中国,此后在各个历史时期都经常配合党的工作参加表演。1953年,"殿下莲花落"参加温岭县文化馆举办的民间文艺演出,获二等奖。1963年下半年,村俱乐部还保留着殿下莲花传统节目,在1964年春节期间到沈岙村演出,赵家灯放调。

20世纪60年代中后期,殿下莲花表演形式基本趋于隐没。

20世纪70年代初,村里几个高中毕业的回乡青年将沉寂了20多年的殿下莲花这一民间文化瑰宝重新挖掘了出来,并创作了以农业学大寨为题材的唱词,由第五代传人演唱。在大溪区文化站朱子民站长的力荐下,节目代表大溪区参加温岭县文艺汇演,虽然没有得奖,但重新燃起了村民对于殿下莲花的美好记忆。

1978年6月,温岭县文化馆音乐专家钟永余,时任温岭松门中学音乐教师、现台州学院音乐学教授罗永良、中国音乐家协会会员、台州音乐家协会前主席、研究馆员林梦三位专家,根据殿下莲花第五代放调领唱传人赵法明、第四代传人赵家灯的现场演唱,对代代口口相传下来的殿下莲花曲和词进行了录音和记谱,并配以新的唱词,名为《大溪颂》。经过专家抢救式的挖掘整理后,殿下莲花这一民间曲艺得以恢复生机,并时常参加当地政府组织的文艺演出和大型节庆游行活动。

但是,演唱队伍严重青黄不接。大溪镇申报台州市非物质文化遗产名录材料记载,2008年,殿下莲花第四代传人尚有时年84岁的赵家灯和82岁的赵守满两人;第五代传人能演唱的有8人,领唱为赵法明、赵家顺,而年龄最大的赵加文已有76岁,两代传人的平均年龄达68.5岁(详见表6-1)。因此,做好传承人的扶持和培养工作已迫在眉睫。

表6-1 殿下莲花第四代、第五代传人名单(2008年)

序号	姓名	性别	出生年月	时年年龄
1	赵家灯	男	1925.12	84
2	赵守满	男	1927.11	82
3	赵加文	男	1933.08	76
4	赵家顺	男	1938.07	71
5	赵本顺	男	1946.02	63
6	赵华友	男	1950.12	59
7	赵加美	男	1937.05	70
8	赵宝明	男	1949.11	60
9	赵法明	男	1949.03	60
10	赵法富	男	1949.10	60
平均年龄				68.5

21世纪初,为促使殿下莲花非遗项目得到有效的保护与活态传承,大溪镇政府给予了高度的重视和支持:将其列入镇非物质文化遗产重点保护名录,并申报列入温岭市级和台州市级非物质文化遗产保护名录;组织文化站相关业务人员进一步整理殿下莲花的曲调和唱词,邀请市民间文化方面的专家前来指导,提高传承质量;拨出经费,添置了表演所需的服装和各类器具;镇里举办活动时,有意识地给予提供展示平台,比如镇里组织的文艺演出和大型节庆游行活动。殿下莲花因而逐渐活跃在大溪

民间及演出舞台上。

2009年,温岭市文广新局与大溪镇、殿下村签订了"殿下莲花"项目化传承协议书。在大溪镇政府与殿下村"两委"的支持和帮助下,殿下莲花的第五代传人赵加文、赵家顺、赵加美等多位老人,共同培养了一支较为年轻的殿下莲花说唱队伍。

殿下莲花第一批传承培训人员名单(2010年7月6日)

领队:吴玉秀。

老一辈4人:赵家顺、赵宝明、赵华友、赵法富。

新学员8人:赵坚勇、赵丹阳、赵友岳、赵才友、蔡公飞、赵菊英、叶茶芳、
吴玉秀。

温岭市文广新局有关专家、领导对这支年轻的殿下莲花传承队伍多次进行指导、监督和评估。2011年,殿下村基本完成了协议所规定的传授和培训内容,培养了12位青壮年表演者,其中领唱(即放调)传承人2人、帮唱者10人,他们熟练掌握了殿下莲花的演唱技能,包括曲调、唱词及打击乐技巧。至此,殿下村完成了殿下莲花项目化传承,项目顺利通过验收并获得嘉奖。截至2022年年底,殿下莲花已传承至第六代,表演人数扩大到20人左右,且一半为女性。

21世纪以来,各级政府高度重视殿下莲花这个古老的民间曲艺形式。2006年5月,温岭市人民政府将殿下莲花列入温岭市首批非物质文化遗产保护名录(民间音乐类)。2008年6月,台州市人民政府台政发〔2008〕45号文件将其列入第二批台州市非物质文化遗产名录(曲艺类),殿下村还被台州市文广新局命名为"台州市非物质文化遗产传承基地"。2014年6月,殿下莲花的演出获得"乡音曲韵"台州市传统曲艺展演优秀表演奖。

二、乐曲和唱词

殿下莲花的演唱乐曲,以6个乐句为一段,一段一段反复进行。演唱实际音高主要听放调人(相当于领唱者)的调门而定。音乐专家林梦认为,殿下莲花的曲调"很有地方特色,具有自身特点"。图6-1是1978年经温岭文化馆钟永余、罗永良、林梦三位音乐专家抢救记录的殿下莲花曲谱。

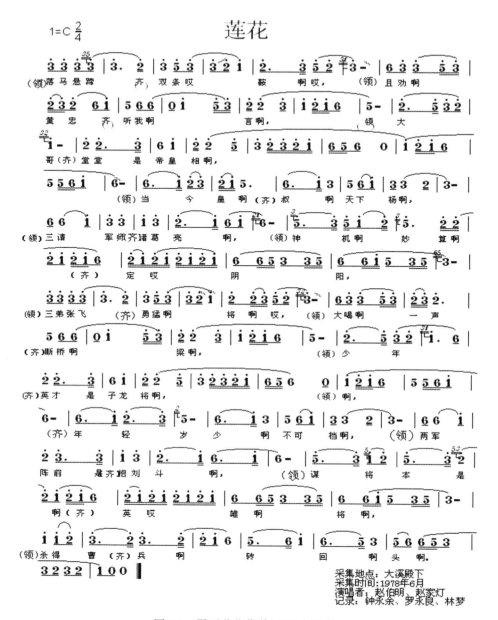

图 6-1 殿下莲花曲谱(1978年记录)

注:"演唱者赵伯明、赵家灯"应为"演唱者赵法明、赵家灯"。此处谨以图片形式保留当年所记曲谱原貌,如有错漏亦不作更正。

殿下莲花是人民群众喜闻乐见的民歌形式,碰上庙会一类的场合,大家都喜欢以之抒发所见所闻所想。后来也有配新词用于庆典、宣传或春节慰问烈军属的。现可查的流传唱词有:

《大战长沙》。这是早期所唱内容,间隙中夹唱其他戏文,转换时由领唱者放调后入。歌词已失传。

《关羽收黄忠》。第四代及之前传人演唱的曲目,传授第五代传人演唱。

《学习大寨好榜样》。20世纪70年代初,为参加温岭县群众文艺汇演而创作的唱词,由第四代传人指导第五代传人演唱。歌词已失传。

《喜看殿下好风光》。1991年12月,以冠城乡代表队名义,参加大溪区"社教"文艺调演,获特等奖。歌词已失传。

《文明花开分外香》。这是21世纪初的演唱内容。歌词已失传。

《大溪颂》。也叫《赞大溪》。这是21世纪以来的演唱内容。唱词歌颂了美丽大溪的自然风光和近千年的历史文化。由第五代传人演唱,第四代传人传授曲调传唱及响器击打表演技艺,由大溪镇林本祥摄像,殿下村林照岳(网名"临老学坐车")制作视频发布供网友欣赏。第六代传人演唱的也是这个曲目。

下面附上三首殿下莲花唱词。

关羽收黄忠

落马悬蹄双条鞍,且劝黄忠听我言。大哥堂堂帝皇相,当今皇叔天下扬。三请军师诸葛亮,神机妙算明阴阳。三弟张飞勇猛将,大喝一声断桥梁。少年英才子龙将,横扫三军不可挡。两军阵前抱刘斗,杀得曹兵喊爹娘。关某义勇传四方,千里迢迢送皇娘。过五关来斩六将,擂鼓三通斩蔡阳。奉劝黄忠早献曹,免得无端动刀枪。黄忠听罢细打量,威风凛凛关云长。头戴铜盔明光亮,身披坚甲耀金光。座下龙驹赤兔马,青龙大刀威名扬。黄忠朗声把话讲,且听黄某话短长。十三十四去打虎,十五十六战沙场。老汉年高六十上,愿随皇叔夺朝纲。

大溪颂(赞大溪)

方山麓下大溪镇,东瓯古地是王城。千年古寺名流庆,方岩书院有名声。驿路古道林间隐,太湖波清盘山映。大溪人杰地也灵,历代都出大名人。才子奇人谢祭酒,兵部尚书赵大佑。一代名臣王居安,流芳百世后人敬。今日大溪新面貌,铁路公路高速道。高楼林立新村美,风景秀丽人气旺。山好水好人更好,政通人和奔小康。殿下莲花历史长,唱起莲花喉咙响。农民成了企业家,各显身手大业创。幸福日子如蜜甜,一年更比一年强。

四中全会①站位高

四中全会站位高,国家治理出新招。完善特色新制度,推进治理现代化。坚持人

① 指中共十九届四中全会。

民为中心,党的领导不动摇。依法治国要坚持,民主集中有优势。中国有了新特色,治理体系要改革。四中全会定方向,中国之治有期望。经济建设新体系,创新发展生产力。文化自信要坚定,百花齐放促繁荣。全民齐心抓环保,生态文明要搞好。绿水青山是财富,乡村振兴好思路。不忘初心践使命,担当实干谋复兴。党员干部响号召,辉煌中国创新高。

三、历代传人

殿下莲花历代传人名录如下:

第一代:老彭绷等殿下赵氏青年3人。

第二代:赵一青等殿下赵氏青年5人。

第三代:赵家茂等殿下赵氏青年5人。

第四代:赵家灯、赵加来、赵老五、赵家祥、赵一昌、赵道尧、赵守满、赵五妹、赵振尧。

第五代:赵法明、赵宝明、赵本顺、赵法富、赵加文、赵小富、赵华友、赵加顺、赵加美、赵小春。

第六代:吴玉秀、赵坚勇、蔡公飞、赵才友、赵灵志、赵丹阳、赵友岳、赵霄峰、赵海丽、陈君英、卢香琴、赵媛媛、林仙培、赵菊英、叶荼芳、赵雪玲、赵刘倩、杨雪飞。

已培训但尚未演出过:赵青峰、赵剑、赵勇皓、赵建军、赵守林(六组)、赵启华、赵清波、赵辉。

四、特点和价值

殿下莲花,与其他曲艺表演形式相较有其自身的特点。

一是叙事性较强。唱词大多具有故事情节,或歌颂好人好事,带有民间说书色彩。以前殿下莲花的词主要是三国的《大战长沙》,间隙中也穿插一些其他戏文,突出故事的叙事性。

二是气氛热烈富有感染力。演唱曲调高亢洪亮,齐奏敲击乐器清脆悦耳,放调者(即领唱者)手拿两支短鞭边敲边唱,演唱者时有加以花样节奏伴奏,且用当地方言说唱,老百姓一听就懂。

　　三是结构严谨。唱词内容表达的是一件完整的事,如《关羽收黄忠》,从关羽"落马悬蹄"到黄忠"愿随皇叔",故事情节脉络清晰。

　　殿下莲花作为民间曲艺具有较高的历史文学价值、社会科学价值和民间音乐研究价值。

　　一是历史文学价值。与时俱进的唱词内容,叙述了不同时代的历史故事,反映了当地民间的思想观念和生活情感的演进。

　　二是社会科学价值,殿下莲花源于民间"迎人胜",不仅参与民间喜庆节日活动,也参加各级艺术展演赛事,直击基层社会组织原生态。通过对殿下莲花的研究,可以了解当地的一些民风民俗;通过对殿下莲花的传承保护,可以促进年轻一代对本土文化的感情培养,有利于当地和谐文化的建设。

　　三是民间音乐研究价值。殿下莲花虽属民间曲艺表演形式,但接近于无伴奏民歌,所有响器不过是节奏性的伴奏,每段转换时,均由领唱者放调后入,演唱时实际音高主要以放调人的调门音高而定。从唱词看,七言六句,每句四、三结构或二、二、三结构,句中或句后插以"啊""哎"等托词。它还极具包容性,实际上吸收了洒尺和道情等民间文艺演唱形式,为半山区民间音乐特别是民歌的研究提供了宝贵的素材。

五、社会影响

　　殿下莲花自 20 世纪 80 年代以来,参加了台州市、温岭市、大溪镇三级几十场演出,其中不乏"非遗"传统曲艺专场汇报展演,但大量的仍是面向基层大众的村镇文化礼堂活动,在温岭市域尤其是大溪地区有着广泛的社会影响和深厚的群众基础。

　　同时,殿下莲花得到了专业音乐工作者的高度认可。温岭文化馆研究馆员林梦先生,从 1978 年开始参加对殿下莲花的抢救性录音记谱工作,40 多年来一直热情指导殿下莲花青年一代演唱人员的培养,全力帮助殿下莲花成功申报温岭市、台州市"非遗"文化项目。台州学院音乐学教授罗永良先生,将殿下莲花作为乡土教材样本之一,融入音乐教学。2014 年 3 月,中国合唱协会会员、大溪镇音乐协会会长、温岭市骨干教师、大溪二中高级教师叶华斌先生,将高亢豪放的殿下莲花乐曲改编成抒情欢乐的古筝合奏曲《方山苍松》(曲谱见图 6-2),获得浙江省红歌合唱大赛金奖;他撰写的《初中音乐课堂中殿下莲花落的教学策略》获 2023 年台州市中小学教师论文中学音乐组一等奖;他还将殿下莲花作为乡土音乐教材搬进课堂,让学生沉浸式体验大溪民间文化,传承推广殿下莲花。

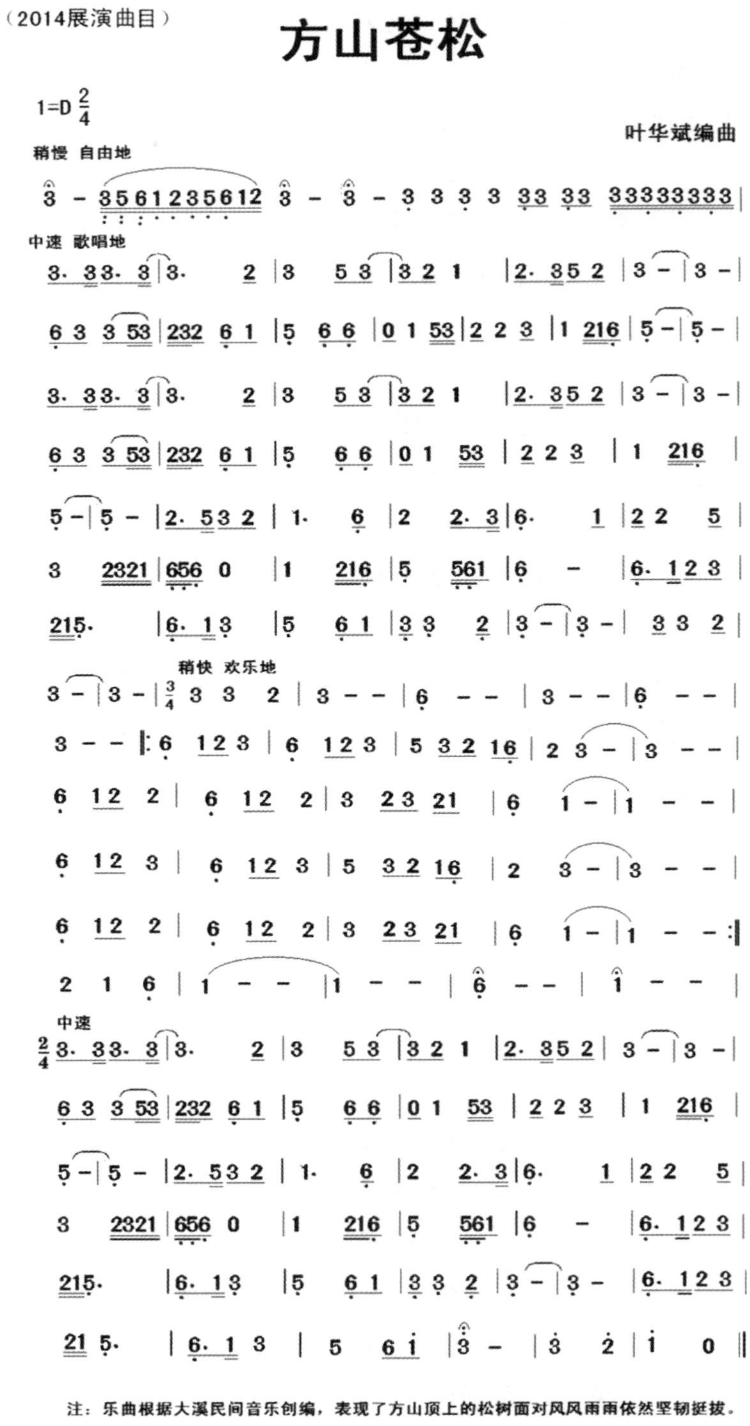

图 6-2 《方山苍松》曲谱

注:此处谨以图片形式保留当时所记曲谱原貌,如有错漏亦不作更正。

第二节　兴办教育

殿下赵氏自古就有崇文兴学的传统,明清以来,功名赓续。综观大溪地区的当代教育,无论是高中、初中、小学,还是幼儿园,都同殿下有着千丝万缕的联系。现殿下境内,就有大溪中学、方山小学、大溪镇幼儿园三所学校。

一、殿下幼儿园

殿下幼儿园,创办于 1958 年 9 月,办学地点设在赵良金家。入园的男孩、女孩有几十个,都接近现在的大班幼儿的年龄。幼儿园老师是本村的赵小美、赵菊芳等,也没有什么报酬。幼儿园一周上六天课,星期一到星期六。幼儿园办到 1959 年上半年结束。

二、大溪镇幼儿园

温岭市大溪镇幼儿园,创办于 2019 年 9 月,总投资达 3000 多万元,是一所全日制公办幼儿园。幼儿园由总园(冠城园区)和古城园区组成。总园位于大溪镇殿下村与桥里村之间的冠城河畔(原冠城小学),冠屿山东麓,方山大道旁。占地面积 1690 平方米(其中殿下村占四分之三),建筑面积 5520 平方米,户外场地面积 1800 平方米,绿化面积 2045 平方米,人均生活活动面积不少于 3.7 平方米。园内设有沙坑一个、戏水池一个、种植园两处,另有人工草坪操场 1340 平方米、30 米跑道一条。

幼儿园布局合理,环境优美,设施齐全。有活动室、寝室、卫生间、巧艺馆(纸艺坊、创工坊、木工坊)、阅览室、建构室、游艺馆、录音室等配套功能教室。设有多种大型玩具、充满冒险性的攀爬墙、驰骋想象的创作涂鸦墙、先进环保的卫生设备、丰富适宜的活动空间、平等关爱的人文氛围,这些处处体现着以幼儿发展为本的教育理念。

大溪镇幼儿园现有教职工 64 人,其中专任教师 35 人,大专以上学历 100％,本科以上学历达 51％,13％以上的专任教师具有中级及以上职称,34％的专任教师已取得初级职称。按"两教一保"标准配备教师和保育员。幼儿园主要招收大溪镇 31 个村的幼儿入园,目前有 15 个班,在园幼儿总数为 507 人。

大溪镇幼儿园前身是冠城小学,办学历史可追溯到创办于民国二十九年(1940)的赵氏小学。幼儿园秉承"爱国爱家,会思会创,乐学乐说,全面发展"的"六艺"幼培养目标,建构起适合幼儿实际的"完整儿童活动课程"框架。幼儿园依托其深厚的人文底蕴,在短短的几年内取得了卓越的办学成绩,已先后获得温岭市绿色学校、温岭市平安校园等市级荣誉称号,有6位教师获温岭市级个人荣誉、9位获大溪镇级个人荣誉,7人获温岭市教学和论文比赛奖,完成地、市级教科研课题10项。

三、冠屿小学

冠屿小学前身是赵氏小学,创办于民国二十九年(1940),系冠屿赵氏族人创办的私立小学。冠屿小学位于殿下村与桥里村之间,其主体(约四分之三)为殿下箅里自然村。冠屿小学创办80余年来,先后称为赵氏小学、冠城乡赵氏中心国民学校、赵氏代用中心小学、冠屿小学、冠城乡小学、照洋乡小学、照洋乡第一小学、冠城公社中心小学、冠城乡中心小学、大溪镇冠城小学、大溪镇方山小学。

冠屿小学的办学历史可追溯到清光绪二十九年(1903),校址在双凌新桥头的冠山两等小学堂。民国三年(1914),该学堂分析为冠山第一小学和冠山第二小学两个初等小学校。抗日战争时期,当地人赵任(念母洋人,冠城乡长)、赵若云(殿下人)、赵德吾(桥外人)、赵沛(殿下人)等,集聚赵氏祀祠公田400余亩作为办学资产,择定冠屿东麓的下书院即殿下箅里自然村为新校址。民国二十九年建成口字形新校舍,合并冠山两初小,增设高小,成为有6个班——续后增至10个班,学生500多人的完全小学,于当年秋季开学。

民国三十三年(1944),赵氏族人又在其西侧创办赵氏中学,翌年改名为德明中学。1951年4月,改校名为私立大溪初级中学,简称大溪中学。1956年大溪中学迁址大溪街后其校舍划归冠城小学。"文化大革命"期间,部分校舍被冠城公社卫生所、冠城公社木器社占用。1969年2月部分校舍划归冠城中学办学。1990年前后,校舍全部拆除重建。2003年冠城中学并入大溪二中后,其校舍又划归冠城小学。2018年秋季,冠城小学与照洋小学、新建小学合并为大溪镇方山小学。

冠屿小学发展历史的脉络梳理如下——

民国二十九年(1940)秋,校名赵氏小学,聘梁汉忠为首任校长。

民国三十四年(1945),校名冠城乡赵氏中心国民学校,10个班级,校长梁汉忠。

1949年,校名赵氏代用中心小学。春季,班级数9班,学生数396人,其中男314人,女82人,教工数15人,校长赵任。秋季,班级数9班,教工数14人,校长潘植卿。

1950年,校名冠屿小学。学区人口数2000人。校产(田亩数)220亩。班级数9

班,学生数 296 人,教工数 14 人。校长叶智祥。

1950 年秋,校产清理登记入册,移交给人民政府,由区文教委员会接收。土地改革时,校产学田作为公田依法征收分配给农户。1951 年秋,小学由私立转为公立。

1952 年,校名冠屿小学。学区人口数 2000 人。班级数 9 班,学生数 296 人。教工数 14 人。校长叶智祥。

2003 年,校名大溪镇冠城小学。学校占地 15 亩,建筑面积 3000 平方米,10 个班,400 名学生,17 名教师。

2016 年 10 月,校名大溪镇方山小学。2022 年秋季学校在编教职工 98 人,有 52 个教学班,学生 2186 名。

另有冠屿小学礼堂值得一记。过去白箬桥建有箬溪堂。前殿是关公,后殿是和尚堂。民国时在此办冠山第二初小,赵任为校长。赵任出任冠城乡长后,赵馥接任校长。赵馥拆掉老堂,新造五间洋房式的礼堂。后来下书院(殿下箬里)开办赵氏小学,把五间洋房式礼堂的屋架扛到赵氏小学,两横头各加一间,成七间礼堂。1945 年侵华日军侵扰殿下时,在赵氏小学礼堂石板上烧火形成一个一米左右的坑。这个礼堂的原貌一直保存到 20 世纪 90 年代冠城小学整体拆建时。

四、方山小学

温岭市大溪镇方山小学(简称方山小学)于 2016 年 10 月建校,2018 年 9 月搬迁新址,由大溪小学冠城校区(原冠城小学)与照洋小学合并成立。

方山小学本部位于大溪镇殿下村与念母洋村之间的冠城河畔,另设照洋校区。学校本部占地面积约 45 亩(其中殿下村征地 30 亩,念母洋村 15 亩),建筑面积 18000 平方米。2022 年秋季,学校在编教职工 98 人(含校区教师),专任教师 96 人,含高级教师 6 人,一级教师 39 人,市级骨干教师 7 人,温岭市名师 1 人,温岭市教学能手 2 人等。方山小学共有 52 个教学班,学生 2186 名。其中本部 39 个教学班,学生 1652 名;照洋校区 13 个教学班,学生 534 名。学校学区生源主要是来自原冠城乡、太湖乡、照洋乡、新建乡的本地学生,以及大石一级公路以北的鸿溪花园、豪成贝利、豪景花园、学府花苑等小区居民子女和企业产业工人子女。

方山小学办学历史悠久,自清光绪二十九年(1903)的冠山两等小学堂,至今历 120 年,有着优良的办学传统。学校秉承“方山景行,圆润童年”的办学理念,着力打造“润的教育”品牌,建设一所有温度、有美感、有故事的乡村名校,培育大气、锐气、灵气的方山学子。学校以"快乐体育"教育为特色,在全校普及开设足球课,开设体育社团项目,引进民间传统体育项目进校园,奋力打造温岭市足球特色学校。学校充分挖掘利用大溪区域资源优势,与景区、企业、相关部门、社区等通力合作,发挥协同育人功能,开设了"方山记忆"研学系列课程,比如"行走方山""寻访赵大佑足迹""走进新界泵业""走进'帽的世界'""走进方山云雾茶博园"等,让方山文化元素融入学校,打造魅力方山、活力方山、幸福方山,让人文、自然、历史等元素有机融合,凸显教育魅力。学校先后被台州市教育局确立为台州市乡村名校建设联盟学校、台州学院大学生校外社会实践基地、温岭市文明校园、温岭市禁毒教育示范学校、温岭市德育工作示范学校、温岭市儿童青少年近视防控示范学校等。

近年来,学校以台州市乡村名校建设为目标,以党建工作为统领,以"文化立校、质量兴校、培师强校、体艺美校、特色润校"为目标,凝心聚力,守正创新,勇于进取,着力打造公平而有质量的教育,让老百姓真正享有对教育的获得感、幸福感、安全感。

五、德明中学

德明中学校址位于殿下村与桥里村之间,校园在殿下箦里自然村。德明中学自民国三十三年(1944)创办以来,校名依次为私立赵氏初级中学、私立德明初级中学、私立大溪初级中学,温岭县第二初级中学(公立)、大溪中学(初中)、大溪中学(完全中学);初高中分析后,一为大溪中学(高中),一为大溪镇第二中学(初中)。

(一)德明中学的创办和贡献

1944年,冠屿赵任、赵沛(殿下人)、下乡避难的赵焕青等有识之士,在成功创办赵氏小学的基础上,再集聚公田800亩作为开办中学的资产,创办私立赵氏初级中学,这是温岭县内继温岭中学、授智中学(新河)之后的第三所中学。当年9月开学,招收一年级新生2个班100人。聘任江苏籍人沈芙荪为首任校长,呈报浙江省教育厅核准备案。翌年改校名为私立德明初级中学,简称德明中学。德明中学发展情况见表6-2。

表 6-2　德明中学发展情况(1944—1950 年)

年份	班数/个	学生数/人	毕业生数/人	教职员数/人
1944	2	100		8
1945	4	123		10
1946	5	166		12

年份	班数/个	学生数/人	毕业生数/人	教职员数/人
1947	6	175	38	17
1948	8	320	29	22
1949	6	120	27	22
1950	5	43	20	16

抗日战争前,境内无中学,读中学只能到温岭县城或外地去,一般家庭难以负担,而农村中学生为数极少。德明中学坐落在农村,有利于农民子弟读书,这从表6-3统计的资料可见。

表6-3　中等学校学生家庭成分统计(1950年度第二学期)

家庭成分	温岭中学	泽国中学	德明中学
雇农	0	0	0
贫农	19	12	37
中农	36	18	36
富农	18	5	20
工人	25	3	0
手工业	17	0	2
贫民	18	6	0
小商贩	23	13	7
自由职业	4	2	3
资本家	62	0	0
职员	29	1	0
地主	148	54	19
其他	61	37	0
学生数汇总/人	460	151	124

注:原表列台州各中学资料,限于篇幅,仅摘录三校资料。

(二)德明中学的变迁

1950年8月,人民政府委派叶斐英任德明中学主任委员(校长),代表人民政府接收德明中学。1951年4月,根据台州专署指示,改校名为私立大溪初级中学;同年,在潘郎街设立分部(1954年撤销)。1954年扩建校舍,秋季招新生5班(1956年前校舍平面示意图见图6-3)。1956年8月迁校址大溪街(今德明路),同时改私立为公立,改校名为温岭县第二初级中学。1958年在"大跃进"影响下,大溪中学首次招收高中新生 2 个班,改校名为大溪中学。大溪中学发展情况见表 6-4。

表 6-4　大溪中学发展情况(1951—1959 年)

年度		班数/个	学生数/人	毕业生数/人	教职员数/人
1951		7	310	7	16
1952		10	525	11	17
1953		10	527	92	23
1954		9	442	256	23
1955		8	395	91	24
1956		10	507	66	25
1957		10	522	169	28
1958	初中	12	634	93	29
	高中	2	100	无	
1959	初中	12	612	164	33
	高中	4	170	无	

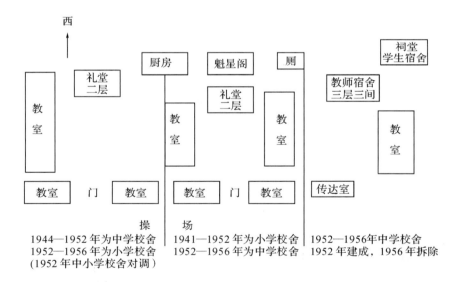

图 6-3　1956 年前校舍平面示意图

　　1966 年 6 月"文化大革命"开始后,学校停止招生,停止上课。1969 年初中恢复招生,大溪中学大部分教师、校具分析到各公社办中学。冠城公社中学在冠城小学西侧原德明中学校址开办,初中为两年学制,1979 年改为三年制。1975 年创办高中(一个班),学制两年,1977—1979 年共有三届高中毕业生。1987 年,冠城乡首先开始实施九年义务教育。2000年,冠城中学并入大溪镇第二中学。

(三)其他

1. 德明中学艺师班

1949年秋,金君艺任德明中学校长。为解决小学艺术教师缺乏的困难,呈文报县批准,创办了德明中学艺术师范科,翌年改名德明中学艺术补习班,旨在培养艺术人才和小学图画、音乐、劳作教师,学制两年。招生对象为各地应届往届初中毕业生。设有图画、音乐、劳作、教育学等专业。专业课程聘有专职教师:图画,金君艺;音乐,卢鸣治;劳作,叶国佐;教育学,赵沛。当年秋季招1班,30人。1950年春季招1班,25人。1951年春季,小学大发展,急需教师,于是提前毕业,分配到小学任教。艺师班就此结束。

2. 德明中学校董会名单

具体名单如下:

赵　任(1901—1951)　董事长,念母洋人。字丹侯,曾化名马辛、马士辛。毕业于浙江法政学校,1926年加入中国共产党,公开身份是民国冠城乡乡长。曾任中共温岭县委执委、台州军委委员、浙东南交通联络站站长,在冠城乡建立350人的抗日武装组织"抗日大刀队"。赵氏小学、德明中学创办发起人之一。

赵　沛(1914—2006)　董事,殿下人。字恭沛,号晦叟。1936年毕业于浙江省杭州师范学校,历任杭州、温岭、黄岩等地中小学教师、校长。曾任温岭县国民教育指导员、县政府督学、温岭县第一届参议员。赵氏小学、德明中学创办发起人之一。

赵德吾　董事,桥外人。赵氏小学、德明中学创办发起人之一。

赵若云　董事,殿下人。赵氏小学、德明中学创始人之一。

赵焕青　董事,念母洋人。曾任德明中学教员。德明中学创办发起人之一。

赵季舒(1903—1952)　董事,西山金人。字如恒,号增加,又名克懂,浙江法政学校毕业。代理湖北蒲圻县财政局局长,温岭、乐清等军法承审员,中学教员,曾任德明中学教员。

赵如义　董事,念母洋人。

赵祖白　董事,双凌人。

赵子行　董事,殿下笑篁人。

赵　栻　董事,山后人。

赵禹明　董事。

赵振国　董事。

赵兴业　董事。

3. 德明中学与赵焕青

南京大屠杀后,为躲战乱,安家杭州的念母洋人赵焕青(赵克文)与弟赵卓青,带着家人回到家乡避难。赵卓青在石屿小学暂居。赵焕青夫妻两人都是教师,在冠屿小学暂居。赵焕青是个有血性的青年人,在杭州时,当时日本人规定,凡中国人路过日本兵驻地,必须向日本的哨兵行礼。赵焕青路过时不行礼,日本哨兵过来打了赵焕青一个耳光。赵焕青随手还了日本哨兵一个耳光,随后迅即逃进英国大使馆,幸免一死。事后,杭州报纸表扬了赵焕青打日本哨兵的事。赵德吾与赵沛、赵焕青等商量在小学西边建一所初级中学(即德明中学)。赵焕青倾其所有,将自己的金项链、金戒指等首饰全部卖掉,捐献办学。发动民工将白箬桥关庙后殿七间整套屋架紧固后,从殿下桥下游的屿山脚扛过月溪(殿下溪)至德明中学,建成小礼堂,楼上为教师宿舍。1945年,日本宣布无条件投降后,赵焕青移居杭州宝石山下33号原址定居。

4. 德明中学遭土匪抢掠

1949年10月(农历八月)的一天晚上,天下大雨。黄茅山土匪抢掠德明中学7间教师寝室,掳去校长金君艺及师生十几人。被掳男学生有叶福生、金重森、程福友等四五人,女学生有杨某等两人;当晚被掳的还有金君艺的父亲金志礁。那天下午,金志礁从大溪江大利药店坐堂后回家时,顺道去德明中学看望儿子金君艺,因天下雨暂住在德明中学教师宿舍儿子的寝室,结果被土匪与其他师生一起掳走,押至大溪火石岩村关押。他们对女的看守特别严密,对男的则较为松懈。男学生从火石岩逃出后,在当地农民的帮助下,脱下学生装换成便衣,打扮成农民一般,下山脱险。而两位女学生却不幸为土匪侵犯,约四五天后方释放回校。

六、温岭市大溪中学

大溪中学创建于1944年,原名为私立赵氏初级中学,校址在原冠城乡冠山东麓,即殿下村和桥里村之间,校舍位于殿下箦里自然村。私立赵氏初级中学的前身是漩溪书院,创办于清同治十三年(1874)。漩溪书院培养了无数饱学儒士,当时远近闻名。1945年私立赵氏初级中学改校名为私立德明初级中学。1956年7月,学校改为公立大溪中学,校址迁移到大溪镇德明路。学校一度更名为温岭县第二初级中学,到1959年恢复原校名。1958年,学校首次招收高中学生两班,成为一所完全中学。1998年秋季实现初、高中脱钩,成为一所全日制普通高级中学。2002年2月,学校通过浙江省普通高中A级办学水平评估;2003年5月,学校实现整体搬迁,现校址位于大溪镇大石路338号;2004年2月,被浙江省教育厅评定为浙江省三级重点中学;2006年1月,被浙江省教育厅评为浙江省二级重点中学;2015年9月,被核定为第二批浙江省二级普通高中特色示范学校。在漫长的发展过程中,学校秉持方山的坚毅,追求鸿溪的灵动,自力更生,艰苦创业,几度易名,由一所简陋的私立学校发展成为省二级特色示范高中,是一所文化底蕴较为深厚、有着独特办学传统的现代学校。

早在德明中学时期,学校就形成了"尚德明责,博学笃行"的办学精神,传承与弘扬东瓯古国文化、方山文化、尚德博学精神,提出了"严谨进取"的校训,确立了"以人为本,崇尚发展"的办学理念,逐步形成"儒雅教育"办学特色。近年来,学校逐步形成了"严谨进取,团结文明"的校风,"乐学勤学,厚基创新"的学风,"乐教巧教,严格求是"的教风,这赋予了大溪中学师生更为丰富的精神追求。

学校现位于大溪镇大石路338号,南眺风景秀丽、有着"世界地质公园"美誉的方山。校园依水而建,环境优美,交通便捷。校园占地近110亩(其中殿下村征地39亩),建筑面积36548平方米,对照现代化学校的申报条件,学校生均建筑面积达28.5平方米;温岭市级骨干教师及以上优质教师占比超过15%;专任教师心理健康持证率超过80%,心理健康教育辅导室达到全国领先水平;学校设有机房3间,创新实验室3间,通技教室2间,美术教室2间,音乐教室1间,录播教室1间,物理实验室6间,化学实验室5间,生物实验室3间,共26间,达到每百名学生2间的要求;教育技术装备较为先进,学校建成了集信息平台、教育教学资源于一体的校园局域网,每个教室均配有触控一体机和空调;图书馆建筑面积1200平方米,藏书10万多册,报刊270多种,学生阅览室座位320个;学校建有标准400米环形塑胶跑道田径场和7个室外篮排球场;建有高标准的体育馆,内设有篮球场、羽毛球场、乒乓球场、健身房等;建有"学生创业活动中心""风华园学生活动中心""新蕾广播中心""儒雅读书吧"等学生社团活动场所20个。学校现有31个教学班,学生共1400多人;教职工109人,专任教师 101 人,其中硕士 17 人;学校有中高级教师 72 人,省春蚕奖获得者 2 人,台州市农村杰出贡献奖获得者 1 人,温岭市骨干教师 12 人。

学校办学历史悠久,成果丰硕,获得多项荣誉称号,如国家级青春健康教育示范基地、心理健康教育全国特色学校、浙江省普通高中通用技术学科基地、浙江省教科研先进集体、浙江省治安安全示范单位、浙江省阳光体育后备人才基地、浙江省体育特色学校、浙江省一级心理辅导站、浙江省 A 级信誉度食堂、省级餐饮服务食品安全示范学校食堂、台州市文明单位、台州市"5A 级平安校园"、台州市普通高中课程改革示范学校、台州市区域推进校本教研项目协作研究基地、台州市绿色学校、台州市饮食放心示范学校、台州市皮划艇运动项目训练基地、温岭市教学改革试点学校、温岭市德育工作示范学校等。

七、大溪镇第二中学

大溪镇第二中学前身是大溪中学(完全中学)初中部,办学历史可上溯到校址在原冠城乡冠山东麓即殿下村和桥里村之间,校舍位于殿下的箕里自然村,创办于 1944 年的私立赵氏初级中学。1998 年从大溪中学分离出来,并和原大溪镇中学合并,更名为大溪第二中学。2000 年,撤并大溪冠城中学。2006 年,撤并太湖中学。2013 年,照洋中学被撤并,与新建中学合并为大溪二中新建校区。2015 年,撤并大溪二中新建校区,定名为温岭市大溪镇第二中学。

学校占地总面积 39285 平方米,建筑面积 21279.47 平方米,绿化面积 11785.5 平方米,是一所环境优美、设施先进的现代化花园式学校,被评为浙江省示范性初中。

学校现有 36 个教学班,学生 1606 人。建有理、化、生实验室 6 个,音、美等专用教室 4 个,计算机教室 3 个,多媒体教室 55 个,录播教室 1 个,新型教学空间 2 个,资源教室 1 个,心理咨询团辅室 1 个,共安装了 44 套电子白板。学校建有标准 300 米田径环形塑胶跑道、4 个篮球场和 2 个排球场。新图书馆刚刚落成,拥有 82161 册藏书。

学校拥有一支治教严谨、敬业爱生、乐于奉献、勇于创新的师资队伍。现有教职工 120 人,其中专任教师 115 人,后勤人员 5 人。高级教师 31 人,占 25.8%;本科及以上学历教师 117 人,占 97.5%。目前,学校拥有台州市名师 1 人,台州市"教坛新秀"1 人,台州市"教学能手"2 人,温岭市"教学能手"6 人,温岭市骨干教师 24 人。

学校秉承"立大德,成大器"的办学理念,以"建设高效课堂"为核心,致力于教师专业化成长,狠抓教育教学研究和改革,打造了一支高素质的教师队伍;以"成就每一名学生为导向",培育和践行社会主义核心价值观,从文化基础、自主发展、社会参与三方面构建学生核心素养体系,以"大德"特色德育课程为途径,实现育人环境一体化、学生活动系列化、学生发展自主化的育人氛围,推动学生文明素养再上新台阶。

20 多年来,学校办学规模不断扩大,办学设施日臻完善,办学信誉不断提升,赢得了当地百姓的广泛认可。仅 2021—2023 年三年间,学校就先后获得浙江省健康促进学校(铜牌)、温岭市平安校园、台州市中小学数字家长学校、温岭市教育系统新媒体宣传工作优秀单位等荣誉称号,并获得温岭市初中成语大赛团体一等奖、2022 年度温岭市教师解题析题比赛团体一等奖等教学成果。

第三节　人员受教育程度

明朝(1368—1644 年)两百余年中,殿下出了 33 名邑庠生等有功名者;清朝(1636—1912 年)两百余年中,殿下出了 102 名邑庠生、国学生等,其中赵宗钦、赵宗灏、赵学诏 3 名贡生入编《大溪镇志》;民国时,有 5 人为国学生、儒士、大学生等,其中赵一铖为黄埔军校六期毕业生,入编《大溪镇志》,普师生赵沛、赵馥(女)以及赵家新等受过高中等教育(具体名单见第八章相关名录)。

但整个封建社会及民国时期,村民大众总体受教育程度还是很低的,即使民国后期办了赵氏小学、德明中学,入学者也是极少数,且受教育程度基本为小学和初中,高中以上文化程度者寥寥无几。

新中国成立后,兴起扫盲识字群众运动,经过 30 多年的努力,1981 年 5 月,经温岭县政府组织验收合格,冠城公社成为温岭县第一个少青壮年基本无盲社,田下大队完成扫盲工作。1982 年 7 月 1 日第三次人口普查,殿下 1026 人中高中文化程度 45人,初中 244 人,小学 444 人,初识字 293 人。从中可见,村民接受小学及以上教育者已达 700 多人,但高中以上文化程度者比例仍然很低。

20 世纪 50 年代到 60 年代,殿下村接受过正规高、中等教育的有:赵沛(杭州师范)、赵振更(普师)、赵一勤(1949 年浙江大学电机系毕业)、赵梧香(黑龙江工业学院毕业)、赵一保(1960 年杭州大学毕业)、赵家明(北京大学西方语文学系)、赵一堂(浙江师范学院中文系本科毕业)、赵守富(南开大学专科毕业)、金宽业(高中)、赵玉彩(普师)、赵一友(普师)。这一时期,受过正规初、中等基础教育,在殿下村里可称得上文化人的有:赵有恩、赵振力、赵振梯、赵顺茂、鲍启法、赵南中、赵桂法(均为大溪中学毕业)、林大生(大溪农业中学毕业)、林照富(大溪中学毕业)、赵守元(江西劳动大学肄业)、小学毕业的有赵守土、赵一和、赵美英、赵荷花,赵一松(初师)等。

70年代初期,"文化大革命"后,殿下村产生了第一批受过正规高中教育的毕业生——赵贤正、林增明、赵云初、赵梅兰、赵祖清、朱为人等。这批回乡青年后来相继走出殿下村,成为国家工作人员,同时进行规范的在职大学等进一步深造。同时代还有赵夏香、赵湘娥、赵慧英、郑平平等中师和中专毕业生。

1977年恢复高考制度后,殿下村一代又一代后起之秀(据初步统计全村近200人)成为大学本科生、硕士生甚至博士生。至于大学专科生、高中生(职高、中专),则是大多数青年都达到的国家正规学历教育程度。21世纪20年代以来,应届高中毕业生高等教育(大专以上文化程度,包括成人大专)毛入学率达到了近60%(具体人员名单参见本书附录四)。

第四节　扫　盲

殿下村的夜校,可追溯到解放前。殿西赵一镕,讲习所毕业,邑小学教员,他热心组织其他有文化知识的人,在殿下桥边信一大房横山公祠堂办起了夜校,自己做教员兼校长,供殿下人前来学习文化知识。还有殿西赵一桂的次女赵馥女士,毕业于杭州垣高师范女子学校,回乡在冠山第二小学任教,兼任第二任校长,她也积极支持办夜校。

1949年新中国成立后,扫盲识字学文化的积极性很高,村办夜校应时而生。1949年后,村办夜校选址在荷花池的信一大房豫轩公祠堂。解放初期,村里识字的人很少,绝大部分是文盲,夜校的主要任务是教村里的男人识字。夜校学习时间安排在每天夜里,不管刮风下雨,雷打不动。夜校照明,用的是汽灯。汽灯也叫汽油灯,就是将煤油或汽油气化而用来照明的燃油灯。村里安装电灯后,夜校与会场、办公等是首先使用电灯的地方。夜校教师由村里识字较多的村民担任,主要有赵一头、赵一春、赵一儒、赵一宗、赵小连、赵有恩等6人。夜校教师是义务性质的,没有报酬。

1959年下半年,村里办起了妇女扫盲班。那时农村妇女基本不识字,但各类票证又很多,如煤油票、酒票、布票、粮票、煤票、肥皂票、糖票等等,不识字买物品常常拿错票证。办扫盲班就是为了教妇女认字,让妇女由"花眼人"变成"亮眼人"。扫盲班一般在午后学习,农忙时间不学习,农忙过了再学习。扫盲班办到1961年上半年结束,学习地址在第 1 队、第 2 队、第 3 队的队屋。

夜校一直坚持办到 20 世纪 70 年代。但这时候,上夜校的对象发生了变化,许多学员是小学毕业以上程度了。夜校分为高级班、中级班、初级班。高级班加入国内外形势等内容,而初级班主要还是扫盲,对象以年轻妇女为主。冠城小学的教师有时会到村里来送教。教师主要由村里 20 世纪 70 年代初毕业的高中生担任,他们是林增明、赵云初、赵祖清、赵梅兰(赵守元妹)等。

第五节　文化设施

一、殿下村村部(文化礼堂)

1956 年,村部设在赵扶士楼上。

1957—1959 年,村部设在赵法宝楼上。

1960—1991 年,大队部(社员大会会场)设在大队仓库楼上。1958 年开始独立建设大队仓库兼大队部,位于前山南面山脚,回龙庙东首,荷花池边,是 5 间两层楼,全木结构,木楼板。木楼梯设楼房内东首第一间。用来建造大队部(仓库)的木材,部分来自拆掉的回龙庙前广场上的木结构戏台。大队部 1960 年建成投入使用。楼上为大队部,西首第一间,用作大队综合办公室,大队干部办公、小型会议、会计记账及账册存放、村广播台等;其他几间全部通连,用作村民开大会会场。大队部楼下设保健室、民兵室、夜校学习室、仓库等。

1992 年,村部(老人活动室)原地拆建。迁建回龙庙于殿下前山山上;拆除原两层楼仓库(村部),拆除石头戏台,填埋荷花池,移庙、建房、筑戏台,1993 年 11 月竣工。新建村部为五间三层楼房,混凝土结构,小广场地面硬化,戏台也用水泥砌成,用作村部办公、老人协会活动、戏台、小广场、村小农贸集散场等。村部一层用作老人协会活动室,二至三层用作村部办公和会议室、储藏室等。

2018 年,新建殿下村综合大楼(殿下村文化礼堂)。位于屿山西侧老村部南面,殿下桥边,北邻方山大道,东接村居,南邻冠屿八景之一的箬水分清畔,是集办公、商用于一体的综合性大楼。大楼规划用地面积 4552 平方米(约合 6.8 亩),总建筑面积 9104 平方米,建筑占地面积 1493.4 平方米,地上 6 层,地下 1 层,建筑高度 23.8 米。2018 年大楼投入使用。

二、殿下村戏台

殿下村戏台始建于清光绪年间(1875—1908),位于回龙庙前广场西南角,靠近殿下溪边。其样式为明清代木结构小楼戏台,后楼可供戏班化装,小楼后还有围墙。戏台建成后,开始由殿东、殿西轮流做戏值保,后来由殿东管理。

1958年,拆掉戏台,其木材用作村部(仓库)建造。

1960年,在村部前,荷花池西侧建了一个周边用石头垒成、台面以水泥抹面、约6平方米的简易戏台。戏台广场即生产队晒谷场,一场两用。

1992年,拆除石头戏台,在紧靠新建村部东面广场上,建成混凝土戏台,并盖顶子。戏台广场兼作村小农贸交易场。

殿下人赵沛先生特邀中国书法家协会会员、浙江省书法家协会理事、温岭文化馆馆长张直生(号野萍),亲笔书写了"殿下村戏台"和赵沛先生所撰对联:上联"华夏喜太平鼓乐喧天共赏冠裳文武地",下联"山乡换新貌楼台聚酌闲评剧艺古今情",横批"普天同乐"。

第七章 社 会

第一节 庙 宇

一、合法庙宇

(一)回龙庙

俗称殿下庙,也叫殿下回龙庙、八贤王庙、八大王庙、德芳庙、八保庙。回龙庙是殿下的保界庙,也是冠山赵氏的保界庙,现位于殿下村中部的前山山上。

据《冠山赵氏宗谱》记载,回龙庙建于明朝,但建庙的具体时间无从考证。从殿下赵氏定居发展时间推考,应为明朝赵德明第六世孙赵嗣鉴、赵嗣鉴兄弟从桥里移居殿下后,至赵氏第六世、第七世人丁兴旺发达,冠山赵氏人众已达近千人,故大约乃明朝成化年间(1465—1487)所建。

因为是冠山赵氏家族建的保界庙,当立赵姓庙主为正神,故奉宋八贤王为庙主,并命庙名为“殿下回龙庙”。八贤王是皇子,称呼为“殿下”,因此,民间又俗称回龙庙为殿下庙,久之,村因庙名,这个地方就被称为“殿下”了。

也有民间传说版本。宋朝以来在民间演义、戏曲故事里,视“八贤王”为伸张正义的英雄化身,赵氏保界庙即奉"八贤王"为庙主正神。"八贤王"在民间戏曲中称"殿下",又称"八大王",名叫"赵德芳"(也有小说中叫"赵德昭")。因此,回龙庙因所奉庙主正神而被称为"殿下庙""八贤王庙""八大王庙""德芳庙"。久而久之,殿下庙之所在地就叫殿下,遂成村名。另有《大溪镇志》载,殿下庙奉祀宋太宗第八子赵元俨为庙主。赵元俨是皇帝的儿子,宋时称皇子为殿下,故称回龙庙为殿下庙,久之,地因庙名,亦叫殿下。

回龙庙明初建时位于岙头颈里面比较僻静的三眼坟。赵氏自明代入居殿下落户,到清道光二十八年(1848)已历400余年。随着人口的增长,殿下村民逐步外移居住至回龙庙周边,庙前逐渐为房屋所遮挡,影响祭拜活动。冠山赵氏族人动议将回龙庙外迁至前山山脚面南空地,易地建庙。赵氏族人八保即殿东、殿西、桥里、桥外、念母洋、双桥、双凌、下山后等乡亲闻讯而动,捐钱、捐田、出力,共同建设庙宇。回龙庙外迁后,庙名因应八保之力所建,民间又俗称回龙庙为八保庙。

据赵氏族谱记载,清道光二十八年,回龙庙落成之后,举行了非常隆重的庆典活动,时间定在是年的回龙庙庙主八贤王的寿辰——农历十月十三日。当天,八保赵氏族人会聚做大戏,由殿东赵兴块块作文致祭,公告乡里。赵兴块,讳佩珩,字永遂,号琢如,庠贡生,地方绅士,被族人推举为立庙庆典主管。而此次做大戏的费用主管者,是殿西的赵兴咸。赵兴咸,字允熙,号兰台,邑庠生。八保族人署名捐田十几亩,作为八保冬戏费用开支。农历十月十三日庙主寿日做大戏自此成定例,年年如此,延续至当代。八保所在各村若有重大庙会或民间做戏等活动,也都要到殿下回龙庙行迎送庙主仪式。

回龙庙重建后,为纪念八保民众捐助良田,殿东公堂主办立碑刻字,嵌于庙壁之上,以志纪念。今此石碑尚在,保存于回龙庙内。但由于年代久远,没有得到有效保护,石碑曾被大火焚烧裂损,现碑文大部分已无法辨认,但可清晰看到"(永垂)不朽""龙飞道光贰拾捌年"及田号等字样。

新建的回龙庙前建有广场和大戏台。大戏台建有化装间、住宿间、储藏间。庙内装潢华丽,结构考究,天花板绘制有非常精美的八仙过海图画。清代殿下书法名家赵克勤(名润身,字业精,号宣三,国学生)题写了"殿下回龙庙"庙名大匾额,并撰写对联一副,上联是"宋室宗藩勋名昭万古",下联是"冠山保障德泽永千秋"。今赵克勤书写的匾额和对联均已失传。

对于这副对联的理解,概括起来主要有三种观点:一是以当代冠山赵氏主要修谱者为代表,认为对联仅仅是为殿下回龙庙所题,别无他意,与冠山赵氏绵延无关。二是以史学界学者为代表,认为对联所题内容另有深意。如在大溪上山下乡过的浙江大学教授、中国古代文学专业博士生导师林家骊博士认为,坊间流传有宋室皇裔流落这一带民间是有史实支撑的,殿下这个地名也是确切地留存下来了;台州赵氏商会会长赵清福认为,冠山殿下赵氏后代清朝赵克勤为殿下回龙庙所题庙名和对联不太可能是无缘无故而作。三是民间认为,对联是寄托到回龙庙来礼拜的人们的希望而已。

1966 年后,回龙庙内部设施全部被损毁,回龙庙天花板的"八仙过海"绘画也被当作"封资修"而毁于一旦,其中文物不知所终。十月十三日庙主寿日做大戏活动也中止。

20 世纪 80 年代初,回龙庙内神主塑像牌位及各种祭祀设施悄然恢复,十月十三日庙主寿日做大戏活动恢复。

1992 年,原地拆建位于回龙庙旁的殿下村村部。1991 年 8 月,回龙庙先行从村部西侧迁建于前山山上。"回龙庙"庙名匾额由念母洋赵焕德先生题写,赵焕德并捐助木质横匾;对联"宋室宗藩勋名昭万古;冠山保障德泽永千秋",由殿下人赵沛先生特邀中国书法家协会会员、温岭书法家协会名誉主席、时任温岭图书馆馆长张直生亲笔书写。对联木质壳联为殿下人赵本顺捐助。①

2017 年 5 月 2 日,温岭市民族宗教事务局批准殿下村回龙庙为民间信仰活动场所。② 随后,"浙江省民间信仰活动场所,殿下村回龙庙,浙江省民族宗教事务委员会监制"的铜匾授予回龙庙。③

(二)铁甲将军殿

铁甲将军殿也叫李树殿,位于殿西后山。作为纪念抗倭英雄所建古庙宇,政府相关部门同意将铁甲将军殿作为民间信仰场所保护。

传说明朝中叶,倭寇来冠屿烧杀掳掠,张塘山炮墩头就是当年为了抗击倭寇设置的烽火台,铁甲将军是牺牲在这里的抗倭英雄。由于年代久远,铁甲将军的生平籍贯已无法查考。人们为了纪念这位抗倭英雄,特地建庙塑像礼拜,名之为铁甲将军殿。铁甲将军殿几经沧桑,庙宇倒塌,仅存一个残破石香炉。

清同治初年,殿东赵隆基(字道周),特地到炮墩头请来那个石香炉,放置于殿西

---

① 此资料由篾篱人林大生提供。
② 批复文件:浙江省民间信仰活动场所登记编号证书浙民场证字(台)乙 050067 号。
③ 赵本顺经办证书,赵一松提供资料。

后山。他主持募集筹款,购置大小二十几亩地,于清同治三年(1864)开始建庙。清同治五年(1866)春,李树殿五间大庙建成。同年冬,神像开光,并规定农历十月廿四日为铁甲将军圣诞,年年庆贺。殿东赵克勤题写横匾"用康保民",现已失传。铁甲将军殿建成100多年来,香火久盛不衰。清光绪三年(1877)殿东赵隆基去世后,由殿西人接管主持庙内各项事务。1962年,庙宇被拆除,庙基垦为庄稼地,横匾"用康保民"同时被毁。

21世纪初,殿下村尤其是箕篁自然村的热心人组织捐款,在原址仿殿原样原朝向重修铁甲将军殿。2007年3月,殿宇落成,立《重建铁甲将军殿记》石碑于庙内,碑文由箕篁人赵振更(号师竹居长乐老人)撰写。"用康保民"横匾则根据赵振更记忆的书写字样仿制出来,现挂在前廊当中上面。后扩大道坛,筑围墙,种花木,殿宇更加壮观。

在李树殿西北角,有一山泉水眼,泉水甘醇润喉,常年涌泉,即使大旱之年,从未断涌。人民公社集体经济时代,每年夏天,殿下各生产队村民田头劳动饮水,都是到此取水供应。殿下石匠赵一能将泉水眼扩凿成现在的山水窟,2015年,立"泉眼无声惜细流"石碑于泉水窟旁,周边居民经常到此取山泉水饮用。

箕篁赵振更赞铁甲将军殿云:"保民安,恪尽职守;抗倭寇,为国捐躯。建殿宇,千秋供奉;塑宝像,万世朝礼。"

二、已拆庙宇

已拆庙宇目前所涉,仅双喜洞。

双喜洞位于殿下大虫坑。传说光绪三十二年(1906),大旱,冠屿秋收前送龙回去迎圣两天。稻熟后,赵一士的祖母周氏身体不大好,一天夜里,梦见一个大约50岁的穿背褡的女人说:"这次送龙你费心了。你的身体不大好,我拿仙丹给你用汤吃了就好了。"说着,女人从背褡眼里取出一根五六寸的干草交给周氏。周氏接过干草问:"你是哪里来的?"她说:"我是寒坑龙母娘娘!"周氏梦醒后跟丈夫说起此事。赵一士的祖父说,只有大虫坑百衣娘娘是讨花会(即讨香灰)的,平时没人理。周氏说,这梦做得清清楚楚的,你明天去讨服香煤(即香灰)来吃吃看。服了香煤后,周氏的身体竟然一天天好起来了。那时,篁里(下书院)住着一位寡妇,靠走大家(即讨饭)、介绍保姆、做媒、卖珍珠过日子。一天,寡妇走到桥里赵碧泉家,正巧碰上赵碧泉妻子身体不好,便把周氏身体康复之事告诉了她,叫她也去讨服香煤来试试。赵碧泉妻子吃了后也真的好了起来。这样一传十十传百,那里的香火逐渐旺起来了。于是,赵一士的祖父和赵克荣、赵振宽三人一起搭了一间茅棚。后来送钱的多了,积累了一些,就在坑边造起五开间的庙。宣统元年(1909)塑起了神像,又把桥里山的白氏娘娘、清氏娘娘请过来,共三尊娘娘像,香火旺盛。

也有说赵一士到普陀山接来观世音,建了观音殿的。也有的说,庙右面建起了三官殿后,由赵振灯重塑三官大帝神像,并把滩头桥的三官神像头安放在神座下。

但,双喜洞因未获温岭市有关宗教管理部门审批,所建庙宇已被拆掉。

第二节　祠　堂

赵恢祠堂　也叫信三公祠。殿西(箕箦)赵氏信三房赵恢祠堂,坐落在上箕箦山包头前面,即原第六生产队晒场,房屋五间,朝西,有祭田1亩。赵恢从桥里迁来殿西后,人口发展较慢,至今只有两大户,另外一户从双凌迁来。其余信三房人口则外迁到双凌、大荆、潘岙、跳头、仓屿等等。住在箕箦隔墙前门的已失传了。民国三十五年(1946),赵恢后代把祠堂卖给了坦头(现南岙)人,把祠堂拆走了,祠堂基地卖给了赵克田、林美地,开垦作番莳地。

屏风墙前祠堂　也叫信一公祠,俗称祠堂下。屏风墙前祠堂为冠山赵氏信一三房公祠,房屋三间,朝西北,赵嗣壑墓庵,后改为祠。墓志碑乃在座隅,端五贴祭田入祠,配享东阳赵进士廷璋,有盛德世礼匾,赠田20亩,冬至定于第二日致祭,颁胙等级照大宗祠例。当时有人说儿子的祠堂父亲可以用,就这样改为信一公祠。1960年左右,因殿下村建造仓库和各生产队队屋拆除。

屏风墙前祠堂　也叫楼里公祠。屏风墙前祠堂为冠山赵氏信一三房分出一部分设楼里公祠,房屋三间,朝西北,在殿下回龙庙西边。其祭产出自六谦、可人二公,合贮两房下俱得配享,共祭田40亩,挨房收,未定祭期。1960年左右,因殿下村建造仓库和各生产队队屋拆除。

横山公祠堂　横山公祠堂位于下桥头过桥东南边,乃为赵氏信一大房横山公(冠山赵氏赵成翕)建,房屋五间,朝西南,祭田8亩。每年祠堂做清明都是放在清明节第二天,因为清明节这天,赵成翕的后代都到桃夏横山那边吃清明去了。所以祠堂做清明在第二天,作为惯习一直延续到1950年。土改后,房屋分给了袁宝娘、赵法夫居住。过去,赵之行曾在此办过夜校,赵一德在此开过面店。

更饭池头祠堂(主支)　更饭池头祠堂是冠山赵氏信一大房梅安公(赵成含)祠,

房屋五间,朝西南。因 1960 年生产队建队屋拆除。

更饭池头祠堂(分支) 也叫白塔祠堂。更饭池头祠堂是冠山赵氏信一大房梅安公后代之赵兴诗一支之祠,房屋五间,朝西南。

叔序公祠堂 位于殿东回龙庙前靠东北荷花池边上,乃为冠山赵氏信一大房赵学舜设,建于民国二十五年(1936),房屋三间,朝东南。因 1960 年建村部(仓库)拆除。

信一公祠堂 位于荷花池靠东北边,房屋五间,朝东南。信一公祠堂原是豫轩坟庵,因信一大房赵嗣鉴(号豫轩)百年后葬在前山脚下,离坟庵只有二三十米,后来改为祠堂。按当时习俗,儿子的祠堂父亲可以用,所以称为信一公祠堂。1960 年拆除。

下新基祠堂 也叫廷一公祠。位于下新基。为冠山赵氏信一三房后代赵绍泳设。廷一公祠是赵克端、赵振刚为首建造的,房屋三间,朝东南。

梅安公祠 梅安公祠东与横山公祠相邻。赵一青(赵珠龙祖父)在此开过面店。

老园里祠堂 老园里祠堂是梅安公祠后代的分支所设,房屋五间,朝东南。土改后,分给赵一夫、赵一奎两家居住。建大寨屋时拆除。

成妥公祠 位于高田。

九份公祠堂 有横屋,鲍志豪在此开过医院。

三份公祠 与楼里公祠相邻,为赵雨、赵克原、赵克梅三家的。1949 年前赵克顺家住此。

第三节　牌坊、褒奖

一、牌坊

殿下村原有三座牌坊——百岁坊、双节坊和贞节坊。三座牌坊均用巨石制作。

百岁坊 位于殿下村坊里大。百岁坊建于明朝,具体年代不详,乃为赵崇湛而建。《嘉靖太平县志》卷二载:"百岁坊在殿下屿,为赵(崇)湛立。"赵崇湛,字彦白,号怡轩。相传赵崇湛一生没生过一次病,身体非常健壮,有两个儿子、七个孙子。长辈高寿且身体康健,子孙非常高兴,上报官府获得批复,为赵崇湛建造了一座百岁坊。百岁坊的巨石横梁上还雕有龙纹图样。百岁坊一直基本完好地保存到新中国成立后,1966 年被拆除。

双节坊　位于殿下村屿山（下新基）对岸，今小地名叫坊。双节坊可能建造于清朝康雍年间，距今约 300 年，乃为赵学焕（名焕然，字元吉，号六谦，邑庠生）妻蔡氏和儿赵绍枞（字柏朋）妻叶氏两人立。婆母是节孝，媳妇是节妇，故曰"双节坊"。1966 年后，双节坊被拆除，石坊被裁成若干石块，用来重修闸桥。据本村村民回忆，石坊上刻有很多字，但不知道具体内容。如果将来后人重新修建闸桥时能保护好石坊，就有可能研究其文字和图样内容了。

贞节坊　也叫节妇坊，位于筴箦滩头桥路廊西边，即现 110kV 变电站旁边。为赵氏信一大房十五世绍楷（号飞五，邑庠生）妻潘氏与子继煊（邑庠生）妻石氏立。现双凌旗杆里人。

二、褒奖

信一三房恩贡士文钦，号缓齐，督学吴公垣以海南儒范奖。缓齐侧室姜氏，邑侯徐公以共操孟训奖。

信一大房邑庠生文瑜，字汝彩，配谢氏，邑侯以书获遗徽奖。

信一大房文玠，号汉石，配蔡氏，教谕牟公以获影霜清奖。

信一大房学奎，字正千，配邵氏，督学以书获全贞奖。

信一三房邑庠生学濂，讳浩然，配程氏，邑侯李汝霖以柏节松龄奖。

信一大房邑庠生绍棱，号晓庵，邑今李汝霖以丘壑龙奖。

信一大房绍周，号积轩，配陈氏，邑今庆霖以节训可嘉奖。

信一三房监贡生继煻，号培亭，戚族以景山翘岳赠。

信一三房邑庠生兴块，号琢如，戚族以维祺介福赠。

信一大房儒士，号建标，配林氏，邑侯田杰以节烈可嘉奖。

信三大房学端，字叔端，配张氏，知府岳光以柏节兰馨奖。

信三大房国学生继根，号殿玉，配林氏，巡抚廖公以冰霜昭洁奖。

信一三房邑增生隆祚，号岻圃，族戚门生以品端学邃赠。

信一大房儒士克村，号瑞蘋，续配顾氏，族戚以孝慈仁爱赠。

信一大房监生振海，号骏峰，配鲍氏，门生以和顺积中赠。

信一三房邑庠生克备，号蓉卿，族戚以宁愚史直赠。

第四节　医疗服务

一、照洋乡联合诊所

1957 年 10 月，赵友梅等人组成照洋乡联合诊所，所址设殿下村。

1958 年 8 月，组建冠城乡卫生所，迁址殿下村境内的冠城中学西面教室。当时医务人员 4 名，其中医生 2 人，药剂、助产员各 1 人。1971 年 4 月，搬迁到桥里界址但紧靠冠城小学东面山脚，新建房屋 4 间。

二、村医

接生员　新中国成立后，殿下妇女生孩子，基本都是由村接生员罗领姐（村内以"彩照娘"呼之）接生。到了 20 世纪 60 年代大溪医院建成后，许多年轻妇女去医院生小孩，但年纪大一些的妇女还是在本村罗领姐的护理下生产。

赤脚医生　赤脚医生制度是乡镇医疗卫生服务体系的重要组成部分。1958—1966 年，村民赵守土担任殿下村赤脚医生。那时候村里没有保健室，到大溪街看病又很不方便，赵守土经常没日没夜地背着药箱到村民家为村民看病。

三、村诊所

保健室　1966 年 11 月，村建立保健室，设在两层楼村部楼下西头第一间。赵一和、孙美英为保健室赤脚医生。孙美英在县卫生局学习 6 个月后，于 1967 年 7 月 7 日同赵一和一起在村办保健室工作，1971 年 8 月 23 日出嫁海门（今椒江）。之后，村民赵梅兰（林大生妻）参加了保健室工作。1982 年，实施土地承包责任制后，赵一和将保健室搬到自己家里开办，村办保健室结束历史使命。

卫生服务站　2003 年，村建立卫生服务站，医务人员 4 名。

第五节　殡　葬

殿下村的殡葬制度改革与温岭市同步实施。温岭市规定，从 1999 年 7 月 1 日起全面实行遗体火化制度。就是老人去世后，先将遗体火化，用骨灰盒盛装骨灰，再入土安葬。以前,老人亡故后,一般是直接把遗体入殓棺木、砌坟、入土安葬。

1999 年 7 月 16 日,殿下村村民赵昌友(赵加文、赵加和父亲)去世,遗体火化。他是殿下村第一位遗体火化的村民,也是殿下村 1949—1999 年有文字记录的最长寿的男性村民,享年 93 岁。[①] 同年去世并火化的还有赵一富。赵昌友、赵一富两位获得政府的免费火化优待。

村镇公墓建立后,骨灰盒一般安葬于公墓。

殿下村公墓建于 1997 年,每对墓穴售价 4600 元。村公墓一般只出售给本村村民。2006 年后,也有少量出卖给他村村民。

---

① 此时期女性村民最长寿者为 1992 年去世的郑三妹(赵加俭娘),享年 95 岁;其次为 1991 年去世的罗四妹(林大法娘),享年 93 岁。

第八章 人 物

第一节 古代人物

殿下赵氏秉承祖宗"崇文重教,读书明理,敦本裕后"之遗训,自古及今,科第连绵,椒聊远条,兴旺发达。

一、入编《大溪镇志》者(3人)

入编《大溪镇志》的古代人物有3人,具体为:

赵宗钦　字汝恭,号缓斋。清康熙五十一年(1712)恩贡。精河洛之学,著有《洪范续稿》。

赵宗灏　字季梁,号素庵。清康熙年间(1662—1722)岁贡。选泰顺训导,未任卒。

赵学诏　字觉斯,号啸斋,宗灏子。清乾隆九年(1744)岁贡。选平阳训导,未任卒。

二、明朝

赵崇溥(1443—1508)　殿下人,字彦博,号检斋。邑庠生。

赵崇沼　殿下人,字彦聚,号双涧。邑庠生。

赵纯桂　殿下人,字俊夫。邑庠生。

赵纯杪　殿下人,字展夫,号梅岗。邑庠生。

赵大炕　殿下人,字世绩。邑庠生。

赵大沆　殿下人,字世到,号进山。邑庠生。

赵大受　殿下人,字世刊,号雁南。邑庠生。

赵大派　殿下人,字世涧,号鹭川。邑庠生。

赵大禀　殿下人,字世充,号松陵。邑庠生。

赵成迓　殿下人,字德衡,号晴岗。官把总。

赵成陇　殿下人,字德倍,号龙溪。省祭。

赵成文　殿下人,字德启,号少江。省祭。

赵成张　殿下人,字德洪,号芳溪。邑庠生。

赵成乐　殿下人,字德乐,号三溪。邑庠生。

赵成鱼　殿下人,字德跃,号禹门。邑庠生。

赵成邦　殿下人,字德经,号论所。邑庠生。

赵成美　殿下人,字德常,号华陵。廪膳生。

赵志华　殿下人,字邦美,号籔庵。邑庠生。

赵志及　殿下人,字邦守。邑庠生。

赵志三　殿下人,字邦畏。邑庠生。

赵志秋　殿下人,字邦抑,号用行。邑庠生。

赵志密　殿下人,字邦察,号灵涵。岁进士。

赵志骥　殿下人,字邦鸾,号闲兴。邑庠生。约生于万历年间,卒于顺治六年(1649)。

赵志尧　殿下人,字邦禅。邑庠生。

赵师良　殿下人,字润甫,号玉山。廪生。约生于万历年间,卒于康熙年间。

赵师正(1600—1660)　殿下人,字瞻甫,号梁溪。郡庠生。

赵师骏(1609—1694)　殿下人,字硕甫,号闲长。邑庠生。

赵师宾　殿下人,字嘉甫。邑庠生.

赵师碁　殿下人,字实甫,号际可。邑庠生。

赵师棣　殿下人,字棠甫。邑庠生。

赵师勋　殿下人,字尚甫。邑庠生。

赵师荣　殿下人,字华甫,号若木。邑庠生。

赵师佐　殿下人,字定甫,号国一。邑庠生。

三、清朝

赵文佩　祖籍殿下,号箬溪。官把总。

赵文瑜(1662—1702)　祖籍殿下,字汝彩。邑庠生。

赵文平　殿下人,字汝正,号九诚。邑庠生。

赵文璞　殿下人,字用之,号廷献。邑庠生。

赵文钦(1658—1718)　殿下人,字汝恭,号绥斋。恩贡生。

赵学惠　祖籍殿下,字叔恩,号良勤。官千总。

赵学岸　殿下人,字孟魁,号沉轩。岁贡。

赵学坚　祖籍殿下,字叔强,号立斋。邑庠生。

赵学壁　祖籍殿下,字叔城,号步闲。邑庠生。

赵学富　殿下人,字叔高,号毓京。邑庠生。

赵学载　殿下人,字叔庚,号敬扬。邑庠生。

赵学重　祖籍殿下,字叔凝。国学生。

赵学镰　祖籍殿下,字仲金。国学生。

赵学达　殿下人,字叔高,号亦谦。邑庠生。

赵学週　殿下人,字叔全,号龟屏。官把总。

赵学兴　殿下人,字叔锁,号寐野。邑庠生。

赵学任　殿下人,字叔能,号亦谦。邑庠生。

赵学焕　殿下人,字元吉,号六谦。邑庠生。

赵学滧(1713—1763)　殿下人,字元瀚,号可人。邑庠生。

赵学恬　殿下人,字振锡。邑庠生。

赵学玲　殿下人,字叔印,号积昌。邑庠生。

赵绍殷　殿下人,字士敏。邑庠生。

赵绍麟　殿下人,字麟生,号玉书。邑庠生。

赵绍楷(1702—1730)　祖籍殿下,字端本,号飞五。邑庠生。

赵绍楣　祖籍殿下,字维培,号德园。贡生。

赵绍棱(1702—1730)　祖籍殿下,字维芳,号晓庵。邑庠生。

赵绍㥧　祖籍殿下,字东谷,号汉章。国学生。

赵绍柱(1721—1774)　祖籍殿下,字仲石,号松云。邑庠生。

赵绍华　祖籍殿下,字天荣。官把总。

赵绍祥　殿下人,字麟生。邑庠生。

赵绍祖　殿下人,字留士。邑庠生。

赵绍丙　殿下人,字灿若,号飚轩。邑庠生。

赵绍洪　殿下人,字廷舜,号利涉。邑庠生。

赵绍樽(1750—1797)　殿下人,字廷茂,号静轩。国学生。

赵绍朴(1772—1826)　殿下人,字廷械,号再芃。廪膳生。

赵绍鲁　殿下人,字廷礼,号恂庵。登士郎。

赵绍载　殿下人,字元水,号翠峰。邑庠生。

赵绍浩　殿下人,字亨沛。邑庠生。

赵继杰　殿下人,字汉三。邑庠生。

赵继煊　祖籍殿下,字若蛟。国学生。

赵继煦　祖籍殿下,字融川。邑庠生。

赵继燕　祖籍殿下,字若济。乾隆四十四年(1779)武举人。

赵继炘　祖籍殿下,字丙阳。国学生。

赵继耀　祖籍殿下,字景荣。监贡生。

赵继焖　祖籍殿下,字景韶。右庠生。

赵继春　殿下人,字秀林。邑庠生。

赵继煓　殿下人,字匡君,号培亭。监贡生。

赵继潮　祖籍殿下,字允斌。右庠生。

赵继根　祖籍殿下,字玉殿。国学生。

赵兴垦(1742—1798)　殿下人,字永置,号云来。国学生。

赵兴桥(1742—1796)　殿下人,字永济,号幽泉。国学生。

赵兴诗(1743—1825)　殿下人,字毓性,号淑庵。登士郎。

赵兴操(1744—1808)　殿下人,字永幹,号逸身。恩贡生,嘉庆五年(1800)岁贡。

赵兴彩(1751—?)　祖籍殿下,字永显。武举人。

赵兴卓(1756—1805)　祖籍殿下,字及锋,号耐庵。邑庠生。

赵兴顽(1764—?)　殿下人,字毓化,号成斋。国学生。

赵兴铎(1765—1816)　祖籍殿下,字宜教,号菉亭。邑庠生。

赵兴源(1767—1826)　祖籍殿下,字永澜,号融川。乾隆五十九年(1794)武举人。

赵兴咸(1771—1846)　殿下人,字允熙,号兰台。邑庠生。

赵兴嗣(1772—1805)　祖籍殿下,字孔安,号乐庵。邑庠生。

赵兴旦(1781—?)　祖籍殿下,字永治。国学生。

赵兴墩(1782—1842)　殿下人,字永刚,号阜城。国学生。

赵兴俊(1782—?)　祖籍殿下,字孔盛。邑庠生。

赵兴桂(1786—1835)　殿下人,字永攀,号月屏。国学生。

赵兴统(1787—1853)　殿下人,字永霞,号丹城。国学生。

赵兴块(1802—1881)　殿下人,字永遂,号琢如。贡生。清同治年间重修回龙庙,清咸丰元年(1851)重修家谱。

赵兴坛(1805—1874)　殿下人,字永适,号彝亭。国学生。

赵兴文(1806—1855)　殿下人,字孔焰,号盟鸥。国学生。

赵兴云(1831—1900)　祖籍殿下,字腾芳,号雨亭。国学生。

赵兴商(1853—1916)　祖籍殿下,字绳武,号宾谷。国学生。

赵隆唻(1763—1811)　殿下人,字以燔,号慕闲。邑庠生。

赵隆怵(1766—1812)　殿下人,字以嘉,号简斋。邑庠生。

赵隆湛(1777—1835)　殿下人,字世道,号静山。国学生。

赵隆巆(1782—1819)　殿下人,字以时,号突泉。邑庠生。

赵隆煊(1793—1821)　殿下人,字剑标,号淬锋。儒士。

赵隆锦(1804—?)　殿下人,字佩章,号席珍。国学生。

赵隆培(1807—1863)　殿下人,字云翘,号雨亭。邑庠生。

赵隆绅(1809—1865)　殿下人,字剑华,号度堂。国学生。

赵隆参(1817—1879)　殿下人,字建阳,号黼堂。儒士。

赵隆铸(1824—1843)　殿下人,字炳陶,号心冶。儒士。

赵隆深(1838—1881)　祖籍殿下,号仁甫。从九品。

赵隆猷　祖籍殿下,号宜亭。儒士。

赵隆祚(1835—1890)　殿下人,字以绵,号甃圃,邑增生。清光绪十一年(1885)续修宗谱。

赵隆朋（1849—1915） 殿下人，字亦珏。国学生。

赵克璜（1798—?） 殿下人，字如滨，号云心。郡庠生。

赵克对（1825—?） 殿下人，字慎扬，号礼亭。国学生。

赵克沛 殿下人，字雨霖，号逸堂。儒士。

赵克勤（1831—?） 殿下人，字业精，号宣三。国学生。

赵克树（1839—?） 殿下人，字如屏，号瑞蕨。儒士。

赵克聪（1844—?） 殿下人，字如翰，号玲泉。监贡生。

赵克堃（1853—?） 殿下人，字德载，号子厚。邑庠生。

赵克备（1862—?） 殿下人，字如镜，号蓉卿。邑庠生。

赵克健（1866—?） 殿下人，字如乾，号愚溪。儒士。

赵振魏（1821—?） 殿下人，字有梁，号巨卿。国学生。

赵振海（1847—1888） 殿下人，字斯镜，号俊峰。国学生。

赵振烈（1850—?） 殿下人，字斯承，号惠生。国学生。

赵振来（1869—?） 殿下人，字斯燕，号宾秋。光禄寺署正。

赵振行（1869—?） 殿下人，字斯敏，号子云。国学生。

赵振鸿（1876—?） 殿下人，字斯勋，号宜士。国学生。

第二节 近现代人物

一、入编《大溪镇志》者（2 人）

入编《大溪镇志》的近现代人物有 2 人，具体为：

赵一鍼（1901—1954） 殿下人。又名赵鍼，号品祥。黄埔军校第六期毕业，曾任宁波防守司令部独立营营长，上校军衔。解放战争国民党失败后，旅居上海，卒于上海。

赵 沛（1914—2006） 殿下人。字恭沛，号晦叟。1936 年毕业于杭州师范学校。曾任民国三十四年（1945）温岭县第一届参议员。先后任教于潘郎小学、赵氏小学、德明中学、冠城中学、大溪中学、温岭县中等中小学及黄岩师范。任潘郎小学校长时，获当时民国温岭县政府表彰。曾任温岭县国民教育指导员、县政府督学。20 世纪 40 年代，与赵任、赵德吾、赵焕青等人发起创办冠山赵氏小学、德明中学，事迹载入《温岭县志》《大溪镇志》。著有《环稼轩诗文稿》。多个作品被选编入《中华吟薮》《华夏吟友》《中华当代律诗精选》等 20 余部大型诗集。中华诗词学会、浙江诗词学会、温岭市诗词家协会会员,方岩诗社顾问。晚年研习岐黄之术,坐诊药店,并应聘为潘郎中小学顾问、温岭县政协文史资料特约撰写员。1999 年个人传略入编中国专家人才库。2003 年获中华诗词联优秀成果奖(中华诗词学会、中国古代文学研究会、中国老年文化研究会联合评选)。1948 年参与编修《冠山赵氏宗谱》,1989 年负责董修 1991 年版《冠山赵氏宗谱》,1998 年应邀担任大溪王氏宗谱总编。

二、其他

赵一棣(1880—1952)　殿下人,字若云,号甫云。国学生。

赵一桂(1888—?)　殿下人,字琴侯,号子丛。毕业于浙江师范学校。

赵一陶(1893—?)　殿下人,号薰甫。儒士。毕业于杭州师范学校。

赵一謇(1889—?)　殿下人,字光发,号谔候。毕业于赤城法律政治学校。

赵一镕(1898—1962)　殿下人,字子行。就读于讲习所。

赵　馥(1914—1942)　殿下人,女,号兰芬,冠山第二小学校长。著名抗日人士。就读于临海台州六县联合女中,学业优秀,能文善诗,在全台州六县中学生演讲比赛中夺得冠军,名噪一时。女中毕业后考入省立杭州高等中学,不久转学到上海华东女中,后考入上海法学院。1937 年抗日战争全面爆发后,赵馥辍学在家。温岭县县长向大光组织抗日政治工作宣传队,延聘赵馥赴全县各地开展抗日宣传活动。后赵馥因父亲去世,母亲孤寡,妹妹体弱多病,遂回家休养料理家务。回家后,应赵任邀请担任冠山第二小学校长。赵馥的到任,对赵任的地下工作是一个有力支持。后来赵馥内伤病情加重,于 1942 年英年早逝,年仅 29 岁。

赵家新(?—1986)　殿下人。曾任浙江省教育厅副官。1953 年调到衢州税务局工作。1954 年回乡务农。

金志磋(?—1963)　塔岙人。时任德明中学校长金君艺的父亲,殿下村金海英的太公。民国时毕业于北京大学,曾出国留学。会中医,曾在大溪江大利药店坐堂开方。1949 年 10 月与儿子金君艺一起遭土匪掳掠至黄茅山,事详见于第六章第二节。

第三节　烈　士

李修凤　今乐清市大荆镇甸岭乡蔡家岭村人,中共党员。1949 年 2 月,受中共永乐黄边区区委委派来大溪协助陈文、谢照福工作。时任冠城乡人民政府乡长，活跃在大溪地区各村，曾在殿下戏台上教唱革命歌曲《朱大嫂收鸡蛋进了杜窑门》。

1949年7月18日夜，正值收割早稻期间，一支土匪队伍由叛徒带队，从双凌出发突袭李修凤常住的山后村落脚点，将李修凤从房间内骗出拘捕，押往念母洋方向。到达殿下高田池附近时，李修凤趁夜色掩护挣脱捆绑，跳入稻田逃跑，不幸被追赶上的土匪射中，中弹牺牲。

李修凤遇害后，烈士遗体被无名人士收葬于箕簸乌岩山脚下。后来，人民政府将烈士遗骸移葬雁荡山烈士墓。

《大溪镇志》载李修凤"在念母洋白箬桥"被土匪杀害。但据殿下村箕簸村民赵玉香（赵宝连父亲）回忆，李修凤烈士1949年牺牲在殿下高田池。赵玉香说在李修凤牺牲的第二天早上曾在高田池现场看到过烈士遗体。21世纪初，赵玉香与殿下村民赵守正相伴到现场指认烈士牺牲地。根据赵玉香指认、赵守正步量目测，李修凤的牺牲地点准确来说在离高田池东南20米左右、距白箬桥100米左右的稻田里。这里解放前为殿下村民赵一法（赵本连、赵本富父亲）家的私田，土改时及几轮土地承包责任制时都属殿下村民所有。赵玉香回忆说，李修凤是被土匪的子弹打中身亡，身上没有棍棒、枪托等敲打的痕迹。因此，本村志认为李修凤牺牲地应准确表述为"殿下高田池"。

第四节　当代人物

一、入编《大溪镇志》者（12人）

入编《大溪镇志》的当代人物有12人，具体为：

赵一勤（1924—?）　殿下人。1949年毕业于浙江大学电机系。高级工程师。1950年任浙江麻纺织厂技术员，1953年调上海第二毛纺厂设备动力科，1965年任科长。

赵一保（1936—?）　殿下人。1960年毕业于杭州大学。中学高级教师。任教于温岭城南中学、大溪中学（高中）等。

赵家明（1944—　）　殿下人。毕业于北京大学西方语文学系。大学教授。江苏南通市人大代表。

赵守富（1946—　）　殿下人。1967年10月加入中国共产党，已在党56年。南开大学专科毕业。江西省外贸局局长，江西（香港）旅游有限公司董事长兼总经理（正处级）。1963年8月应征入伍，1969年转业在南昌工厂、政府机关、商业单位供职。历任南昌市人民政府外事侨务办公室副主任等职。

赵　友（1947—　）　殿下人。中学高级教师。曾任温岭市三中副校长。

赵桂法（1950—　）　殿下人。1969年7月加入中国共产党，已在党54年。本科毕业于华东师范大学经济管理专业。1968年2月应征入伍，服役于海军登陆舰第五支队，历任通信员、卫生员、军医、舰副政委、政委、大队政委、党委书记等职。1988年授予海军上校军衔。1991年9月转业，历任建设银行上海市杨浦支行副行长，上海市分行安全保卫部总经理、企业文化部总经理，市分行党委宣传部部长，机关党委常务副书记等职。

林增明（1953—　）　1953年生，殿下人。1973年12月加入中国共产党，已在党50年。副教授。本科毕业于浙江师范大学政治教育专业。曾任台州职业技术学院党委副书记、纪委书记。历任殿下村团支部书记，大溪中学团委书记、校党支部委员，温岭师范学校秘书（副科级），台州地区教育委员会办公室干部，台州广播电视大学教学处副主任、主任，校党总支委员、副校长，黄岩师范学校党总支书记、校长，台州市社科联副主席（兼），台州市党史研究会副会长（兼）。中共台州市第二次代表大会代表。浙江省和台州市政府、纪委聘任的政风行风监督员，台州市委党的群众路线教育实践活动第16督导组组长。出版著作4部。荣获浙江省社科联"优秀学会工作者"，3次获台州市人民政府"优秀教育工作者"称号。

赵彦淳（1961—　）　1961生，殿下人。毕业于复旦大学，应用数学博士，数学博士后，高级工程师。1988年学校派遣美国留学，1989年转派加拿大。现居加拿大。

赵小敏（1963—　）　殿下人。中共党员，会计师。本科毕业于浙江大学行政管理专业，研究生毕业于中央党校。现任浙江省工商业联合会党组成员、副主席，浙江省商会副会长，浙江省工商业联合会一级巡视员（正厅级）。历任省委统战部办公室副主任科员、主任科员，浙江省政府5号楼行政管理处副处长，东阳市政府副市长，中共浙江省委统战部经济处副处长，浙江省工商业联合会办公室主任、秘书长。政协第十届、十二届浙江省委员会委员，政协第十二届浙江省委员会副秘书长。兼任浙江省光彩事业促进会副会长。

赵凌云（1965— ） 殿下人。中学高级教师,台州市教育局教科院院长,台州市和浙江省人民政府督学。

赵明友（1967— ） 殿下人。中共党员,经济师。1987 年 7 月毕业于浙江农业大学农业教育与技术推广专业,在职研究生学历。现任台州市六届人大常委会委员、社会建设工作委员会主任,台州市六届人大社会建设委员会主任委员。历任台州地区农经委、农业局干部;台州市农经委、农业局人教科副科长,人教处处长;台州市农业局科教与农产品质量指导处处长;台州市委、市政府农村工作办公室副主任;台州市五届人大常委会委员,台州市五届人大农业与农村工委副主任、农业与农村委员会副主任委员、社会建设工作委员会主任、社会建设委员会主任委员。

赵　敏（1968— ） 殿下人。中共党员,本科毕业于浙江水产学院海水养殖专业。现任台州市民政局党组成员、副局长,二级调研员。历任温岭县城南区江湾乡团委书记,城南区文书,大闾镇团委副书记,石塘镇党委委员、纪委书记,箬山镇党委副书记,松门镇党委副书记,坞环镇党委书记、人大主席,箬横镇党委副书记、镇长、党委书记,泽国镇党委书记（明确副县长级）,温岭市委常委,温岭市委常委、统战部部长（兼任大溪镇党委书记）。2020 年度民营经济高质量发展强市建设（复工复产）先进个人。

二、各界人物名录

鲍启法（1930— ） 殿下人。1952 年加入中国共产党,已在党 71 年。1950 年参加工作,历任大溪区殿洋乡副乡长、潘郎乡乡长、下陈营营长、潘郎管理区副主任、部渎管理区副主任、部渎人民公社革命委员会副主任、部渎人民公社党委副书记、照洋人民公社革命委员会副主任、照洋人民公社党委副书记。

赵顺茂（1934— ） 殿下人。1972 年 1 月加入中国共产党,已在党 51 年。甘肃省一级劳模。1948 年 3 月在上海一饭店工作,1954 年 10 月后相继在国营第三纺织机械厂、北京水文局九〇四队、地质部水文局酒泉水文队、甘肃省地质六队当钳工。1958 年 6 月荣获甘肃省一级劳模。

林大生（1942— ） 殿下人。1966 年 8 月加入中国共产党,已在党 57 年。1962 年 6 月入伍,1970 年 1 月退役转地方工作。历任台州汽车运输公司大修厂装配车间主任、大修厂治保委员会主任,临海运输公司下属劳务公司路桥公铁联运站站长,温岭市汽车运输总公司泽国汽车站党支部书记、站长,温岭汽车客运分站站长。

赵晔民（1945—　）　殿下人。曾用名赵一堂。1974年2月加入中国共产党,已在党49年。本科毕业于浙江师范大学中文系。曾任中共太湖乡第六届、第七届委员会副书记。历任温岭县城北区岩下公社文书、宣传委员,城北区委秘书,大溪区委秘书。1992年5月撤区并乡建镇后任中共大溪镇第五届、第六届委员会委员,温岭市政协第十届委员会委员兼大溪政协联络组组长。中共温岭市第十二次代表大会代表。退休后任大溪镇离退休干部党支部书记兼学习组组长。

赵家法（1949—　）　殿下人。字有定。1971年3月加入中国共产党,已在党52年。曾任嘉兴市财税局副局长。1968年3月应征入伍,1973年提干担任排级干部,历任浙江省武警总队后勤部营房处连级助理员、嘉兴武警支队后勤处营级干部。1988年转业到嘉兴市秀洲区财政税务分局任办公室主任,历任秀洲区财政信用公司经理、秀洲区收费中心主任。

赵贤正（1950—　）　殿下人。1974年8月加入中国共产党,已在党49年。毕业于中国人民解放军高级后勤学校。1972年应征入伍,1975年提干正排级,历任副连级、正连级、副营级、正营级。曾荣获三等功一次。1988年转业温岭市工商行政管理局工商局主任科员。

赵云初（1955—　）　殿下人。中共党员。曾任新建乡副乡长。

朱为人（1957—　）　殿下人。中学高级教师。毕业于浙江农业大学宁波分校。先后任部溪中学、温西中学教师,教授初、高中生物、劳动技术等课程。

赵湘娥（1958—　）　殿下人。又名赵香娥,女。中共党员,副主任医师。1977年恢复高考第一年考入台州卫生学校,1980年7月参加工作,先后在三门县珠岙区卫生院、大溪中心卫生院等地工作,曾任大溪中心卫生院副院长。2000年被评为温岭市卫生系统"优秀医生",2008年晋升大内科副主任医师,2012年被评为"人民满意医生"。

赵慧英（1959—　）　殿下人。女。椒江区人民小学教师,大专学历,中学高级教师。曾任温岭市、椒江区教研大组成员30多年,任校教科室主任10多年。多次被评为椒江区优秀教师、优秀班主任、优秀辅导员;椒江区首届青年科技新秀,并获区奖励基金二等奖;多篇论文和课题获省级以上一等奖、二等奖;因所辅导学生多次在全国、全省读书活动中成绩优异而获教师辅导特等奖,多次辅导学生参加椒江区、台州市听写大赛,并获得第一名的优异成绩。编写了一套校本教材《中华国学经典诵读》。

赵贤来（1961—　）　殿下人。中共党员。大专学历,毕业于浙江大学企业管理专业。曾任温岭市食品有限公司董事长兼总经理、党支部书记,政协第十二、十三届温岭市委员会委员,台州市肉食行业协会第三、四、五届会长,浙江省肉类协会第三、四、五届副会长。历任殿下村团支部书记,冠城公社团委副书记、冠城公社电影放映员,大溪粮油厂厂长、党支部书记,大溪粮管所所长,大溪粮食公司经理、党支部书记,大溪粮食收储公司经理、党支部书记,温岭市食品总公司副总经理、党支部书记。先后荣获温岭县人民政府表彰先进生产者、台州市第九届优秀企业家、温岭市优秀共产党员、浙江省肉协会优秀企业家等荣誉。

赵巧云(1967—) 女。浙江医科大学毕业,主任医师。温岭第三人民医院医生。

赵 锐(1974—) 殿下人。中共党员。大学本科学历,团级干部。曾应征入伍服役于南京军区,后历任温岭市人民武装部参谋、干事、政工科科长、后勤科科长,台州军分区有偿服务办公室主任、舟山市普陀区人民武装部副部长兼军事科科长、杭州梅林湾农场场长。2017年转业浙江省工商行政管理局副处级干部。

习冬发(1973—) 江西新余人(殿下人林照富赘婿)。中共党员,中学高级教师,本科学历,毕业于宁波大学数学与应用数学专业。现为温岭市大溪镇第四中学教师、党务处主任,曾获温岭市骨干教师、温岭市先进教育工作者等荣誉。

赵 阳(1979—) 殿下人。中共党员。本科学历,毕业于中央广播电视大学。高级工程师。现任台州华润燃气有限公司安全技术部经理。历任台州燃气总公司管网所所长,台州中燃城市燃气发展有限公司运行部经理、工程部经理,台州燃气有限公司总经理助理。

赵明星(1982—) 殿下人。中共党员。本科毕业于浙江理工大学信息电子学院电子信息工程专业,研究生毕业于浙江省委党校宪法与行政法专业。现任台州市商务局粮食与物资调控处处长。历任温岭联通公司职员,温岭市人民法院审判事务保障中心工作人员,天台县人民法院干部、办公室副主任、助理审判员,天台县纪委教育室副主任,台州市商务局办公室科员、副主任科员、办公室副主任、主任,曾挂职上海市商务委进博协调处处长助理(半年)。

叶一颖(1984—) 殿下人。女。中共党员。本科毕业于四川大学法学专业,硕士毕业于四川大学经济法专业。现任路桥区委常委、统战部部长,台州市政协委员。历任温岭市渡口管理办公室科员,台州市社会管理指导中心(法学会秘书处)科员、副主任(副处长)、主任,台州市社会治安综合治理中心(台州市基层治理四平台信息中心)主任。2017年6月至2018年6月曾挂职台州市基础设施建设投资集团有限公司,任政策处理部副经理。

赵寒昕(1988—　)　殿下人。女。医学博士。副主任医师。浙江大学竺可桢学院巴德年班临床医学博士毕业,现就职于浙江大学附属邵逸夫医院内分泌科。

郑　敏(1982—　)　殿下人。中共党员。本科毕业于杭州电子科技大学,硕士毕业于浙江大学。台州市公安局科技信息化局局长。历任台州市公安局网安支队副支队长等。

赵黛雅(1984—　)　殿下人。女。公安部处级干部。

赵　兴(1984—　)　殿下人。中共党员。本科学历,毕业于浙江工业大学环境工程专业。台州市人力资源和社会保障局三级主任科员。历任温岭市环境监察大队大溪中队环境执法队员、大溪镇人民政府大学生村官(驻良山村)、天台县坦头镇人民政府组织干事、天台县人民政府办公室秘书。

第五节　增　录

赵一团(1910—1976)　殿下人。中共党员。解放战争时期加入中国人民解放军,参加过淮海战役、解放华中南战役、抗美援朝战争,分别获得淮海战役纪念章、解放华中南纪念章、抗美援朝纪念章各一枚。入伍期间加入中国共产党。1953年3月退伍回乡务农,成为殿下村第一位中共党员,也是殿洋乡三名共产党员之一。

赵一盼(1925—2004)　殿下人,1956年3月在殿洋乡加入中国共产党,是殿下村最早一批共产党员之一,党龄48年。1949年组织建立殿下民兵组织并任负责人。组织建立殿下村党支部并任第一任党支部书记。1960年,受上级组织委派到桥外改造"落后队"。历任村民兵连长、村(大队)党支部书记、村长(大队长)。

赵春法(1933—2022)　殿下人。1956年10月加入中国共产党,是殿下村最早一批共产党员之一,党龄66年。1950年组织建立殿下村青年团组织并任第一任团支部书记(1950—1955),1954年组织建立赵春法互助组并任组长,1955年初创建殿下农业生产合作社(初级社)并任社长,1955年下半年组建照洋乡醒农农业生产合作社(高级社)并任社长。历任殿下村民兵负责人,照洋乡农具厂厂长,殿下村(大队)村长(大队长)、党支部书记,冠城公社党委委员,冠城公社党委委员兼社办厂长,冠城乡党委副书记(任职期间兼任公社工程队队长),大溪区办针织厂厂长,冠城乡农办主任。

赵有恩(1935—　)　殿下人。冠城德明中学毕业,任殿下村(大队)会计和文书

53年。先后获温岭县农委一级会计证书、温岭县政府农民会计师证书、温岭县财税局会计证书(考试取得)。1955年高级社成立后出任助理会计,1956年兼任文书,1957年7月5日,正式担任殿下大队(村)会计兼文书。1997年年底,由于镇成立村级会计代理中心,即村账镇管,村级会计1998年起全面取消,不再担任村会计,但继续担任村文书至2008年。2009年后,因年事已高,不再担任村文书。赵有恩完整记录了半个世纪里殿下村民家庭户口变化情况、村财务发票、购买和分配物资情况,村务工作等,年年齐全,全部保存在村办公大楼,成为殿下村的宝贵文化财富。

赵一浩(1930—1970) 又名赵济法,即赵友岳父亲。1948年毕业于德明中学。毕业后由中共地下党员赵任介绍去浙东四明山参加共产党领导的"三五支队",并担任指导员职务。后因祖母年高,为家庭所迫,离队回家侍奉祖母。解放后从事教育工作,任岩前乡小学校长。在1959—1961年响应国家号召回家务农。

李振法(1932—2014) 又名李五妹,即李贤富父亲。出身雇农家庭,上无盖顶片瓦,下无歇脚寸土,借地盖茅草屋一间,全靠卖白糖日出夜归谋生度日。1950年8月,大溪区中队建立,有3个班40余人。指导员韩玉山介绍李振法参加工作,担任大溪区中队与温岭县中队(在温岭城关)之间的联络员。1951年3月,区中队撤销,2个班编入台州军分区独立第一营,留下的一个班改称大溪区通信班。1952年通信班解散,李振法回家务农。

童振财(1912—2014) 殿下人,住笑箪毛竹下。享年103岁。妻张三妹(1926—2002)享年77岁。二人于1949年结婚,共同生活53年,育两子玉定、玉林,以及一女美云。童振财生性平和,极少与人红脸,即使家庭经济捉襟见肘之时,也很是乐观。他有时会乘人不备,做些善意的玩笑事,引来一片笑声,为此人们给他起了个绰号"山王",意为乐呵善意的"山王菩萨",并以之当作名字来叫。他也乐意接受,久而久之,笑箪人也就忘记了他叫什么名字,老老少少都叫他"山王"了,但妇女们当面会客气地叫他"玉定爸"。他有一手好厨艺,烧得一手好菜,故赵一保在城南中学教书时,把他请去做学校厨师,一直做到退休。他的日常饮食很是平常,很少喝酒,由于家庭经济并不宽裕,也无大鱼大肉。他无特殊嗜好,但每天都会去村老人会转转。他不识字,但脑袋很聪明,处理事情从不含糊。他的身体很硬朗,脚手康健,很少生病,眼睛雪亮,一百多岁时看身份证上的小字都不用戴老花镜。

金宽业(1932—2020) 殿下人。高中学历,小学教师。19岁高中毕业后去温岭县文教局报名当教师,被分配到了新河南鉴小学任教;1952年到城南大昌小学任教

（当时是没有工资的）。后调松门松南小学、石塘粗沙头小学任教，深受学生和渔民家长的喜爱。1962 年回大溪任教，先在中峇张小学，下半年起在冠城小学任教。1977 年先后在陶家埠小学任校长，以及在许家渭小学、潘郎小学、照洋小学任教师。

赵南中（1934—2022）　殿下人。1970 年 7 月加入中国共产党，在党 52 年。1954 年 4 月参加工作，曾任大溪供销社主任兼副书记。1955 年入伍，1959 年退伍。

赵玉彩（1948—　）　殿下人。女。民进党成员。小学高级教师。毕业于台州师范学校。曾任温岭县大溪小学、椒江区人民小学教师。台州市小学语文研究会会员。

赵荷香（1950—　）　殿下人。女。小学高级教师。中专毕业。任冠城小学教师。

郑平平（1954—　）　殿下人。中共党员，小学高级教师。毕业于温岭师范学校。曾任小溪小学校长，历任冠城小学、小溪小学教师。

第六节　集体荣誉

新中国成立后，殿下村在长期的发展中，由于各方面工作出色，受到了党和政府的多次嘉奖。但锦旗、奖状、荣誉证书等由于没有得到规范保管，一部分已经损坏或散失，现将幸存的部分记录整理，详见表 8-1。

表 8-1　殿下村集体荣誉榜（部分）

授奖时间	表彰对象	表彰内容	形式	授奖单位
1978 年 8 月	冠城公社田下大队	早稻亩产超纲要、高速度发展农业	奖状	中共温岭县委员会、温岭县革命委员会
1980 年 6 月	冠城田下大队	种植蘑菇、平衡高产	奖状	大溪区公所
1986 年 2 月	冠城乡田下村委会	一九八五年度先进集体	奖状	中共温岭县委、温岭县人民政府
1987 年 1 月	殿下村	一九八六年度粮食产量第一名	奖状	大溪镇政府
1988 年 2 月	殿下村	一九八七年度先进党支部	奖状	大溪镇党委
1989 年 2 月	殿下村	一九八八年度先进集体	奖状	中共大溪区委、大溪区公所
1990 年 2 月	殿下村党支部	一九八九年度先进党支部	奖状	中共大溪区委、大溪区公所
1991 年 1 月	殿下村	1990 年度治保先进集体	奖状	温岭县人民政府

续表

授奖时间	表彰对象	表彰内容	形式	授奖单位
1991 年 2 月	冠城乡殿下村	党的工作达到地委提出的《达标纲要》要求	达标证书	中共温岭县委、温岭县人民政府
1991 年 3 月	殿下村党支部	一九九〇年度先进党支部	奖状	中共大溪区委、大溪区公所
1991 年 12 月	冠城乡代表队表演的殿下莲花《喜看殿下好风光》	大溪区"社教"文艺调演特等奖	奖状	中共大溪区委、大溪区公所
1992 年 1 月	殿下村党支部	一九九一年度先进党支部	奖状	大溪镇党委
1992 年 5 月	殿下村	具有农村合作经济承包合同与财务管理一、二级规范村	等级证书	温岭县农经委*
1993 年 7 月	殿下村	达到《台州地区社会主义新农村建设纲要》规定的三级标准	证书	中共温岭县委、温岭县人民政府
1995 年 2 月	殿下村	一九九四年度工业十强村	锦旗	中共大溪镇委员会、大溪镇人民政府
1995 年 4 月	殿下村	达到《台州市社会主义新农村建设纲要》规定的三级村标准	证书	中共温岭市委、温岭市人民政府
1996 年	殿下村	工业强村 C 类	锦旗	大溪镇党委、政府
1997 年 2 月	殿下村	一九九七年度工业十强村	锦旗	大溪镇党委、政府
1999 年 3 月	殿下村	一九九八年度工业强村 C 类	锦旗	中共大溪镇委员会、大溪镇人民政府殿下村
2000 年 3 月	殿下村	一九九九年度工业强村（C 类）	奖状	中共大溪镇委员会、大溪镇人民政府
2001 年 4 月	殿下村	温岭市村民自治示范村	奖牌	温岭市人民政府
2004 年 2 月	殿下村党支部	二〇〇三年度先进基层党组织	奖牌	中共大溪镇委员会
2004 年 2 月	殿下村	二〇〇三年度社会治安综合治理先进集体	奖牌	中共大溪镇委员会、大溪镇人民政府
2005 年 3 月	殿下村	二〇〇四年度社会治安综合治理先进集体	奖牌	中共大溪镇委员会、大溪镇人民政府
2007 年 3 月	殿下村	二〇〇六年度社会治安综合治理先进集体	奖牌	中共大溪镇委员会、大溪镇人民政府
2008 年 2 月	殿下村党支部	二〇〇七年度先进基层党组织	奖牌	中共大溪镇委员会
2014 年 6 月		武装工作先进集体奖牌		中共大溪镇委员会
2016 年 7 月	殿下村党支部	二〇一五年度先进基层党组织	奖牌	中共大溪镇委员会

*验收时间：1992 年 3 月 25 日。发文号：温农经〔1992〕13 号。证书号：42045。

第九章　杂　志

第一节　赵氏先人录

一、赵氏始祖选录

赵德明（1301—1379）　冠山赵氏始迁祖赵德明,名明祖,字德明（以字称）,号东庵,为永翁长子,洪洋赵氏第十五世孙,明封朝奉大夫。赵德明生于元大德五年（1301,辛丑）七月七日未时,卒于明洪武十二年（1379,己未）四月十一日未时,享年79岁。

赵德明天然风姿严肃庄重,言谈举止仪态稳重,读书务求广博明大义,不随便与人交往,碰到轻佻不庄重、狡诈奸邪之徒,则迅速规避,唯恐坏人从后跟踪而至,一生为人小心谨慎。家境虽然富裕,但生活俭朴,教育子孙很是严格,绝不许他们沾染一点骄奢淫逸的恶习。当看到别人困于患难之中,或有人因贫困而生活难以自立之时,则慷慨解囊救助之。及至元末黄岩洪洋方国珍起兵反元,元朝官军击败方国珍,杨万户火烧洪洋民庐,德明于此乱世中,举家避居洪洋赵氏祖墓之东庵（今桥里）。赵氏族人及其他豪族子弟都在战乱中或死或伤,四处逃散,洪洋赵氏子孙由此凋零殆尽,仅存冠山一叶。

洪洋赵氏宗谱,因德明在战乱中仓皇避乱时携带不全,余者毁于战火。迨明朝平定天下,百姓安居乐业之后,德明乃着手整理先祖遗文书籍,补充宗谱残缺。又延请故乡洪洋儒士为师,来家讲习学问。与洪洋儒士郭德茂、朱伯言、郭元亮交往甚密,互相往来。

79 岁那年,患蛊胀病①发作,叫子孙拿纸笔来写道:"治家不富不贫,守己无辱无荣,先世咸考终命,后人永保贞吉。"意为治家不富不贫,生活过得去就可以了;做人不追求荣华富贵,但也不可生活于耻辱之中;先世列祖列宗都是寿终正寝而去,后人应当永远保持这一纯正美好的传统。他招聚亲友话别,有条不紊,清醒不乱,然后安详地睡去而辞世,享年 79 岁,葬于居室东面,父亲永翁墓旁(今桥里后墙坟)。

赵处良(1192—1271) 冠山赵氏始迁祖赵德明之曾祖赵处良,又名亥,字遂卿,号西村,仕滕州守,进阶武翼大夫。赵处良生于南宋光宗绍熙三年(1192,壬子)三月二十八日,卒于度宗咸醇七年(1271,辛未)三月二十四日,享年 80 岁。赵处良祖上赵仁晖为银青光禄大夫,仕后周,居越之蛟井,寻避寇徙台州黄岩洪洋(今路桥)。

赵处良从小学习勤奋,志向远大。20 岁时他与兄长赵处温一起,背着书箱,远道去永嘉县,从学于后来当了枢密院高官的林略。当他把入学作文送上后,先生林略击节叹赏,交予大家传阅朗诵,为人称羡。他于林略门下寒窗苦读,博通经史,熟读兵法等诸书。迨郡里选拔学生,以备京试,主考官陈垓特以难题考学生,成绩出榜,赵处良名列第一,自是声名鹊起。嘉定十六年(1223),以郡生资格入京参加了右科武学考试得中。宋理宗宝庆二年(1226),召试奏名御殿第三名(探花),赐进士及第,授保义郎,任命为殿前司同副将,开始军旅生涯。

理宗端平初年,林略任国子监司业,与著作郎陈耆卿、侍制黄宜负责三试浙漕进士,赵处良成绩优异,受到举荐,称其文韬武略,样样兼备。端平元年(1234),亦是南宋联合蒙古灭金之年,任建康府都统制司计议官(参谋),从都统制(总司令)王鉴策应淮右(皖北)前线,参与运筹谋划,与金作战,宋军大获全胜。都统制王鉴特意在举荐他的奏章中,说他从右科武举中高选得中,又经三次漕试中脱颖而出,才华谋略超群,其才能足以管理地方民众或统御军队,欲举任为光州总领,官员蔡范也极力举荐。赵处良却以侍奉 70 岁老母(太淑人)为由辞任。嘉熙元年(1237),朝廷任命其为两浙东路兵马副都监,率军驻扎温州。时军队军饷由地方供应,而温州郡里克扣军饷,以致军心动摇,几近哗变。他连夜赴郡中,请求足额发放军饷,并紧急出榜告谕全军,军心

---

① 寄生虫如血吸虫等引起膨胀称"蛊胀",腹部胀满,肋下有痞块,腹水增加,面色苍白或发黄发黑,人瘦而无力,食少。

方才安定。此时,海寇桑十三在海上猖獗作乱,官府剿捕不获。上司徐鹿卿奏请得旨以征讨,移师永嘉,委派他率军督捕。他集合各寨兵众,并得定海将军宋锐部配合,剿寇全胜,缴盐 25 船。徐鹿卿兼管军需仓库,派人送信命盘点,盘得盐 80 余万斤,申报朝廷,得赏钱数万贯。宋锐转分赏钱给大小官员,他推辞赏钱不受。徐鹿卿更是器重,以之为贤才,极力向朝廷举荐,郡守吴泳、赵汝腾也尽力举荐,皆曰他儒雅而廉洁,勤政而谨慎,为国之良才。

理宗淳祐四年(1244),朝廷任命转任文职,为滕州知州,他又以母亲年老为由推辞,难以成行。杜范(黄岩人)时在朝中为宰相,屡次写信劝他赴任,并说:"你以大有用之才华,却以引退不做官的方式处之;你有应当可得的官位,却以不与人竞争的心态平静对待;以你之才,可任一郡之守,使一方受惠。而很多来朝廷跑官要官的人,不知为谁享受尊荣?你的赴任要等到哪一天?"宰相杜范爱才之意,可见一斑。这年,他的母亲去世,他在家守孝。至淳祐六年(1246),服丧期满,朝廷命他为贺州知州,辞任;又任德庆府知府,亦辞任。理宗淳祐八年(1248),朝廷任命他为贵州知州的任命下达,坚辞,而屡屡请求主差管台州崇道观。度宗咸醇七年(1271)三月二十四日,卒于家中,阶至武翼大夫,享上寿 80 岁。

处良配同乡洪氏为妻(封淑人),为洪洋豪族洪氏之女,其家以田 50 亩为妆奁。洪氏无后,松坞(处良之父)以季子处俭出继为洪氏后嗣。此后洪赵实为一家,故为后人互不通婚之由。

处良天资聪颖,学问博古通今。性格端庄凝重,很注重道德修养,而视官爵富贵,轻如浮云,因此甘愿隐退山林而不与人争官求贵。有进身之机会而不用,高官显爵来到眼前而不取,这些世人都乐于争取的,他却不当回事。至于四授知州,无一领受,原因即在于此。看待道义情分与廉洁自好,犹比泰山之重,所以处世不随波逐流。主管崇道观十年,哪怕芝麻大的私人家事,也不许参与其中。后来各州合力出资给崇道观,有太守来审查款项,欲将此款交予他,他始终不与其见面。为此,有老朋友责怪他不通人情,并派人来劝告。他以理说明,来人也知他不可能屈从。他生平做人做事很讲原则,所以他的亲戚、家中族人,以及奴婢佣人,无不怕他,往往相互告诫,不敢胡作非为。有做了好事的,他称赞之,做了坏事的怕他知道,也赶紧改正。其严肃的态度与言辞,足以使坏人坏事远离。退休闲居在家,他做了不少好事,其中最显耀的是,与兄长处温(月溪翁)办义田庄,为地方典型。处良进士及第后,家庭显贵,按朝廷法令可免劳役。处良、处温一家充作义役的田退回来了。处良与兄长商议将义役田保留下来,用义役田的每年田租60缗钱(一缗一千文),购置田产。经20年累积,购田200亩,在自家屋基立义庄,负担本乡全部劳役费用,同时还抚幼恤孤,资助乡里贫困者的丧葬嫁娶费用,为乡人称颂。后又经十余年再置田100亩,总计义田300亩。在义田庄创"靖和堂"。儒士郑大惠有诗曰:"月计簿书在两庑,岁储金谷列六仓。"义田庄规模井然有序,王华甫(后任兵部侍郎)来任县令,给义庄以大力支持,规模倍增,比以前更充裕更完备,规定缜密,没有弊端,成为准则,为义役典范。王县令为此给"靖和堂"写揭记,以示表彰。

季弟处俭出继洪氏后,其时洪氏家业已衰败。他与兄长商量说:"弟虽改姓洪,但还是我们的手足啊!怎能忍心看其衰落?"于是拿出50亩田资助弟弟。当初妻娘家洪氏,本很富有,后来家业衰败,且没了继承的后人。他从赵氏家族中选择贤惠者为后嗣,并将其带回家中,与自己的儿子应桂一同教育培养,后又拿出自家田产30亩,资助其成家立业。此人就是后来为他写墓志铭事纪的洪荐。洪荐官至御史,妻封宜人。洪荐成婚时,叔洪处俭以田20亩为其妻嫁妆,后来洪荐做了官,叔家业衰落,洪荐又将田归还叔家。(妻娘家洪氏与处俭入继之洪氏,各为一家,但同族。)

他晚年收起做官的志趣、意愿,甘退山林,游山玩水于云涛烟濑之间。距住处百余步,辟地一块,建"西村书屋"。聘名师教孙读书,自己则陶情于诗文之中。尤其透彻领悟佛法经典,对佛教经典之要旨,深入佛法之中解释、阐述,常常口中朗诵而心中思考,不觉疲倦。每日早上起来,焚起香炉,对空鸣钟击磬,拜谒祠堂,口诵《黄庭经》《圆觉经》。一吃过早饭,则扶杖而出,招聚宾客子弟,谈古论今。隐退闲居后,平常独处时,随意抽取书架之书翻阅,倦怠了则平静而息。喜欢晚上独坐于孤灯半蕊之下,如同修行人,对玄理的领会,似心有所得,故能对生死已无所叹息。死的那天,无病静息,躺在床上,微有鼾睡声。儿子应桂入室侍候,他张开眼看着儿子,挥挥手说:"出去,出去,我要走了。"与蜕化①无异。人们都说他有颖悟悬解之功②。在死前数月,他对儿子应桂说:"方岩乡的古谭家山,山面朝石佛峰,可以为殡葬之地,我死后,何不埋葬在那里?"死后,卜得吉日,应桂遵遗命于当年十一月庚寅日将他的灵柩运抵该处之山脚下埋葬。

赵宗本(1330—1389) 冠山赵氏二世祖赵宗本,赵德明长子,字用中,号艮斋。生于元天历三年(1330),殁于明洪武二十二年(1389),明列封朝奉大夫。性格温顺,

---

① 道教指解脱成仙。
② 佛教称摆脱苦海,得到解救而解脱之功。

对长辈父母恭敬孝顺,对兄弟和睦友爱,父亲晚年患蛊胀病,卧病在床,他亲自服侍,面无难色。20 岁成年后,勤俭能干,也善于和人交往,遇到品行比自己好的人,则诚心与之交友,遇到贫困潦倒的人,他也毫不吝啬,予以帮助。壮年自立后,待人更加宽厚。喜欢应酬然不爱喝酒,喜欢吟诗咏文然实不擅长写诗作文。好读圣贤书,与弟宗颖创立读书屋,名曰"思无邪轩"。60 岁那年,因孙辈婚姻纠纷,被地方无赖诬陷,抓去坐牢,抵达杭州,染疟疾身亡。

赵　潭(1354—1392)　冠山赵氏三世祖赵潭,庙行祥一,又称祥一,讳潭,字浚清,别号雪窝儒士,二世祖宗本独子。生于元至正十四年(1354)十月,卒于明太祖洪武二十五年(1392)五月九日,享年仅 39 岁。

赵潭为人有志向,有气概,与人谈论辩驳,谈笑风生,极风趣生动。又为人清高孤傲,其性格很难与世人相融合。其父惨遭横祸而死,他为此整天闷闷不乐。为了洗清冤情,他不惜拼尽家资性命,历时三年,三赴杭城向官府申诉,终使父亲平反昭雪,诬告之人抵罪(诬告者以同罪受罚)。而他历尽艰险,终致积劳成疾,病倒客栈,一病不起,年纪轻轻亡故他乡。赵潭有子三人:赵岩、赵岑、赵峤。次子赵岑在他病倒客栈之时,前来悉心侍奉,喂汤喂药,及其殁后不久即哀伤而殇,年仅 17 岁。父子皆以孝闻名地方,却不得永年而终,地方乡人无不为之哀叹惋惜。赵潭墓葬在灵鼠山,即其所居之北陇,今名老鼠嘴,距今赵大佑纪念馆大门前约 200 米。

赵　岩(1373—1436)　冠山赵氏东房祖赵岩,字维石,号耕趣。生于明太祖洪武六年(1373)十一月十四日,卒于明英宗正统元年(1436)二月十九日,享年 64 岁。因冠山赵氏庞大的产业,自始祖德明至宗本,再至赵潭,再传至赵岩、赵峤兄弟,后来兄弟俩自立门户,赵岩分产业于冠山之东,为东房,故称赵岩为东房祖,而赵峤分冠山产业于冠山之西,故称赵峤为西房祖。冠山八保赵氏除山后村是西房之外,其余都是东房之后。

赵岩是赵潭长子,少年时即有英武豪迈的气概,长大后容貌俊美奇伟,胸怀度量明正刚直,胸前胡须稀疏,萧萧如戟。因为家门不幸、父亲去世而怕显亲扬名,他就杜绝了从政的念头,为人谨慎,一心治家,依靠祖宗创下的冠山产业,东西良田数千亩,终为闾右(富豪)。他侍奉母亲滕氏极其孝顺,且和颜悦色;抚育年幼的弟妹,极尽爱护,直到长大成人。又立家塾(家庭学校)教育子女,务请名师,朝夕与共,明理教导。拙纳先生叶士冕、溪南先生郭可忧,都曾在他家当过家庭教师,主持教育。

进入中年之后,赵岩家资日益丰厚,成为地方富豪。于是他和弟弟赵峤商量,创建祠堂,置田好几亩为祠堂祭祀费用。立祠堂,为的是尊祖敬宗,继承祖宗富而为仁、乐善好施、救贫济困、读书明理、孝亲色养、友爱睦族的优良家风,以厚实根本,造福子孙后代。因此地方上对此举很是推重。他平常碰到乡人有贫得生活难以自立者,即给钱给粮予以帮助;有死后无钱无地安葬者,又出钱给地,予以安葬。当时地方上农田水利年久失修,因近溪水,天晴则水去而旱,下雨则水溢而涝。于是他个人斥资数十万钱,在筶溪中流建水闸两座,以水闸开启关闭来调节水量,使一方数百顷农田受利,号称"常稔",即四季粮食丰收常熟。附近民户之田也受其利,亩产粮食高于其他地方。本乡民户经济贫富不均,有拖欠税粮多年缴纳不清的,已成陈年弊端。赵岩找有关官员说明此事,极力清理国库亏额,并捐出自家粮食30余斛填补亏额,官民上下皆悦,大家都佩服他的善行义举。明永乐十七年(1419),浙江省府要建造运粮海船,令所属州县推举有名望的地方富豪之奉公守法者管理督办造船之事。赵岩被选举为千夫长,参与其事,为此奔波苏杭十余年。在为朝廷办公差期间,他宁可亏待自己,生活艰苦,也从不盘剥克扣下属,从无鱼肉他人之事。

为朝廷营造海船归来,赵岩已年入花甲,此时儿子们都已成家立业,自立门户。于是,他摆脱一切人情世故,过起逍遥自在的晚年生活。或融入大自然的怀抱,尽情徜徉于烟村雪濑之间,游乐在朝花夕月之下;或寄情于琴瑟悠乐之中,寄兴于觥筹美醴之甘,与老朋友欢聚一堂,其乐融融。认识他的人都说他有超世脱俗的高士之风。

正统元年(1436),赵岩暴病而卒,享年64岁。其墓葬于方岩乡潭头后山之原,今墩头山东麓之隔山庵,为冠山八景之一。此墓地是赵岩亲自选择的,营葬余氏于此时,创建墓庵,有屋10间,朝南的大门上有匾曰"宁庵",取自张子西铭(即张载)"没,吾宁也"之语句。划出10亩田,专为春秋祭扫费用。之后,第三子恢等又划出2亩田,作为看守墓庵者的工资。吉水县刘俨(赐进士及第、太常寺少卿兼翰林院侍读)撰写墓志铭。

赵岩有子5人,为诜、童、恢、宏、懋;有孙14人,为竖、銮、钲、鉴、锵、镠、锷、鑯、鋈、鈺、镁、镒、钰、锦;曾孙7人。

赵　诜(1396—1436)　信一房赵诜,字希盛,号毅斋,生于明洪武二十九年(1396)三月廿三日,卒于明正统元年(1436)六月廿三日,享年仅41岁。赵诜是冠山赵氏始迁祖赵德明之长玄孙,东房祖赵岩长子。明永乐十七年(1419),赵岩举贤良以千夫长之职为朝廷建造漕运海船,奔波于苏杭之间,在外十余年。家中大小事务,事无巨细,都交由赵诜处置。赵诜亦能肯堂肯构继承父志,且善于继承《家范》(北宋司马光处世治家之学),并以此约束乡里,扶助弱小,抑制强暴,救济贫困,抚恤孤寡。赵岩办完公差回来,对此很是高兴,说:"我儿能这样做事,能力可用,很令我欣慰。"过不了多久,赵岩去世了,赵诜因过于哀痛而损伤了身体。加上其为父守孝,不废礼节,诸事尽力而为,尽孝子之责。4个月后,赵诜竟然于居亲丧守孝的地方病重而死,年仅41岁。

赵嗣鋆(1422—1495) 殿下赵氏信一大房始祖赵嗣鋆,号豫轩,冠屿殿下人,赵诜长子。生于明朝永乐二十年(1422)十月十三日丑时,卒于明弘治八年(1495)五月初四,享年74岁。

在15岁的时候,赵嗣鋆的祖父赵岩、父亲赵诜接连去世,丧事不断。而他却能应付自如,处理得井然有序。人们因此称赞他做事精明干练,才能非同一般。而他下面还有4个未成年的弟弟(嗣钲、嗣鉴、嗣镠、嗣锷)和4个妹妹。他成了家里的顶梁柱。

黄岩澧水人当朝礼部给事中徐简的父亲御史徐氏,正在为自家女儿选择夫婿,听说赵嗣鋆处世精明能干,善于经营持家,家产累积丰厚,决定把第二个女儿嫁给他。完婚之后,赵嗣鋆对妻子徐氏说:"我从小就失去了父亲,全靠母亲一心一意抚养教育,得以长大成人。而今弟弟妹妹们都很小,我把他们和我视为一体,至今没有一点个人私房钱。今后的日子要难为你了。"徐氏回答道:"我的父亲因为夫君深明大义,所以让我来侍奉夫君,成为你的妻子。但愿我能尽我所能,以成全夫君之志,一切事务听从于夫君。"赵嗣鋆侍奉母亲很是孝顺,作为长兄关爱弟妹之心甚切,而徐氏亦真贤内助也,得乡人赞许,夫妇二人亦感情甚笃。

赵嗣鋆夫妇二人将家中田园收成及工商事业收入,全部归入公家积蓄,任凭弟弟妹妹们婚嫁开支取用。随着弟弟们渐渐长大成人,陆续娶妻成家立业,桥里老屋显得越来越狭窄,不够居住了。赵嗣鋆就把房子让了出来,自己与三弟嗣鉴另择屋基于殿下坊里大建造房屋。不幸的是,二弟嗣钲英年早逝,其孤子崇汤正当年幼,赵嗣鋆极力呵护,甚至连给崇汤成年后取字这件事,都比自己的儿子更为重视。

此时,冠山赵氏宗族人丁兴旺,族人多达几百人。赵氏宗族中一旦出现桀骜不驯而犯过错者,赵嗣鋆即集结族人,带犯错误者到家族祠堂处置,当众惩责,警戒将来。此外,豫轩还对父族、母族、妻族三党宗族亲戚关怀备至,尽力帮助,救人于危难之中。有宗族亲戚林梅隐,穷得连家都没有,赵嗣鋆就率领志同道合之士给林梅隐盖屋,让他安家,并且每月赠送米粮给他度日。乡里地方上,若有不平事,人们必登门请赵嗣鋆评理,以明是非,解决纠纷。当事双方听毕赵嗣鋆之言,皆心悦诚服。

御史袁德纯,曾任本县知县,与赵嗣鋆很是熟悉。有一次,袁知县邀请他去县衙议事,见面行礼之后,请其就座,询问政治与风俗等各方面的妥当适宜的治理之策。赵嗣鋆即以忠直之言,有条有理而滔滔不绝地向袁知县说个不停,却无半句阿谀逢迎地方官之词,说得袁大人肃然起座,深表信服。此因其心地明快正直、胸怀坦荡无私之故也。而其心思谋事,必先思定而后行。豫轩平日衣冠端庄、朴素整洁,有古仁人之风度。地方上做过官的乡绅和有相当名望的正义之士,无不与他关系融洽而相互敬重。官居朝廷正三品的刑部侍郎林鹗先生曾说:"豫轩少年时,生活充满艰辛坎坷,而能事母至孝,待弟友爱,其言行以善自勉,而能治理其家。今子孙满堂,而晚年生活悠然自得。真所谓修德行善,不费心机,日子越过越好。他这样的生活已经过得非常好了。"宝庆知府谢省、礼部侍郎兼国子监祭酒谢铎伯侄二先生[均为本地桃溪(今桃夏)人]则曰:"我们与豫轩虽然意气相投,交往密切友好,而成莫逆之交,但两家没有缔结姻亲,不是亲家,今后两家子孙岂能永久相好而无间吗?"于是,宝庆先生谢省把孙女嫁给赵嗣鋆之孙赵纯杲为妻,两家终成亲族。

赵嗣鋆去世当年十二月十七日,夫妇合葬于殿下山之原,即旧荷花池旁(今戏台),然于 1957 年为本村村民所毁。谢铎为之撰写墓志铭。赵嗣鋆有 4 个儿子、1 个女儿,皆徐氏所出,分别为长子崇溥、次子崇涛、三子崇澈、四子泽(早逝)、五子崇沼,有孙子 12 人,曾孙 4 人。

赵嗣鉴(1425—1500) 殿下赵氏信一三房始祖赵嗣鉴,字存仁,号云厓,人称云厓公,冠屿殿下人。赵嗣鉴生于明洪熙元年(1425)正月十一日丑时,卒于明弘治十三年(1500)八月二十二日,享年 76 岁。与长兄嗣鋆于明成化年间,由桥里迁居殿下坊里大。

赵岩有子 4 人,长子为赵诜,赵诜有子 5 人,三子即赵嗣鉴也。赵嗣鉴生在富家大族,从小聪明伶俐、活泼可爱,长大后,秉性纯正、情趣高雅,读书明白事理,通晓大义,侍奉母亲和颜悦色,孝顺恭敬,与兄弟相处和睦友爱,相互敬重,和大哥赵嗣鋆感情尤其深厚。对待亲戚族人的丧葬祭礼都积极参与,从无违背,与亲戚朋友交往,则以恩情道义相接,而且相互信任尊重。

当初赵嗣鉴在老师林无逸先生那里攻读诗书,学习考试做官的举子业(科举考试的课业),与后来官至朝廷正三品的刑部右侍郎林鹗是同门师兄弟。林鹗科场连连高中,进入仕途,而赵嗣鉴却屡试不第,折戟沉沙,对科举失去了信心,后来干脆放弃学业,打消了考试做官的念头,于是回家一心经营家业,从此退隐林泉,隐居乡野。但是他的为人处世却更加宽厚质朴,他的家庭资产积累得更加丰厚充裕,成为地方富豪。不久之后,他响应朝廷诏命,捐献巨额米粮赈济灾区饥荒。为此大明朝廷特别授予其七品承事郎之官阶,可与地方父母官知县大人平起平坐,其身份在地方上已经是相当荣耀了。他的善行义举,真可谓是家豪富而能仗义疏财,身隐居而犹光耀无比,地方上称其为大善人。在当时,以奉行义举而获得朝廷荣誉官阶称号的人屈指可数。晚年他摆脱凡尘,一意修心养性,把全部家事交付给两个儿子崇湛、崇泮料理。他自己除了每年祭祀祖先和宴请宾客的事情仍然亲自操办之外,其余的无论大事小事,都不再操心过问。平日里喜好游山玩水,邀请好友徜徉于烟云山水之间,陶情在清风明月之中。

赵嗣鉴去世时有子2人——长子崇湛为任氏所出,次子崇泮为侧室(小妾)所出,二子俱有乃父风范;有女1人,亦为任氏所出。有孙子6人、孙女2人;曾孙2人。次子崇泮等人于弘治十四年(1501)二月初四为其办理下葬之事,于冠屿山后之原(现变电站附近)安葬之。礼部右侍郎兼国子监祭酒桃夏谢铎为之撰写墓志铭。

二、赵氏名人选录

赵崇湛(1447—1536) 赵崇湛,冠山殿下人,冠山赵氏始祖赵德明第七世孙,赵嗣鉴嫡长子。生于明正统十二年(1447年)五月初一丑时,卒于明嘉靖十五年(1536年)九月初四未时,享年90岁。殿下的百岁坊就是为他建造的。

赵崇湛虽然是赵嗣鉴嫡长子,却从来不因此而看不起或亏待弟弟。家中兄弟分家,所分田产器具,他从未多占。弟弟一旦有困难,他则竭力支持,不分彼此。因此家中兄弟关系融洽,相互敬重友爱,一家上下和和气气。崇湛不但对兄弟友爱,对亲戚朋友也很友好,甚至对下人们也都关怀备至,为人处世,待人接物,以恩义相济,情愿自己吃亏,让他人受利,总是尽力关心照顾他人。

后来父母亡故,父亲赵嗣鉴原请风水先生卜得寿域安葬地在古城殿坦之原。下葬前,又另请风水先生对该地再卜,结果不利安葬。于是崇湛捐出自家寿域给父母安葬,却从不向弟弟索取补偿。父母下葬安定以后,崇湛修建墓庵,创建祠堂,每月初一都亲自进行祭祀先人的活动,极尽尊祖敬宗之道,为子孙后代树立了良好的表率。后来自己年老,子孙长大顶替上来,继续发扬尊祖敬宗的好传统。不管是生母,还是庶母,他都一样拿出自家的土地修建墓塘,子孙也都像他一样祭祀先人,从无违背。

明正德四年(1509年),崇湛向朝廷捐献大批米粮以赈济灾区,依朝廷惯例,当授予官阶嘉奖。但是崇湛把名利看得十分淡泊，没有接受官封，仍然如平常一样，穿戴葛巾布衣。认识他的人都说，崇湛有春秋时期晋国的羊舌伯华那种注重修养、谦卑待人，不恃才自傲、不目中无人的重要品格。他具备这样的贤德，却又不接受该有的荣誉地位，真是难得！地方郡县一年一度的乡饮宾庆典活动，都会邀请地方上社会贤达名流及德高望重之人参加，地方官员每次都礼请他参加活动，他却每次都谦逊地推辞了，让贤于他人。

崇湛有子 2 人，长子纯柟，次子纯枢（小妾所出）；有女 1 人。崇湛卒后葬于山后父亲云压公墓侧。山东布政使司右参政奉诰进从三品大中大夫资治少尹蔡余庆为之撰写墓志铭。

赵隆锦（1804—?） 名秀莹，字佩章，号席珍，国学生，冠山殿下村人。生于清朝嘉庆九年（1804）五月二十五日卯时，卒于咸丰年间，享年 50 余岁。其家书香门第，祖母陈氏发家致富，成为地方富豪。赵隆锦虽然家业富足，却从无骄态，举止端庄，言辞谦虚，所交往的人也都是正人君子；平常若非有公事宴会需要出门应酬，几乎足不出户；居家时喜欢饮酒赋诗和种花植草，生活雅致。

赵隆锦自幼熟读诗书，且又精通中医岐黄之术，特别擅长小儿科。其医术闻名当地，前来看病就诊的人纷至沓来，他一一为患者诊治，手到病除。碰到贫穷而无力支付医药费的患者，他从不计较，不惜施舍药饵倒贴治病。如此行医几十年，救活病人不计其数。

赵隆锦平常行医救人，逢凶灾之年更是首倡义举，赈穷济贫，如倡议地方同人，一起减价平粜粮食，以保障民众基本生活所需。邻居闹矛盾起纠纷，需要找人评理明是非，都喜欢找他。只要他出言劝解，无不信服，事遂迎刃而解也，因为大家都钦佩他乐善好施、乐于助人的品德。

赵隆锦有子 3 人。长子克对，国学生；次子克勤，即宣三，国学生；三子克翙。

赵宣三（约 1830—1885） 谱名赵克勤，字润身，又名业精，号宣三，国学生，生于清朝道光年间，卒于光绪十一年（1885）。当时太平县著名书法家，曾为殿下旧铁甲将军庙题匾。克勤和廪膳生范琪同学于老师金骏声先生门下，为人温文儒雅，博闻强识，善书能画，地方上的寺庙祠社所书牌匾对联，都出自他的双手。平常前来向他求书者络绎不绝。后来因为耳朵失去听力，放弃学业，于是按照朝廷惯例，捐国子监监生，从此追求自由自在的生活。他在家里开辟了一个小花园，栽种许多奇花异木，时常在花园里把酒临风，泼墨挥毫，怡然自得，妙趣横生，因此花园起名曰“涉趣园”。

三、赵氏节妇贞女选录①

赵大炕妻张氏（1505—1579） 黄岩柏川人,生于明弘治十八年(1505),卒于明万历七年(1579),享年75岁。

当初张氏父亲张裕庵生病之时,家中没有兄弟,全靠张氏煨汤煎药,悉心照料。在17岁时,张氏嫁给了殿下赵大炕。赵大炕,冠山殿下人,字世绩,邑庠生,秀才功名,家庭殷实。他读书勤奋刻苦,常常苦读经史到深夜,而张氏纺纱织布,也陪伴夫君到深夜才休息。不幸的是,赵大炕英年早逝,是年张氏才22岁,长子成范年仅3岁,次子成商才5个月大,还在襁褓之中。张氏每天孤身只影,2个孩子哇哇哭叫,嗷嗷待哺,其凄苦之状,邻里闻之,无不为之酸鼻而泣。然张氏一意守节抚孤,坚如铁石。嘉靖十八年(1539),本县县令曾才汉将张氏坚守贞节的事迹写成事状上报台州府,台州府太守朱公授予贞节牌匾,予以褒奖。嘉靖二十四年(1545),县令魏濠怜悯张氏孤儿寡母,予以抚恤,免除了其家的赋税徭役。

嘉靖三十七年(1558),倭寇进犯,所到之处,民庐尽毁,张氏家的房子也被倭寇焚为灰烬。张氏带着幼子成商等寄身于桥里太宗祠左边房屋,与孤孙志绶等相依为命,生活备尝艰辛,而她却从来未曾改变初衷。张氏去世后,地方州郡负责考察上报的官吏把她令人尊敬又钦佩的一生的事迹整理上报朝廷。

赵隆铸妻叶氏（1815—1902） 生于清嘉庆二十年(1815),卒于清光绪二十八年(1902),享年88岁。

叶氏乃泽国江洋村叶公中培的小女儿,自幼是个节操贞纯、性情贤淑文静的好姑娘,从小接受母亲的训导。成年后,嫁与冠山殿下赵隆铸(字炳陶)为妻。完婚后,夫妻恩爱,家庭和睦。不料才过三年,赵隆铸年方20岁即英年早逝,时叶氏年方23岁,叶氏强年丧夫,哀号欲绝,哭得死去活来,甘殉夫难,一时昏厥,幸亏家人紧急抢救,以盐卤灌服,方才苏醒。从此生活凄苦艰辛,一意坚守贞节,别无他念。清道光二十八年(1848),公公赵兴块(号琢如)得了重病,全赖儿媳节妇叶氏悉心照顾,煎汤喂药,一刻不离。夫亡之时,家有三姑一叔,小姑们年纪尚幼,小叔隆祚更是年仅4岁。家中日常事务都由叶氏料理,早作晚息,不辞辛劳。及三个小姑成年出嫁,都由叶氏亲自操办婚事。等到隆祚长大成人,娶媳生子,其长子克备刚刚断乳,即由节妇叶氏领养,为其养子,以嗣赵隆铸之后。叶氏将克备视如己出:年少即供其上学读书,及克备稍

---

① 本小节由赵军根据《冠山赵氏宗谱》编写提供。

长，又早早托媒为其说亲。克备成年后，考取邑庠生，进入县学，有了功名，之后4个孙子相继出世，个个学业优秀。

叶氏以88岁高寿于光绪二十八年（1902）卒于正寝。人们钦佩叶氏坚守贞节之为人，认为其高尚品德可为懿范，于是联名向朝廷呈请旌表，得到批准，依惯例赐予题有"柏节松筠"四字的牌匾，事迹记入地方志。

赵继进妻陈氏（约1766—约1858）　约生于清朝乾隆三十一年（1766），约卒于清朝咸丰八年（1858），享年93岁。

陈氏出身于书香门第的富贵人家，从小接受了良好教育，品行端正，贤淑文静，谨守闺房，勤习女红，足不出户。陈氏17岁那年嫁给了冠山殿下人赵继进。赵继进，字钦宇，号积轩，出身书香门第、殷实之家。陈氏夫妻恩爱，家庭和睦，侍奉公公婆婆，非常孝敬，一家其乐融融。然赵继进不幸于28岁那年英年早逝，而陈氏当时年仅27岁。陈氏青年丧夫，痛不欲生，一恸几绝，欲随夫而去。亲戚族人咸来相劝，安慰其节哀顺变，膝下儿女尚幼，不可丢下不管，如果这样殉夫而去，亦非泉下丈夫之愿也！于是陈氏强打精神，起来进食，决心抚孤完节。当初丈夫赵继进生病之时，陈氏悉心照料，然丈夫所染沉疴痼疾，治病所需的医药费开销颇大，最后花光了家里所有积蓄，还是以财空人亡收场。经此变故，殷实家境变得贫困，家道由此衰落。

丈夫走后，上有老需赡养，下有幼要抚育，家庭重担全部落在陈氏身上。陈氏任劳任怨，终日起早贪黑，辛勤劳作，双手为之皲裂，却无半句怨言。得益于陈氏30余年辛苦打拼，内外经营有方，家业终于蒸蒸日上，慢慢发达富裕起来，到后来家产丰厚，成为当地豪富。陈氏穷不忘奋强，富不忘济贫。地方上若有穷得揭不开锅的贫困者，她必不吝升斗之米救济之，常急人所急，济人所困，乃富而为仁之典范，其德馨善举，在地方上很有口碑。

陈氏有子1人，名叫赵兴桂，国学生。有孙2人：长孙隆锦，国学生；次孙隆坋，儒生，文章好，有名气。有曾孙4人：长克对，国学生；次克勤，即宣三，国学生；次克翙；次克修。

赵振翔妻滕氏　湖雾人，年十八，适冠山殿下赵振翔，夫妇恩爱和睦，生一子二女。滕氏以贤内助著称，侍奉年迈的婆婆也很孝敬，平常很得婆婆喜爱。不料28岁那年，赵振翔英年早逝，家道中落，资财不及中等人家，生活拮据。滕氏竭力支撑门户，勤俭持家，使得家庭开支得以维持不乏。其数十年之含辛茹苦，自足以告无罪于亡人，慰幽魂于地下也。等到子女长大成人，儿子结婚，女儿出嫁，件件大事，她都找丈夫的弟弟骏峰商量,而不敢自作主张,生怕自己见识不广,以妇人之见办事,让先人蒙羞。骏峰亦素来敬仰嫂嫂为人,对她的勤劳而知礼节很赞许,凡有事,必帮嫂嫂排忧解难,让妻子去转告。而滕氏亦对小叔骏峰经办之事,无不信从。

子女成家立业后,滕氏的心血也几乎耗尽了。民国四年(1915),族长赵隆季等人呈请本县县长徐柱石,把滕氏的事迹详细上报,得到表彰,依惯例予以旌表。

贞女赵氏 冠屿殿下人,生于清朝嘉庆年间,终身未嫁。父亲名叫赵以蟠,母亲姓陈,陈氏生女3人,贞女赵氏居长;生子1人,名克湘,年最少。父母壮年相继去世,家里失去了顶梁柱,她悲痛地哭着对人说:"弟弟如此年幼,我怎么忍心远嫁而不管他的死活啊?"为了抚育弟弟,她发誓终身不嫁,毅然支撑起全家重任,和弟弟妹妹相依为命。弟弟妹妹的饮食起居都由她亲手料理,应酬邻里亲属的婚丧嫁娶人情往来,她都做得很有分寸。待到2个妹妹成年相继出嫁了,弟弟也长大成年、娶媳妇成家了,一切事务她都处理得井井有条,她自己却年老了。她弟弟克湘,从小性格懦弱,而地方上却常有奸猾之徒欺负克湘胆小懦弱而愚弄他,她常挺身而出,保护克湘。克湘的第一任妻子李氏,温和善良又勤快,料理家务所需钱财,一切都听从大姑姐安排。后来李氏亡故,克湘续娶林氏为妻。林氏性格刚强,又能勤俭持家,此时贞女已经年过六旬了,便把家中一切大小事务都交由林氏处置,从此放手不管了。为了抚育孤幼而老死于闺房之中,贞女赵氏死后十余年,地方上仍然对其事迹啧啧称赞不已。

第二节　失踪寻亲录

赵家珍 号子载,生于1924年,殿下赵一伦的儿子。赵家珍小时候很顽皮,时常打架、爬树,有时候会在荷花池岸边的樟树上玩。大约16岁的时候,他独自一人或许同其他大人一起去宁波替人放牛,后来听说同山后村鲍桂能一起去四明山参加了共产党游击队。四明山游击队生活非常艰苦,饭吃不饱,没有衣服穿,他们两人只有三条裤头,每天轮流换。大约过了五六年,有一天夜里,国民党军队突然袭击四明山游击队根据地,他与鲍桂能一起突围,于夜间失散了,两人从此没有见过面,失去联系。后来鲍桂能回到家里,也没有联系上过。

二人失散后,赵家珍寻找鲍桂能未果,于是离开了四明山,可能同其他人一起,远赴河南一带参加了中国人民解放军。听说在1950年下半年,他还参加中国人民志愿军赴朝参战,并改了名字,一直在部队里,也一直没有跟殿下家里人联系。

赵家昌 男,生于1925年。赵家昌在冠屿赵氏小学读书非常认真,在赵氏小学很有名气。毕业后,赵氏小学老师叫他留校教书。但赵家昌放学回家同父亲时常争吵,后来经人介绍,到横湖小学做校工。他非常认真积极,兢兢业业,深得学校老师和校长的认可。

有一天,上海国民党空军司令同横湖小学校长说需要一个勤务兵,要有文化的、忠诚老实的。校长说:"我们学校里有一个校工,他思想好,文化高,为人至善,积极工作,如果你要这个人,我们就推荐给你。"于是,赵家昌同本村赵守炬一起到上海空军司令部报到。没几天赵守炬就已经落实单位了,可是赵家昌却一直没有落实单位,同时家里父亲写信来,叫他回去。他同赵守炬说,我不回家去了,我同父亲争吵好多次,所以家里永远不回去了。

其实,赵家昌到上海是要给空军司令做勤务兵,需要经过几个月甚至一两年考验才能得到信任。过了几个月后,赵家昌认为没有一点希望了,可是就在这个时候,东北沈阳要在上海招铁路警察,赵家昌去参加了考试,结果名列前茅,被沈阳铁路局录取。赵家昌乘飞机到了沈阳,在沈阳铁路局工作后至东北解放前,曾给家里写了两封信。东北解放后,家里就再也没有收到过赵家昌写的信了。

五峰山和尚 故事发生在1974年。有一天,殿下村屏风墙里三个妇女,去潘郎五峰山拔猪草。正值五月份天气,她们三个妇女口渴,没有开水喝,就到五峰山堂门讨口水喝。有一个和尚说:没有开水。她们三个妇女说:师傅,如果有水,给一点点也可以,没有的话,我们自己烧开水。和尚说:你们自己烧吧。在烧开水时,和尚问:你们是哪里人?到这里拔草。三个妇女说:我们是冠城殿下村屏风墙里人!和尚说我是冠屿人。三个妇女说:你是冠屿哪个村的?和尚说:我是冠屿殿下坊里大人,并说出了自己的父亲、爷爷的名字。结果三个妇女根本不知道他说的人,所以心里想记也记不清,也没把这件事当回事。三个妇女后来经白山过洋洞岭回家。

过了五六天,村里召开妇女大会,其中一个妇女讲了五峰山和尚的事,后来就没有人再提起了。而五峰山和尚大概以为自己将心里话讲出来给三个妇女听,她们回到家里会传遍全村,希望家里亲人会前去见面,结果等了一年又一年,就是没有等来亲人见面。直到2022年,村里写村志,才有人来说起这件事。至今,无人知道五峰山和尚在哪里。

第三节 赵沛诗文录

本节内容选录自赵沛作品《环稼轩诗文稿》,由赵沛儿子赵守华提供。

一、赵沛诗联选

咏殿下村

莫言殿下世从耕,广厦连绵百业荣。灯火三更停夜织,山房半月寂书声!

野田肥稻年年熟,公路通车日日行。更喜中央新领导,一江春雨泽吾民!

殿下回龙山

乡山迤逦似龙回,巧景安排锦绣堆。一笔旗峰面我岭,两旁狮象为门开。

鼠丘南卧供书案,箬水东来涤俗埃。天为吾乡营胜地,此身何必住蓬莱。

咏冠山八景并序

　　吾冠山赵氏,自元末德明公始迁冠屿,历今六百余年,支庶繁衍,人杰地灵,谱载有冠山八景,仅有笔峰入砚,箬水分清可考,余皆泯灭无存,爰重拟题咏,以存旧迹云,晦叟恭沛并志。

(一)尚书府址(在桥里村)

应门狮象已无遗,此是尚书旧府基。曾抗权奸严法纪,勋名气节著风仪。

(二)冠山耸翠(在冠屿小学后山)

冠山耸翠箬溪前,天水吾宗万户烟。一自黉门重广辟,春风无限毓群贤。

(三)两桥步月(双桥村)

连绵村舍傍溪腰,漫步堪游桥外桥。莫负三秋明月夜,供人诗思任挥毫。

(四)曲流伏鼠(殿下小屿山旁)

饥不过街吼不惊,炎凉风雨绝关情。但迎箬水滔滔过,阅尽分流浊与清。

(五)荷塘风韵(殿下荷花池)

不堪零落古池塘,曾种荷莲奕世芳。应是先贤心赏地,醉吟清韵雅风扬。

(六)箬水分清(殿下小屿山前)

冠山钟秀箬溪清,可为儒门濯帽缨。世道何堪同合污,书家遗泽自分明。

(七)笔峰入砚(在施姑岭旧有宝塔,今圮)

南山美景启人思,塔影斜阳入砚池。风物依稀残迹在,科名冠屿著当时。

(八)古庙书声(在桥里村,旧大宗祠,今废)

衣可无分食可虚,堂堂祖训莫抛书。[①] 贻谋耕读遗规在,毋替家声世世如。

---

① 洪洋祖武经公遗训云:食可无,衣可缺,读书不可失。始迁冠屿祖德明公特置学田40亩,以供子孙求学之需。

冠城小学五十周年校庆

冠山忆昔讲堂开,回首春秋五十年。创业难忘先世泽,毓才唯冀后人贤。

弦歌黉舍宏模远,翰墨功名累世传。愿祝书家冠屿赵,莘莘学子永绵绵。

殿下回龙庙联

宋室宗臣,仪型树八保;冠山庙祀,俎豆永千秋。(1990 年 11 月 26 日)

殿下庙门联

严毅立朝,宋室山河永固;典模足式,冠山俎豆常新。

殿下村戏台联

华夏喜太平,鼓乐喧天,共赏冠裳文武地;

山乡换新貌,楼台聚酌,闲评剧艺古今情。

殿下山观音阁联

冠屿驻慈航,四境众生蒙普度;观音施法雨,万家黎庶仰康宁。

二、赵沛在冠城小学校庆大会上的讲话稿

在 1939 年春,温岭县教育科科长萧仲劼先生委派我接任潘郎小学校长,我很怕办不好,故而我决心整顿并付出自己部分的工资补贴教师,一直认真教学。这年学校参加了全县各项比赛都获得较好的成绩,毕业升学考的成绩也很高,因此,到第二学期,附近的白山、狮峰、冠城、大溪等各乡儿童纷至沓来,不得已,竟弄得募款添班而解决,但不料区区的成果却有着推动我县教育发展的作用。

有一天,族叔赵任来和我商议,要想在冠城本乡办一所较大的完全小学,联合热心教育的知识分子共同书面发起,向族父老呼吁,要我出力协助。接着说我们赵氏的公产实潜藏着一笔巨大的财富,倘从始迁祖至第十世的公田集中起来,为数总以千计,不但足以办大规模的小学,连办一所中学的基金都不成问题。这情况我相信他老于地方工作,是了如指掌的。他还接着说自你接任潘郎小学以来,附近十里的初小儿童都得能升学高小,而今夏高小毕业的又得能升学初中,故我们地方父老早有需办高小的要求了。这有利于办学的条件,已由你造成,我们再因势利导,何愁不达目的地呢? 我当时听了很受感动,就答应他起草一篇为筹办高小向赵氏父老呼吁的敬告书,并定期召集会议,为商讨这件大事。

原来我们冠屿赵氏世居于此已有近 600 年,散居在附近的有 8 个自然村,旧称冠屿八保,户口计 2000 左右,始迁祖德明公,曾特置学田 40 亩,专供子孙求学之需,一直

存在。过去这里的冠山第一和冠山第二两所初小的经费,都取置于此。在宗谱的祖训中还载着"衣可无,食可缺,读书不可失"的遗训,明清两代学风很盛,功名不绝,故有"书家冠屿赵"之称。可自辛亥革命后,科举停废,学制更新,要想入学高小中学,亦非一般家庭经济所能胜任,虽有极少数的能毕业于旧制中学,或专科大学,亦多闲散在家,倘不自谋出路,有些便成为高级流氓了。所以当时认为读书无用,一般家庭父母只要孩子能得初小毕业,粗识文字就算心满意足,而青年能得深造大专的简直少得可怜,可以肯定在全乡这 8 个自然村中,正式大学生一个也没有,总计高小连初中毕业的也只有 10 个左右,学风之衰落,简直无以复加了,可是家庭经济虽然普遍贫穷,而各地的公产却普遍富有。他们每年把公田稻谷的收入都开支于清明季节,大家一起上坟来一次吃喝会餐就算满意了,倘使有些公产管理不妥,彼此吵闹相争甚至引起诉讼,还造成不良后果。

我们在大会这一天,当在广大父老面前把以上的情况分析之后,再把自己子女的造就和公产的利用作明确的对比,并决定要创办规模大而质量高的完小,对本姓学生一律免缴学费,大家听后无不兴高采烈一致赞同,同时认为过去冠山两校,所以不能发展的原因,虽然由于经费短缺,另则亦因本地人任教,即有缺憾亦碍于情面不便建议纠正之故。此后定要教师素质好,待遇高,能认真教,合则留不合则去,而对本地赵姓族人,不论有无资历一律不得聘用,人事方面必须大公无私。

会议决定后就顺利地筹集了公田 400 多亩为校产基金,校址确定于明代已建过的下书院旧址,公推了素望公正,而热心公益事业的先父若云公和德吾先生为策划筹建校舍,当即首先包工建造礼堂正屋七间两厢八座教室,则议定按各村公产的多寡分配,独建一座或两座。到指定落成的日期,各村正像竞赛一样建成了口字形校舍,成为赵氏同族团结齐心办学的新气象。至翌年(1940 年)秋季,校舍初步完成,即将原设的冠山第一和冠山第二两校归并,增设高级班,改称为私立赵氏小学(即现冠城乡中心小学),聘请了教学认真的梁汉忠先生为首任校长。于是本地及各乡儿童争先恐后而来,是年秋季,开办六班,续后增至十班,学生竟达 500 人左右,济济一堂。在农村小学中,可谓首屈一指了。

接着第二年(1941 年),省方倡导教育年,我们认为这是极有利于创办中学的时机,并且既为广大的贫寒儿童培育,亦更应进一步为青年们获得深造,而为国家广育贤秀。于是全体校董群策群力,再自始迁祖至十世的公产中,继续增筹公田至 800亩,已达成中学基金的要求,由是中、小两校校产基本充裕,并呈请中学立案手续。聘请了江苏沈芙孙先生为第一任校长,于 1944 年秋季招收初一新生两班,而本地的赵姓学生,仍得享有免缴学费的待遇。自此凡附近农村贫寒子弟,皆有深造机会,而无遗憾了。而我们校董会本饮水思源之意,因命名为德明中学,以纪念始迁祖。

自两校开办以来,颇得各界人士之赞许,皆认为我们赵氏知识界,有深谋远虑的目光,能将耗费无度的公产用之于培育后起,实有卓识。当时闻风效起的即有东区的萧氏小学、泽国阮氏的逢儒中学相续诞生,甚至省督学每到本县,亦多来校视察。在 1946 年视察后,曾蒙教育厅对本校校董赵任、赵若云、赵德吾等 7 人传令嘉奖。

现回顾两校的顺利建成,与校董会组织的健全,与各校董的和衷共济、秉公无私十年如一日的精神是分不开的。特别是年将七十的先父若云公不惜残年余力,当校舍初建,校产稻谷尚未征收之际,凭个人信誉,四处借款支垫学校,更经常到校处理杂务,深为父老所感动。而德吾先生对极个别的破坏学校的不法分子敢于破除情面,坚决斗争,甚至屡上公庭,坚持真理而不气馁。适逢抗日战争时期,旅居杭州的焕青公一度避乱返乡来校董会主持工作,亦费了好几年的心力。其他校董皆团结一致在董事长领导下,分工合作。首先是校务协进股,负责校务规划和设施、校长的选聘和教师资历的审核;其次是校产征管股,负责校产稻谷的征收和保管;然后是财务审核股,每至年终审核校董会全年收支账目进行结算。因此各校董来自各地代表十余人,都在学校至上的前提下,莫不各尽所能而尽其力,遇有困难问题则共同洽商解决。每年到清明季节召集全族性的"房代会",即各房代表会议,汇报一年来的工作情况,并公开年度收支账目以使周知,更本着民主精神听取群众建议以作参考,故此我们领导两校的步伐是始终不乱的。

但不料 1949 年下半年,解放前夕乡间土匪猖獗,本校开学不久,中学竟遭匪劫,校长、教师和学生十余人被劫走,停课一个月。不久虽已复课,而外地师生不敢再来,严重影响教学。然为学校前途计,我和原校董赵如义、赵季舒三人一同到校义务任教,以度时艰。至翌年秋,人民政府委派叶斐英校长来接收,并邀同全体校董将校产土地证逐一清查,移交校方,报政府接收。至此,我们校董会创办两校的事业有始有终地向人民政府交代而得圆满结束。1951 年 4 月,改校名为私立大溪初级中学。至 1956 年,校长梁景璜以为学校僻处农村,有碍发展,迁办大溪街,同时由私立改为公立大溪中学。嗣后学生增多,班级扩展,校务蒸蒸日上,成绩日著,成为县重点中学,毕业学生遍布全国各地,在各条战线上为祖国四化献计献策,这是本校之光,亦是创办者之荣。

回溯创建至今，转瞬已届50年，抚今思昔，追忆犹新，特述其史实如此，以供今后校史之采择。

1990年9月1日

恭沛写于冠城中心小学50周年校庆

三、赵沛《金君艺先生传略》

金君艺[①]先生是本县山市乡塔岙村人，父子磋，是一位品学兼优的名老中医，著有《起幼真经》一书。家里珍藏着丰富的图书和古今名画。君艺在他父亲的培育下，好学不倦，而更爱好书画，故中学毕业后，即考入上海美术专门学校，在校修业，专研国画，擅长竹、木、花、鸟的描写，笔法秀丽，信手绘摹，无不栩栩如生，颇得名画家刘海粟老师之器重。毕业后，任教温岭、黄岩、天台各县中学以及省立六中等校美术教职，所到各校，认真负责，声誉颇著，和当时本县冠屿赵弥华、岩前卢鸣治三人的画技互相媲美，名噪一时。

他真是闲静少言，而且无不良嗜好的一位典模教师。平时在校课余时间，着重于艺术修养，曾将教学所得的经验，编著了《美术教学法》一册。此外，还值得指出的是他富有爱国热忱和办学极度负责的精神，表现有以下两方面：

在抗日战争中，他任教温岭县中，有鉴于教界艺术学风萎靡不振，殊有碍于学生抗战情绪，因是建议当局，举办了全县中小学学生美术展览会，以抗日战争为中心题材，凡完全小学及中学生的绘画作品，定期在温岭县中展出，那时布置在县中全校，真是琳琅满目，美不胜收，观众轰动一时。他亲自主持评议，不但激发了广大观众的抗敌情绪，而且对全县美术的学风起着积极推动和促进的作用。

在解放初的1949年中，他任教泽国逢儒中学，由于冠屿德明中学校长辞职，这年秋季，他来应聘继任。当时小学界普遍需求劳作、美术、音乐的专科教师，在师范毕业生供不应求的形势下，他特与本校美术教师卢鸣治商议决定，除原有初中班级外，另添办艺师科一班，专事培育小学劳、美、音科教师，此举颇得县教育当局之赞许，而被批准添设。于是自1949年秋季开始，另招初中毕业生入学一年而毕业，当时应考学生纷至沓来，颇见踊跃。

但这年秋季，适临解放前夕，乡间土匪猖獗，到处掳人劫物，严重地威胁着学校教学。开学不久，该校竟被土匪抢劫，还绑走他自己和十多个学生，因此师生逃避一空，

---

① 金君艺，金宽业的父亲，金海英的爷爷。

学校一度停课。不久,他来校董会商量复课计划,结果一致地认为:非忍苦坚持,不能勉渡难关。因劫后的校方所存食谷无多,仅供本学期的教师食用,无法支给工资,因此,我就约同具有中师资历的同宗赵如义、赵季舒共三人,义不容辞地到校义务任教,使这学期得以完满结束。在此风声鹤唳之际,他遭此波折,犹不畏艰险,能主动前来建议复课,以尽其领导职责,这在当时是难能可贵的负责精神,至今回忆,犹感念难忘。

1951 年全面土改开始,他被调潘郎小学任教,由于家庭成分是地主,致被逮捕入狱而病逝。

赵沛写于 1989 年 11 月 6 日

第四节　传说故事录

一、传说

书家冠屿赵

相传在清朝光绪年间,冠屿殿下人赵家焕的曾祖父赵克尧挑甘蔗到黄岩城里去卖,路过黄岩十里铺,在当地一家中医药店门口卸下担子休息。这时,药店里有个年轻的学徒在药店师傅的指导下取中药材。中药材除主药称取以外,有些用量大的辅助中药(如甘草之类),可以凭感觉估计数量,抓药下单。这个学徒正好捧起一捧草药,随口就问道:"师傅,这'捧'字怎么写?"药店师傅正在看药方单子,一时间没有反应过来,支支吾吾地答不上。而在门口休息的赵克尧看得分明,马上接应道:"这'捧'字,应是提手旁,右边做个'奉'字。"师徒二人抬头一看,原来是个卖甘蔗的庄稼汉在回答,惊讶不已。赵克尧见状,挑起甘蔗要走。师傅赶快叫徒弟出门拦住赵克尧,请他进屋喝碗水歇歇脚再走。

落座之后,徒弟上茶。药店师傅问道:"想不到先生是位卖甘蔗的,也识字啊?"赵克尧答道:"哪里,哪里,是我多嘴,接了你们的话茬。"几碗茶水下肚,彼此话也多了起来。药店师傅想考一考赵克尧到底识多少字,文化程度如何,随手把药方单子递过去给他看。赵克尧心知其意,也不示弱,拿起药方单子朗声读起来,师徒二人吃惊不小,钦佩不已。赵克尧因急于赶路卖甘蔗,不便多聊,于是起身告辞。药店师傅急忙道:"想不到种田人也如此有学问。请问先生哪里人氏?"赵克尧挑起甘蔗回答道:"太平冠屿人，我姓赵。"说完就起身离去，大步流星地走了。"哦，想不到冠屿赵氏，连种田人都这么有学问，问一个字，就马上回答出来，真不简单。"药店师傅感叹不已，脱口称赞道："书家冠屿赵。"

你道一个种田人为什么如此有文化？原来，赵克尧是一个好学之人。他有一位在私塾教书的好朋友。农闲时候，他就常去教书先生那里拜访，向先生学习文化，听讲历史。日积月累，他学得不少文化知识，成为一个不可多得的有文化的种田人，这才在黄岩十里铺表现非凡，为人称赞，赢得一个"书家冠屿赵"的传世美名。

"书家冠屿赵"，所谓"书家"就是有知识有文化的读书人家，是备受世人敬重的人家。"书家冠屿赵"可以说是整个冠屿赵氏的荣耀，这不仅是因为赵克尧的故事而得"书家冠屿赵"之传世美名，更因冠屿赵氏历来崇文尚学，历朝科第连绵之故也。赵克尧，一介农夫，因其勤奋好学而成为有学问的人，其精神可嘉，值得我们大家学习。

赵氏先祖遗训有曰："衣可缺，食可少，读书不可失。"至今应为殿下人家训至宝。"书家冠屿赵"崇文尚学之精神，应为殿下人世世代代弘扬光大！①

三眼坟

三眼坟大约位于现殿下与箕篁之间的岙头颈。

很早以前，殿下有三个姑娘，从小很是要好，亲如姐妹，日日夜夜在一起玩耍。有一天，她们共同许愿：一生终身不嫁，百年之后三人也要葬在一起，并且做了三眼生坟。

长大以后，由于父母们的坚决反对，她们不得不各自嫁人，三眼生坟成了空坟。久而久之，三眼生坟所在地，习惯上就被叫作"三眼坟"。

后来，殿下赵氏立保界庙——回龙庙，最早的庙址就选在了当时比较偏僻的三眼坟这个地方。

田洋陈

田洋陈，即今日殿下村下桥头到念母洋白箬桥那一带。这一大片田垟，相传在很久以前属于陈家，故名田洋陈。

传说在明朝嘉靖年间，这里住着一户陈姓大财主。陈财主住着豪宅大院，家里有一批佣人、长工给他干活，还有门前一大片良田，可谓家财万贯，富甲一方。

但是，陈财主虽然富有，却为富不仁，是个远近闻名的吝啬鬼。他家的佣人和长

---

① 此传说根据赵仁恩、赵伟明、赵守正、赵军所提供的材料综合整理。

工,招进来时说好包吃包住,工钱优厚。但实际上给他们吃的是残羹冷饭,住的是小屋茅房。更有甚者,大年三十付工钱,东克西扣,最后算给下人们的工钱所剩无几。佣人、长工们一年辛苦到头,也仅够活命。每逢荒年,他家远房亲戚跑来向他借钱借粮,陈大财主也必铜钱借出,算上利息,要银两偿还。借了他家粮食,也是小斗借出,大斗偿还。甚至连乞丐或穷人路过他家门前,坐他家大门前的石磴歇歇脚都不允许,说是晦气,必斥骂而去,叫佣人赶紧冲洗。

话说有位江西来的风水先生,好打抱不平,惩恶扬善。当他听说了陈大财主种种恶行之后,决计要惩罚他。

一天,风水先生来到陈财主家,对陈财主说:"陈大官人,你现在是家财百万,富甲一方,只可惜只有财气,没有贵气。"陈财主忙问:"此话怎讲?"风水先生说:"我看你家房前宅后,所处的风水位置,是宜富不宜贵啊!你家可有读书做官的人?"陈财主吃惊道:"先生所言极是。我家世代富有,但至今没有读书考取功名的人。怎样才能达到富贵双全,出个做官的后人来光宗耀祖呢?万望先生指点。"风水先生说:"要想后人做官,家族显贵,必须改一改你家住宅的风水。"陈财主忙问:"怎么改?"风水先生沉吟了一会儿,说:"可以在你家大院外,开一条长涧,以聚宝气。这样才能出贵人,读书做官。"陈财主在风水先生的指点下,在宅外开挖了一条长涧水池。

原来,风水先生之前已经看过陈财主家的风水,看出陈家大院地气直通冠屿回龙山的龙脉,是个风水宝地。今日设计害他,叫陈财主开挖长涧,把这支地气龙脉挖断,这样陈家日后必败了。陈财主官迷心窍,还被蒙在鼓里呢!

过了一年,风水先生回来一看,发现陈财主家依然如故,没有半点败落的样子,他觉得很是奇怪。经仔细观察发现,原来陈财主家养着一只18年的白雄鸡。那只白雄鸡每天从早到晚,口衔田泥,把土填到长涧里,把挖断的龙脉给接上了,所以陈家才没有败落。风水先生见此情景,心生一计。他走进陈财主家,对陈财主说:"陈大官人,这一年来,你家孩子读书可有长进?"陈财主回答说:"没什么进步。"风水先生说:"对了。问题就出在你家养的这只白雄鸡上。白雄鸡是不祥之物,妨碍了你孩子的前程。要尽快把它杀掉。这样你家才能时来运转,不久必能出个做官的读书人。"陈财主官迷心窍,果真把白雄鸡抓来杀掉了。江西风水先生这才满意地走了。

过了没多久,陈家大宅院遭雷击起火,三透九明堂被烧个精光,陈家从此败落了。后来,陈家变卖田产,远走他乡。

至今,田洋陈仍遗留有陈家大院宅基地的断砖破瓦在泥地里。那条破了陈家风水的长涧还在,即今日的高田池。[①]

笑簟相传原是陈姓住

笑簟现住户都是近代、当代陆续外迁而来。相传,笑簟原住户是一陈姓大家。陈家有两透遗址。

一透在毛竹下。西边与杨家隔墙有一条沟,东边和新屋隔断。东边原来是花园,前面有假山,假山后有捣臼。原花眼人房子的东边,和尚在给番蒔园松土时,一锄头挖下去,下边有荔枝街,台门在蔡良法家老屋东边,台阶存在至建造大寨屋前。

另一透是新屋。后面从竹簟簟址直到前门横路。为避洋岙山溪坑,台门开在假山旁边。

两透陈姓人家,在赵氏从桥里迁来殿下前,甚是兴旺。赵氏发展起来后,陈氏逐渐衰败外迁。

陈姓两透遗址的台门路石、屋基概貌、断墙残垣、砖头瓦片等,直到20世纪80年代,还可略见一斑。

殿下村名由来

殿下村名的由来,有三种说法。

一是因庙得名说。殿下村内有一座赵氏保界庙——回龙庙,俗名殿下庙。回龙庙奉民间戏曲宋八贤王为庙主正神,八贤王是皇子,古称"殿下"。因此,回龙庙因所奉庙主正神而被叫做"殿下庙",村因庙得名。与庙有关的还有一说。原三眼坟边有一佛殿,即回龙庙,佛殿下方住着一些人家,所以就把这一带叫殿下。

二是驻守将领说。东瓯古国建都唐山,古人择城讲究"左青龙右白虎",东瓯古城背靠唐山,左首山势末端延伸至殿下山,《太平县志》叫赤龙山,即"青龙",传说屿山即为龙珠。而"白虎",就是延伸到方山面朝外海的那座山。站在笑簟山包头,面海湾靠古城,再在方山驻守一军,颇有一夫当关万夫莫入之势。东瓯国遣派皇子,也就是"殿下",率领将士到赤龙山守卫国都大门。久而久之,皇子驻守的地方,也就演变成地名殿下了。

三是鹳鸟位置说。冠屿山,也叫鹳山,鹳鸟宿此山,后来演变成冠山、冠屿山。从照洋探照灯位置看,冠屿山的形状真的极像一只鹳鸟。笑簟(殿西)位于冠屿山(鹳山)的尾部,这样看来,殿东(殿下)正好处于鹳鸟的屁股位置,故名"殿下"。

---

① 此传说由念姆洋赵加法老师口述供稿,殿下赵军整理。

冠屿山及殿下山名由来

冠屿山,有许多的名字,在殿下也有许多的传说。

鹳鸟说。冠城一带有很多鹳鸟,到了晚上,鹳鸟飞到山上休息,山也就成了鹳山,后来演变成冠山、冠屿山。

关士说。很早以前,陶家埠一带还是大海,有船进出,设关,有士兵守卫,叫关士山,后来演变成冠屿山。在温岭方言中,"士"与"屿"同音。

村居位置说。冠屿有 8 个村,各村依据本村在山的不同位置,称冠屿山为"老鼠山""蛇山""龙山"等。

龙山说。殿下山(冠屿山殿下段)的整体形状像一条卧龙,叫赤龙山、回龙山,屿山为龙珠。

蛇山说。殿下山的形状像一条蛇,蛇头位于冠屿山西头的末端——箬箦山包头,由此伸出蛇信子,在箬箦原洗衣埠头处探入殿下溪(月溪)喝水。蛇也叫小龙,所以箬箦老一辈人称殿下山为小龙山。

根据《温岭地名志》记载,殿下山叫赤龙山。①

箬箦前门本是海

20 世纪 60 年代中期,殿下溪——月溪殿下段疏浚河道,在河床表面就能看到很多贝壳,用锄头、铁锹往下挖全都是,积层很厚,尤其是杨柳汇至箬箦前门这一段。箬箦的水稻田土质是呈酸性的,村民们就用这些河床里挖出来的贝壳,烧成蛎灰,用来中和酸性稻田的土质,相当于给水稻施肥。还有的村民,用蛎灰窑里刚出窑的贝壳熟蛎灰,揉进大米粉里,做成"蛎灰糕"。这种"蛎灰糕"呈淡黄色,透出一股淡淡的蛎灰香味,比一般的年糕有韧性、软糯,很好吃。还有一部分蛎灰,成本价卖给村民修房子。

1998 年,村民赵守正等在道地中打了一口水井,10 米深,发现有一根木头,把它弄上来,有 50 厘米长,直径 18 厘米左右,酷似船木。

这些都可以证明,在很久以前,这里的确曾是大海。殿下山应是渔民下海落船晒网的地方。后来,海水慢慢退去,泥土一年一年变多,人众逐渐积聚,才成了现在的靠近大海的陆地。即使现在,大溪镇与乐清市的湖雾海边也只是一山之隔而已。

---

① 此传说根据赵春法、赵振更、赵一堂、林美泉等的口述整理。

二、故事

滩头桥路廊恩义记

话说殿下村箕簸前门滩头桥旁的大路上,过去有座供行人歇脚小憩的大路廊,关于这座路廊的建造起因,有一个美丽而又凄婉的民间传说。

相传清朝乾隆年间,箕簸殿西保出了个闻名乡里的人物,名叫赵立方(1775—约1855),谱名兴恒,冠山赵氏信一大房人。他粗通文墨,精通岐黄,乐善好施,凡附近乡里乡亲,有患病求医的,他都乐于施以援手,有钱的给点医药费,没钱的说句感谢话,他从不计较。因此他的善举闻名冠屿一方。

有一年,赵立方到本县太平县下只角(泛指太平县城南面的一带乡村)买草木灰。在过去落后的农耕时代,种庄稼没有化肥,只有土家肥,草木灰是其中很好的肥料。这天他途经箬横一个村庄,看到一处四合院有户人家道地上,挤满了看热闹的人群,而屋内传来唤天喊地的号哭声。原来这户人家刚死了个正处于豆蔻年华的闺女。赵立方一是好奇,二是热心,挤进去探问情况。他来到屋内,只见姑娘面色惨白躺在那里,没有了呼吸,没有了心跳。家人们在其身旁号啕大哭,哭喊着姑娘的名字,并说着是他们害死了她,痛悔不已。赵立方顾不了那么多,救人要紧,于是他抓起"死者"的一只手,仔细地把了把脉,高兴地对站在一旁而疑惑不解的姑娘的家人们说道:"她还没有死。"这家人停住了啼哭,对这个突然冒出来的陌生人感到惊疑。只见赵立方从怀里掏出一枚针灸大针,对着姑娘手上的各腧穴扎了几下,奇迹出现了,姑娘心跳恢复了,呼吸也有了,渐渐苏醒过来,弱弱地呼唤着娘亲。大家惊喜万分,这才注意救人一命的陌生来客,对赵立方千恩万谢不已。经交谈得知,原来姑娘家父母把姑娘许配给了同村杨百万的傻儿子,杨百万下了重金聘礼,要娶这位漂亮的姑娘给傻儿子做媳妇。姑娘誓死不从,而父母贪恋钱财,却答应了这门亲事。不料姑娘性格刚烈,竟然上吊自尽,以明心志。故而姑娘的父母对自己因一时贪念而害死了亲女儿痛心万分,后悔莫及。幸亏今日贵人相救,才得以挽回姑娘性命。姑娘的家人们感激涕零,于千恩万谢之后,询问赵立方是哪方人氏,并表示要重礼相谢。赵立方素来行善不问回报,且今日有要事在身,而时已过晌午,得抓紧买好草木灰,赶路回去。见姑娘苏醒无恙,他交代其家人需要好好为她调理,以恢复元气,即无大碍矣,末了,对大家说他叫赵立方,冠屿人,即匆匆走了。

这位获救的姑娘,经过调理之后,过了些时日,她的身体渐渐康复了。得知是一位叫赵立方的好心人救了她一命，她日思夜想，想见恩人一面，心想此生此世就是做牛做马也要报答人家的再生之恩。奈何一个女人家，在过去封建社会，出门不便，更何况冠屿那么大，去哪里寻找恩人呢？只好等待时机，再作打算。再说本村杨百万听说姑娘性情如此刚烈，以死抗婚，也心生恐惧，不敢给傻儿子娶这门亲事，主动要求拿回聘礼，这门亲事就此不了了之。

不久以后，姑娘家的村子里来了一位卖白糖的小商贩。在过去，走村串巷的小商贩，都是肩挑贸易。卖白糖的小商贩过去到处都有，他们肩挑白糖担，走街串巷，到处吆喝："卖白糖哎——卖白糖，帽草碎、破鞋子、布头碎、鸡毛鸡肫皮都好换。"白糖是大饼状的白白黏黏的糯米糖，很香很甜，有的地方叫做牛皮糖，需要用铲刀敲成一块块吃。在过去物资匮乏的年代，这白糖是很美味的零食，不管大人小孩都爱吃。这位卖白糖的小商贩挑着担子，一路吆喝，来到了姑娘家的门前道地，卸下糖担，做起生意来。村民们和小商贩一边做着废旧品换白糖的生意，一边拉起了家常。因为地方上习惯称呼卖白糖的小商贩为卖糖客，所以问："卖糖客，你是哪里人？"卖糖客说自己是冠屿人。大家和姑娘一听说是冠屿人，都来问卖糖客："你认不认得冠屿赵立方？"

"当然认识，我是冠屿桥外村的，赵立方是冠屿殿下村的，离我家不远。他是个大好人，精通医术，给人看病不要钱。整个冠屿谁不知道他的大名！"卖糖客回答道。

大家听说赵立方是个大好人，就说起他前不久在这里救人不要钱的好人好事。姑娘更是紧缠着卖糖客不放，非要卖糖客带她去见一见救命恩人赵立方。姑娘的父母也拗不过女儿刚烈的个性，只好陪同女儿，央请卖糖客带路，一起去冠屿拜访救命恩人。

从箬横步行到冠屿，那年头尽是弯弯曲曲的乡间小路，少则六七十里路程。一行人赶到殿下，天色将晚。找到赵立方家，说明来意。赵立方听说箬横人来谢恩，很是意外，说这是他无意间经过那里，顺手做了件好事，只是举手之劳而已，叫箬横人别太在意，不必感谢。姑娘见赵立方仪表堂堂，且施恩不求回报，顿时心生钦佩之情，萌发爱慕之意，说愿意此生此世做牛做马报答恩人，恳求赵立方收留下她。赵立方此时已有妻室子嗣，对送上门来报恩的如花似玉般的黄花姑娘，虽然心有爱意，但道义不可乘人之危，于是婉言谢绝姑娘的美意。他对姑娘说，他不能做这种不仁不义之举，且更看好姑娘重情重义之德，今后必能许配好人家。又说他自己已有妻小，岂可以私恩夺人之美？

姑娘见赵立方辞意已决，顿时心灰意冷，在大家的劝说下，只好悻悻地回家了。

当晚，万念俱灰的箬横姑娘上吊自尽了。她那一道不散的幽魂，趁着夜色来到殿下笑箦前门，寄宿于牌坊之下。原来这里有座牌坊，名叫"双节坊"，位于滩头桥附近，是座新建不久的牌坊，为双凌村旗杆里武举人赵殿英所建。赵殿英，冠山赵氏信一大房人，谱名兴源（1767—1826），乾隆五十九年（1794）甲寅乡试武举人，中举后向州府请得其母亲石氏和兼承祖母潘氏（赵绍楷之妻）的双人贞节牌坊，以旌表母亲石氏和兼承祖母潘氏的坚守妇德贞节之志，一时名扬当地，荣耀无比。"双节坊"也成为当地地标建筑，常有前来瞻仰的各地民众。

不久之后，赵立方从桥外卖糖客那里听到箬横姑娘上吊自尽的消息，惊愕不已，当得知是因为他不肯收留姑娘为妾，所以姑娘想不开而轻生之后，追悔莫及，懊悔万分，不禁喃喃自语曰："非我杀伯仁，伯仁却因我而死也！"

自从箬横姑娘幽魂来到滩头桥旁边的"双节坊"，笑箦前门每晚冷冷清清的大路，显得格外阴森，这里常有女鬼显现的坊间传说。不久后的一天，赵立方和邻里乡亲结伴去寺前山里打柴，等砍了柴，打好柴担回家，天色渐渐暗了下来。一行人借着暮色月光挑着柴担，赶路回家。行至滩头桥"双节坊"附近，距家仅有一步之遥，赵立方只觉得自己肩上挑的柴担越来越重，行走的脚步也越来越慢，同伴们都挑着柴陆续走远了，他挑不动了，放下柴担歇一歇。他心里想，平常他挑担步行都比别人走得快，为何今晚这担柴挑到这里就挑不动了？又想起眼下滩头桥这一带，近来常听人传言说有女鬼显现。他心想，今晚肯定中邪了，于是想起破邪之法，在路边撒了泡尿，以污秽之气冲破了邪气，果然柴担重量恢复如初，他挑着柴顺利回家了。

当晚半夜，赵立方做了个奇怪的梦，梦见自己在滩头桥旁和箬横姑娘邂逅，姑娘翩翩而至，貌美如花，楚楚动人，与他携手长谈，很是情投意合。临别分手之时，姑娘恋恋不舍地跟他说，现在她独自一人寄宿在牌坊之下，这里没有片瓦遮身，很是凄苦。希望赵立方在牌坊旁建一路廊小屋，容她寄身此处。又说：她离开阳间，"七次"将满，不久以后，就要去地府了，今生无以回报你的救命之恩，来世定当做你妻子以相报。姑娘言罢，倏然不见。赵立方于睡梦之中惊醒而起，回思梦境，犹历历在目，感慨不已。

第二天，赵立方把姑娘托梦之事告诉家人，于是决定在滩头桥牌坊旁边建造一座路廊，暂为姑娘幽魂寄宿之所。不久姑娘魂魄归入地府之后，这里便成为来往行人歇脚休息之地。这座方便行人休息的路廊，一直保存到1986年，马路扩建时才被拆除。

箬横姑娘重情重义、知恩图报之丹心，为时人赞叹不已。赵立方救人危难、不图回报之义举,亦为时人钦佩之至。两者都没有错,都是人间大道正气,为世人所津津乐道。然而恩义良缘,却失之交臂,令人不由扼腕叹息。这一凄婉动人的美丽传说,代代相传,至今不衰。

殿东笑谈生有律诗叹曰:

> 滩头桥畔路廊间,至今恩义佳话传;
>
> 重情重义靓佳丽,厚道厚德好儿男。
>
> 知恩图报人心暖,阴差阳错众意寒;
>
> 人间大道有正气,挚情褒扬千古谈。①

————————————

① 本故事系赵军根据赵守正写的《滩头桥路廊传说》改编。

第十章　往事钩沉

第一节　家史选录

赵家美：我的家史

　　解放前，我家只有八尺堂两间小屋，一张破眠床，一个小菜橱，一只破箱，房间里只容一个人走路。锅灶设在屋檐下面，但是锅灶是无法用来烧饭的，在锅灶窝里摆一只缸灶来烧饭，旁边摆一张漏了桌板、烂了桌脚的破小桌。家里只有一角田。这就是我家的全部家产。

　　后来，那屋檐由于风吹雨打日头晒，逐渐倒塌。有一天，下大雷雨，我家正在烧饭，那剩下的一点屋檐也倒了下来，正好砸在锅上，把米都砸到了地上，从此锅灶和小桌就直接在天空下，没有遮挡了。

　　话还得从头说起。我娘3岁死了娘，9岁那年的十二月二十六日被接到殿下来做童养媳。我娘结婚时，连衣服、被絮都是借来的，只有一个被壳，哪里有钱办嫁妆！

　　我家生活苦啊，娘去黄岩横山洞一户地主家做烧火（厨娘）。除烧饭外，还要扫地、洗衣裳，整天没一点空闲的。冬天结冰，他们的衣帽也逼着我娘去洗，冷啊，双手好像不是自己的一样。整天整天地做啊，不吃饱饭怎么做啊！地主天天说我娘饭吃多了，规定不准吃三碗——那碗是小碗，而且不能盛满。有什么办法呢，只得挨饿。

这家地主开有酒坊，到了第三年的十二月，他家做糕，找了许多做糕客来。糕做完后，我娘舀了两碗米烧给做糕客吃，被地主看见了，可就遭难了。他们骂啊，恶狠狠地骂啊。我娘伤心得哭了，他们还是一个劲地骂了一两个钟头。第四年正月，我娘实在受不了，气愤地离开了可恶的地主，回到了家里。

我父亲去宁波做长工。他经常发流火，没有及时得到治疗，回家后，得了"大脚风"这种病，不能劳动了。一家四口人，爸爸、妈妈、两个姐姐（那时我还没有出生），全靠妈妈做烧火厨娘、献奶（指当奶娘）生活。我娘生下二姐姐才对周，为了生活，去献奶，姐姐却吃不到娘的奶。

1937年4月，娘生了我，仅6个月后，同年10月13日，我爸爸因生"漏底疯"（一种腿脚风湿病）死了。一家5个人，只有一张眠床挤着睡。爸爸死了，尸体只好停放在锅灶旁的地上，全家人哭啊，哭得死去活来，没有钱安葬啊。穷人辛勤劳动了一生，死了连棺材石板也没有啊。后来，还是去化了一点钱，才算料理了爸爸的丧事。这眠床也没洗，那抓来只一把的被子洗一洗，第二天夜里就又盖在我们四个人身上了。

爸爸死后，生活更苦了。那一亩大租田要在山后葫芦池车水，我娘哪里干得了农活，只得典给别人种了。可那一角田是命根子啊，没有谷种种，我娘又不会插田。天下穷人是一家。隔壁的赵家定借我家的田播秧，再把秧苗换给我家，还把我家的田也插下去了。我娘自己摸田，自己割稻。特别是早稻收割时，家里没有稻桶，那一角田离开稻桶坛有六七十米远，我娘担不动稻架担，只得等别人稻割闲了才去割，割下的稻再一把一把地从田里送到稻桶前打稻，一角田都要割上一整天的时间才能割完。

可是，单靠这一角田怎么能维持一家四个人的生活？我娘只得整天去帮人家磨粉，每天要磨四斗，又帮中农家砻米等等，换取几斤工钱米来过日子。后来，就给本村保长赵雨家烧火。赵雨家到了插寄晚（稻）的时候，还有很多水浸麻糍吃不完，那些麻糍都很臭了，吃到嘴里让人直想吐，可是他却要我娘和做插寄晚稻生活的短工们吃。怎么吃得下啊？可是保长说，你们帮我做工，还给你们麻糍吃，命太好了。真是害怕我们穷人不死啊。

到了年关，我娘半夜三更地去敲榔，有时每夜要敲两次榔，下雨下雪天黑天冷都得敲，为的是多换一点米、一点糕能过年。那时我还小，只有一岁半，娘去敲榔，我一个人冷，在床上哭，有什么办法呢。

对于我们穷人来说，过年不是享福，而是受难啊。每年正月，从初一起，我娘就带着我们姐弟去讨饭。这样前前后后讨了 30 年左右，一直到解放为止。那年正月初二，下大雪，我娘一手拉着赤脚的我姐姐，背上背着我，还背着讨来的东西，从双桥讨到桥外。我姐姐赤脚，受不了，冻得麻痛，哭着要回家，我娘没办法，劝她，可她还是一个劲地哭，打她，还是哭。小孩子下雪赤脚走路讨饭，有什么办法呢。

1948 年 2 月，我娘带着我去上海讨饭，到晚稻熟后才回家，天天讨饭，一直讨了 7 个多月。夜里，晴天，就露宿，下雨天，就找小菜场宿。有时突然下雷雨，或找不到小菜场，就眼睁睁地淋雨。一天夜里，半夜左右，突然下起大雨，发大水，当时住的地方水没上来了，冒雨又去找地势高一点的小菜场避雨。

我从小在娘背上跟着讨饭，没有衣裳、鞋子，都是讨点破烂不堪的来穿。家里连蚊帐、被子也没有，哪里谈得上做新衣服。下雨时，就蹬着砖头、木楼走路。直到 1952 年，我才穿上了第一双新鞋。

解放前的苦啊，十天十夜也说不完！

解放后，毛主席共产党领导我们穷人把地主打倒了，劳动人民当家作主。土地改革时，我家分得了笑篥最好的里透地主屋一间楼屋，还有一间小屋，还分得没收来的全村最好的玻璃橱、炕床、饭桌等等。现在，我还办了好多家具，如好的棉被、闹钟。这是经济上的。政治上更是无法形容。土改时，斗地主，分田地，当儿童队。1962 年下半年到 1974 年 2 月，我一直担任大队团支部干部。1973 年 4—5 月我担任了大队米面加工厂负责人。1971 年 8 月 15 日，我光荣地加入了中国共产党。①

第二节　巨变回忆

赵仁恩：新中国成立之后的新气象

1949 年 10 月 1 日，新中国成立。

1950 年，农民当家作主，选农会主任，当新农村的新主人。

1951 年进行土地改革，分田到户。1951 年的上半年 5 月 1 日国际劳动节大游行，表达了全村人民对新中国政策的拥护和喜悦。五一期间，本是插秧农忙时节，但由于天气不好，寒冷，早秧烂掉，延迟插田。因此，乡里搞起了国际劳动节大游行，我村的

① 1974 年 2 月，林增明根据赵家美在田下大队忆苦思甜大会上的口述整理。文中的"我"为赵家美。

游行节目是政治漫画:中国国民党的蒋介石和美国的总统杜鲁门。村民赵振友扮演蒋介石,赵家祥扮杜鲁门,大家开展诉苦和斗争。这表明新中国成立之后农民的政治觉悟提高了。

1953年,村里响应政府的号召,组织互助组。在驻村干部王彩英(女)的带领之下,走上了互助的道路,一直到1954年。这两年的互助组行动,也给以后组织农业生产合作社奠定了基础。

1955年,全村走农业合作的道路,开始成立低级社,逐步走向高级社。全村分为12个生产队,从东到西,统一安排,统一分配。东边双桥头为第一生产队,西边筅箍为第十二生产队。凡属于生产队收入的稻谷和番薯,统一分配到户。

1958年,为了解决农田灌溉水利问题,建造太湖水库蓄水,1959年建好,这就是第一件大事。第二件是奇事,就是吃大食堂。全村有800多人一起吃饭,一起劳动,敞开肚皮吃饱饭。吃饭不受限制,你喜欢吃多少就吃多少,从古至今没有过,全村像一家人那样过生活。第三件是喜事。为了庆祝1958年的10月1日国庆节,我村男女老少800多人,都在这一天吃上了糯米麻糍。

1960年间,政府指示进行兴修水利。我村分派劳动力自带伙食,自带被铺,到金清雨伞那边挑河。从1960年的下半年到1961年春耕前结束,基本完成金清闸疏浚水利工程。1961年冬季,山头矮挑河,我村设立食堂烧饭。在那时候没有车子,都用自己的肩膀,差派劳动力到黄岩城里买松枝挑来烧饭。可见那时的人思想好,忠心耿耿,不怕艰苦,衷心办事,没有私心,首先把集体的事业放在首位。

以上所记载的,自1949年10月1日新中国成立后,一直至1962年12月底挑河完成而回家,展现的是我村在党的正确领导下所形成的农民走集体化道路的新气象。

第三节　今事纪实

赵军:殿下村会餐记

2016年10月2日,星期天,国庆节第二天,农历丙申年九月初二日。今天晴空万里,秋日的阳光灿烂明媚,空气清新,这入秋后的良辰佳节,真是秋高气爽好心情的好日子啊!

下午四点半,我驾车向殿下村村部进发。车到筅箍滩头桥,前路已是车水马龙,拥堵不堪。我慢慢地开车跟着其他车辆前行。到了殿下桥处,这里到处人流车流,且路两旁也停满了各种各样的轿车,车子除本地车牌的之外,还有很多外省牌照的。人流车流熙熙攘攘,川流不息。再往前即是殿下村村部大戏台了,也早已车满为患。人们都一同奔向东南面的一幢在建的新大楼。在这大楼上空大吊车高耸入云。大楼正面从上到下披红挂彩。这番场景煞是热闹非凡,犹如大溪市日街上赶大集一般。

今天是什么日子? 殿下村中心路如此人多车集的大热闹,这可是有史以来从未有过的。

请看大楼前的大红披带,书曰:

> 念母洋村村委会祝贺殿下村新村部大楼落成典礼
>
> 下山后村村委会祝贺殿下村新村部大楼落成典礼
>
> 双凌村村委会祝贺殿下村新村部大楼落成典礼
>
> 浙江民泰商业银行大溪分行祝贺殿下村新村部大楼落成典礼
>
> 浙江农村商业银行大溪分行祝贺殿下村新村部大楼落成典礼
>
> 温岭国土资源管理局大溪分局祝贺殿下村新村部大楼落成典礼
>
> 温岭城建规划局大溪分局祝贺殿下村新村部大楼落成典礼

还有桥外村的、桥里村的、双桥村的等等村委和单位,挂满了大楼整个正面。

噢! 原来今日是殿下村新村部大楼上梁大吉的大日子。所来的人都是本村的群众,他们是从四面八方赶来参加新村部大楼落成典礼和全村大会餐的。

大会餐,全村群众都来参加的大会餐,这可是盛况大事。参与者,不光有在家的人,还有外出做生意的人,他们不远千里从全国各地赶回来,甚至还包括像我这样户籍不在村里的老居民。因此人数之多,也是空前的。

我带着女儿,跟着来接我的老父亲向大楼的大门口走去。人们鱼贯而入。大门口,村主任赵建勇满面春风,笑容可掬。他正向来往的人们打招呼,握手问候。见到我老父亲(他俩是老相识),便热情地上来打招呼:"一要叔,全家都来了吧?"老父亲笑着回答道:"还有两个不来了。这是我儿子和孙女。多谢村委领导关怀,不忘我们这些挂外(户籍在外)人员。"

"应该,应该,都是本村的人嘛。"建勇道。

"还是你这个村主任能干,建成了全镇最高最大的村部大楼,流芳百世啊!"我老父亲说。

"哪敢,哪敢! 这是全村人民的功劳。我一个小小村主任算什么。"建勇谦虚地回答道。

寒暄过后,我们走进大门,步入宴会大厅。大厅还没有装修,但很宽敞明亮。这里已是人声鼎沸,人头攒动,热闹非凡了。大家正围坐在大菜桌旁,推杯换盏,觥筹交错地开宴了。我有诗为证:"人声鼎沸百席开,举村宴会史空前。男女老幼齐欢笑,不是过年胜过年。"

我们是二组的,按编号找位子落座。二组的与会者,大多是我以前的老邻居,以及公社化时代同生产小队的人。现在大家各居西东,很难碰面,所以今日相见,格外亲切。大家互相打招呼,问长问短。

开宴了,大家先吃桌上摆放的冷碟八盆,然后是厨房陆陆续续端上来的热菜。酒、饮料放在地上,大家各自随意取用。我阿叔增福和清波,以及家球、本法、家林、照来等人做厨,给大家上菜。先后陆续上来 16 道热菜,有:盐水白虾、红烧猪肉、大红膏蟹、清蒸鲳鱼、清蒸黄鱼、青椒肉片、夏菇西芹、茭白肉片、芦笋肉丝、清炖羊排、板栗牛肉等等。大家一边吃一边聊,唠着家常。

我说:"今天好热闹啊!全村'斗缸曲'(本地方言指会餐),规模这么大,大溪区里有史以来,从未有过啊!"我的老邻居好朋友清波——他是党员、前村委治保委员——接口说:"是啊!多难得啊!前天我来叫你来,你还推辞不来。平常大家难见面,现在在此聚餐会一会,该多高兴啊!"我连声称:"是,是。"我又问:"这么多人,人山人海的,有多少人啊?"清波说:"村委初步估计约 1400 人参加。"

"那要多少桌宴席啊?"

"预定 180 桌,其中包括邻村友好村和相关单位前来祝贺的邀请宴。村委统一买菜,然后分发给各村民组。全村 6 个组。宴席从大门口一直排到二楼。各组自己负责做菜上席。"

"那要不少开销吧?"

"开销肯定不小,但今日新村部大楼典礼是全村人的大事,也是大家的光荣。花点钱值得。何况大家也可因此热闹热闹,叙叙旧。再说村里现在的收入还不错,每年平均每个村民有 5000 元的红利分。"

"这是谁想出来的创意?举办这么好的大宴会。"

"这次建新大楼,村委和全村村民都很高兴,所以决定要庆贺一番,并邀请友村和友好单位代表前来同乐。今晚是第一餐,明晚还有一餐,到时你一定要来哦!"

"好,好。不过明晚我有事来不了,多谢了!这个村部真大,全镇第一了,值得庆贺。"

"新村部大楼占地约 10000 平方米,设计高为 20 多米,上下 6 层。目前是全镇最大的村部大楼。"

"全村出动,人都聚在这里,家中无人看护,怎么办? 安全吗?"

"村委早就想到了,每组都派有两名联防队员看家护院,所以大家尽管放心用餐。"

大家一边吃,一边唠着各自的话题。忽然有人说:"这么多菜,恐怕吃不完,会浪费。"旁边席上有两个年轻后生随口说:"浪费就浪费吧,丢了就是了。"

"不能丢,不能丢,剩下的可以带回家热热,下顿吃,扔了太可惜了。"说话者是清波的老父亲守卫。他是个地地道道的老农民,也是个从小就面朝黄土背朝天的农民。他接着说:"要珍惜粮食啊! 糟蹋粮食可耻啊!"听到此处,我不禁想起了唐代诗人李绅的诗来:"锄禾日当午,汗滴禾下土。谁知盘中餐,粒粒皆辛苦。"守卫的话一落,席中多位老人应和。有位老者说:"以前困难,没有饭吃,日子多么艰难啊! 1958 年'大跃进'之后的三年困难时期,连饭都没得吃,不少地方饿死不少人,哪有今天这么好的鸡鸭鱼肉吃啊! 你们年轻人真是身在福中不知福啊!"又有一位年长的中年人接口说:"是啊! 以前的苦日子现在的年轻人是难以理解的。如果没有改革开放,还像以前那样搞大集体,哪有今天的好日子? 哪有今天大家住高楼,村委盖大厦? 更不会有今日的全村大会餐了。"

大家正热烈说道间,我的好友灵辉等人从四组举着酒杯走过来,向我们敬酒致意。大家互致贺词,相互敬酒,把酒庆贺新大楼之建成,生活奔向小康。大家有说有笑,宴会场里,人群之中,相互流动庆贺。正是:将进酒,杯莫停……烹羊宰牛且为乐,会须一饮三百杯!

夕阳西下,大会餐渐渐进入尾声,大家三三两两地退席,陆陆续续走出大楼。我也酒足饭饱,走出了聚餐大厅,心中还想着:这是多么热闹的场面啊! 美味的佳肴,温馨的聚会,真是回味无穷。一丝秋风凉凉地拂面而过,我一抬头,只见落日余晖正照耀着身旁高耸矗立的大楼,给这幢百年工程的大厦涂上了金碧辉煌的亮色,这是多么的壮丽啊! 此情此景,让我又想起了唐人白居易那首描写金秋景色的诗句来:"一道残阳铺水中,半江瑟瑟半江红。可怜九月初三夜,露似珍珠月似弓。"

附　录

附录一　殿下村民录(1956 年)

1956 年,农村实现农业合作化,农业从个体经济走向集体经济,农民组织起来,走共同富裕道路。自此,村民的户籍普查和登记从村级基层组织开始,全面而系统地进行,一户不落,一人不少,十分精确。根据赵有恩会计当年保存的原始户籍记录资料,1956 年殿下全村共有 180 户,698 人,其中男 358 人,女 340 人。据统计,四世同堂 1 户(赵良金),三世同堂 23 户,占总户数的 13.3%。一家五口人的 25 户,六口人的 20 户,七口人的 13 户,八口人的 8 户,九口人的 1 户;一家五口人及以上的共有 67 户计 409 人,分别占总户数的 37.2% 和总人口数的 58.6%。[①]

分户名录如下(排名不分先后,按户籍记录排序,个别人员无名字记录):

1. 户主赵斯伦,妻王玉姐,母许小姐,三弟赵振传,四弟赵振力,三妹赵小凤,子赵一堂

2. 户主赵一彩,妻卢小花,父赵振志,母谢三妹

3. 户主赵一义,妻叶桂夏,长女赵法彩,继父赵振和,继母。

[①]　本名录相关资料来源:殿下村档案室。

4. 户主赵一顺,妻张玉凤,长女赵法娇,次女赵彩芳,子赵法林

5. 户主赵一仁,妻卢彩莲,子赵法正

6. 户主赵若明,妻叶彩芽,长子赵家法,次子赵家友,三子赵家财,长女赵菊芬,次女赵春莲,三女赵菊英,父赵振灯

7. 户主赵一忠

8. 户主赵仁恩,妻林领姐,长子赵若林,次子赵若森,长女赵香莲,继父赵克信

9. 户主赵有恩,母陈三姐

10. 户主赵如家,妻刘小英,次媳卢彩姐,三子赵茂顺

11. 户主赵一海,妻谢莲,长女赵玉姐,次女赵玉领

12. 户主赵文香(女),母周氏

13. 户主柯彩英(女),子赵仙福

14. 户主赵巧元(女)

15. 户主赵一盼,妻林二妹,长子赵桂法,次子赵云初,次女赵玉彩

16. 户主赵一富,妻鲍香女,子赵学松,女赵彩玉

17. 户主赵一秋,妻潘彩领,弟赵一东,长女赵玲花,次女赵荷花,三女赵荷领

18. 户主赵守增,妻鲍妹娇,伯父赵家宽,伯母蔡氏

19. 户主赵一信,妻张香莲,子赵学夫

20. 户主赵一其,妻高大凤,长子赵法达,次子赵法友,三子赵法顺,四子赵法初,五子赵法华

21. 户主赵妙林,妻朱玉妹,长子赵法云,次子赵法寿,长女赵领香,次女赵领芽

22. 户主赵妙法

23. 户主赵振培,妻翁小领,子赵一标,儿媳谢冬姐,女儿赵梅芳

24. 户主赵若富,妻叶香莲,子赵家勤,长女赵菊清,次女赵菊云,三女赵菊财,四女赵菊飞,妹赵氏

25. 户主赵小桃,妻王妹英,长子赵法兴,次子赵法林,长女赵菊彩,次女赵菊荷

26. 户主赵一团,妻朱妹姐,长女赵兰香,次女赵春香

27. 户主赵家朋,父赵一治,母王领妹,弟赵小朋

28. 户主赵法根,妻谢妹领,长子赵小玉,长媳林妹青,次子赵小明,长女赵菊琴

29. 户主赵达仁,妻许小花,母李老五,长子赵美聪,长女赵美彩,次女赵美菊

30. 户主赵一兵,妻毕小彩,子赵家林,父赵振方,妹赵梅香,妹赵肖云

31. 户主赵小连,妻郑夏领,母林香,长子赵祖青

32. 户主赵一浩,妻郑二妹

33. 户主赵克桃,妻张玉英,弟赵阿五

34. 户主赵一明,妻金红花

35. 户主赵一东,妻叶领凤

36. 户主赵家寿,妻管香英,长子赵云桂,次子赵贤苏,长女赵荷芳,次女赵方球,三女赵荷花

37. 户主赵家增,妻张领姐,长子赵贤正,次子赵贤齐,长女赵美云

38. 户主赵扶士

39. 户主赵菊生

40. 户主赵家冶,妻张香姐,母金小凤,长子赵青方,次子赵守尧,长女赵娇凤,次女赵素娟

41. 户主赵林根,妻林菊英,母徐小香,长女赵春莲

42. 户主赵一仁,妻孙玉领,长子赵家顺,次子赵家清,长女赵菊荷,次女赵荷凤,三女赵凤娟,母林小女

43. 户主赵一福,妻姜领姐,子赵云清

44. 户主赵一营

45. 户主赵一桂,妻林文香,长子赵本顺,次子赵家来,三子赵本云,长女赵菊芳,次女赵兰芳

46. 户主赵小宽,妻张小妹,长子赵本富,次子赵本法,长女赵菊兰,次女赵夏姐

47. 户主赵振友

48. 户主赵道尧,妻陈四姐,父赵一玉,长子赵福生,次子赵连法,长女赵菊清

49. 户主赵一昌,妻卢小姐,母俞领妹,长子赵华友,次子赵华云,三子赵华宝

50. 户主赵小歪,母叶领香

51. 户主赵一奎,妻孙领凤,长子赵友根,长女赵有琴

52. 户主赵振钿,妻鲍英妹,长子赵一朋,次子赵万春

53. 户主赵华春,母赵如云

54. 户主赵振退,妻鲍妹姐,长子赵一要,次子赵增福,长女赵菊莲,次女赵彩莲

55. 户主赵振满,妻张妹儿,长子赵一志,次子赵生财

56. 户主赵一桃

57. 户主项二姐(女)

58. 户主赵振纠,妻金玉莲

59. 户主赵家祥,妻徐玉领,长子赵守贤,母张梅兰,弟赵家丁,弟赵家亨

60. 户主李金祥,妻赵小领,长子李德先,次子李法兆

61. 户主赵家礼,妻王小英,长子赵守生

62. 户主赵家华

63. 户主赵家云,长子赵守土,次子赵守行,三子赵贤忠,四子赵贤聪,长女赵荷兰,母郑三妹

64. 户主赵家俭,妻叶娇,父亲赵一浩

65. 户主赵守茂,妻朱素琴,母毛三妹

66. 户主赵家治,妻张三妹,长子赵贤庆,次子赵小庆

67. 户主赵守根,母张领香

68. 户主赵恭沛,妻江小妹,长子赵守华,次子赵守荣,长女赵守夏

69. 户主赵一炳

70. 户主赵一启,母叶妹凤,妹赵玉兰

71. 户主陈四姐(女),长子赵宗香,长女赵彩花,次女赵彩芽,三女赵彩云

72. 户主赵克端

73. 户主赵家定,妻谢二妹,母杨三妹,长子赵守元,次子赵守富,长女赵妹芳,次女赵妹兰

74. 户主赵一良

75. 户主赵守志,弟赵守会,母陈夏英

76. 户主赵家兵,兄赵家乐,母叶领

77. 户主赵家福,长子赵守明,母潘夏姐

78. 户主蒋香妹(女)

79. 户主赵家新,长子赵萍萍

80. 户主赵守顺,母潘夏姐

81. 户主蔡花(女),长子赵道友,次子赵小宝

82. 户主赵一玉,妻周娇夏,长女赵小英

83. 户主赵良金,妻林妹兰,母盛花,长子赵法松,祖母赵谢氏

84. 户主赵一如,妻王玉凤,长子赵家君,长女赵香莲,次女赵富莲,母凌氏

85. 户主赵振顶,妻李冬英,母张三妹,长子赵法明,次子赵法云,三子赵三妹,长女赵领妹

86. 户主赵一元,妻林夏兰,长子赵法良,次子赵法连,长女赵香凤,次女赵春凤,三女赵菊彩

87. 户主赵文法,妻王小姐,长子赵四妹,次子赵一和,次女赵香姐,三女赵香女,四女赵香英

88. 户主赵振宝,长子赵法顺,次子赵法海,三子赵法林

89. 户主赵一德,妻王荷妹

90. 户主赵家文,妻金小莲,长女赵菊红

91. 户主赵振莫,妻张小妹,长子赵一间,次子赵一炬,三子赵一云

92. 户主赵振增,妻陈小花,母,长子赵一林

93. 户主赵一凤,妻潘彩领,长子赵家初,次子赵小初,长女赵香琴,母王四妹

94. 户主赵一时,妻陈香姐,长子赵家明,母金领香

95. 户主赵家来,妻陈小领,长子赵守勤,长女赵桂夏,次女赵小夏,三女赵春芳

96. 户主赵家茂,妻林三姐,侄赵珠龙

97. 户主赵家友,父赵一岳,母王荷花

98. 户主林昌格,妻谢小女,长子林法明,三女林玉姐,四女林玉莲,五女林莲香,六女林冬兰,七女林荷英

99. 户主潘小妹(女)

100. 户主赵一池,妻潘二妹,长子赵家富,次子赵小夫,三子赵家方,长女赵桂花,次女赵小花

101. 户主赵家春,母王彩领,大姐赵春领,妹赵冬姐,妹赵冬凤,妹赵冬琴

102. 户主胡五妹(女),长女赵桂英,次女赵小美

103. 户主赵振元,妻林娇凤,长女赵梅福,次女赵妹琴

104. 户主赵一头,弟赵一正,父赵小江

105. 户主赵春法,母叶凤姐,妻孙彩娇,弟赵小春,弟赵春来,妹赵夏琴

106. 户主赵振友,妻顾领姐

107. 户主赵振福,妻谢玉凤,母王三妹

108. 户主赵振尧,妻孙小凤,母鲍三妹,长子赵宝明,长女赵彩琴

109. 户主赵守清,母陈小领,妹赵彩娟

110. 户主赵一宗,妻尤香姐,父赵振方,母张领姐,长子赵华君,弟赵一保,弟赵一友,妹赵玉莲

111. 户主赵振好,妻罗妹英,女赵法彩

112. 户主赵顺茂,母陈领花,妹赵梅青

113. 户主赵一连,妻张三妹,次子赵家仁

114. 户主赵振中

115. 户主赵一法,妻王彩芽,长子赵本连,次子赵本富

116. 户主赵家灯,母王四妹

117. 户主赵一记,妻王小凤,长子赵玉清,长女赵香娇,次女赵领娇

118. 户主卓妙德,妻杨梅香,长子卓玉兰

119. 户主赵一达,妻柯冬英

120. 户主赵一通,继子赵家开

121. 户主钟小香(女)

122. 户主赵振桃,妻金凤姐,长子赵法先,次子赵法增,三子赵法夫,长女赵领娇,次女赵素琴

123. 户主赵一富,妻鲍玉姐,母潘四妹,长女赵玉莲,长子赵和德

124. 户主赵家林,母林二姐

125. 户主赵一春,妻卢妹英,长子赵长波,次子赵继夏,长女赵贤琴

126. 户主赵家汉,父赵一冶,母蒋妹英,弟赵家田,妹赵香云

127. 户主赵香云(女)

128. 户主赵家地,父赵一连,母蒋春姐

129. 户主赵照连,母黄玉姐

130. 户主江三姐(女),婆潘小妹

131. 户主赵济法,妻卢夏连,长女赵素娟

132. 户主赵振清,妻王夏香,长子赵一茂,次子赵冬方,长女赵冬领,次女赵香琴

133. 户主赵家金,妻赵彩香,长子赵和菊,岳母许二姐,岳父赵一油

134. 户主赵一德,妻郑秀英

135. 户主赵家现

136. 户主李五妹

137. 户主赵一洪,妻卢花女,长子赵和春

138. 户主赵守满,妻钟冬青,母林领,长女赵菊莲,次女赵莲芳

139. 户主赵夏连,妻赵妹姐,长女赵福云,次女赵云芳

140. 户主赵夏清,弟赵一秀,父赵振灯,母叶三妹

141. 户主赵克彩,妻王二妹,子赵玉香,儿媳杨凤领,长女赵素琴,外孙女金星雷

142. 户主赵家喧,妻叶领凤

143. 户主赵荣庚,妻王四妹,长子赵一友,次子赵一松,三子赵一增,四子赵小云,长女赵桂兰,母杨氏

144. 户主赵一标,妻卢彩玉,长子赵家唐,次子赵和海,长女赵夏英

145. 户主赵家富,长女赵梅香,次女赵冬妹

146. 户主刘四头,妻潘二姐,长子刘照梅

147. 户主杨荷花(女),长女赵贤燕,外甥陈小农

148. 户主赵一照,妻陈春兰,长子赵西林,长女赵妹芳,次女赵小芳

149. 户主赵家山,妻李玉姐,长子赵守田,次子赵守正,长女赵荷领

150. 户主赵志行次子赵阿星

151. 户主赵家美,母谢小女

152. 户主罗领姐,次女赵彩娇

153. 户主林美泉,妻张领姐,长子林大生,次子林增来,三子林增民,四子林万荣

154. 户主赵昌友,妻王姐头,子赵家和

155. 户主赵振国,妻王三姐,母陈夏英,长女赵娇领,次女赵娇花

156. 户主刘中标,妻赵姐头,子刘照林,长女刘照凤,次女刘照莲

157. 户主骆仙根,妻赵桂香,子骆小春,母张三妹,次女骆玉领

158. 户主骆小连,妻谢小领,长子骆春法,长女骆玉妹,次女骆玉英

159. 户主赵家培,妻叶香领,长子赵守顺,父赵一仁,母叶妹凤,弟赵家启,妹赵连香,妹赵领妹

160. 户主赵一间,妻戴领凤,子赵法宝,女赵春姐

161. 户主赵仁法,妻鲍荷琴,父赵一锵,母鲍凤英,弟赵家友,弟赵家兴,妹赵彩领

162. 户主林秀芳(女),长子赵守文,祖母黄氏

163. 户主赵启义,弟赵启平,兄赵启志,妹赵小娥

164. 户主林美金,妻潘荷英,长女林彩芽,次女林彩娟

165. 户主林秀英(女)

166. 户主赵玉增,妻王彩领,长子赵一夫,次子赵小夫,三子赵一顺

167. 户主赵振思,妻鲍小领,外甥赵仙春

168. 户主鲍妙东,父鲍祖凤,母赵二妹,妹鲍夏英,妹鲍菊彩

169. 户主杨继法,妻刘大姐

170. 户主蔡仁朋,子蔡良法

171. 户主蔡二姐,妻王凤姐,母柯珠妹

172. 户主林美地,妻罗四妹,子林大法,儿媳许妹香,长孙林照夫,次孙林照宋,三孙林照岳

173. 户主杨继友,妻谢领凤,长子杨和宝,次子杨和顺,三子杨和连,女杨冬妹,儿媳胡彩花,母陈氏

174. 户主杨玉领(女)

175. 户主卢彩芽(女)

176. 户主童正才,妻张三妹,长子童玉定,次子童玉林

177. 户主赵妙寿,妻郑荷领,母章妙领,长女赵香凤,次女赵小凤

178. 户主赵振勇,妻林春兰

179. 户主赵克华,妻王三妹

180. 户主赵洪友,母鲍大姐

附录二　殿下村民录(2022年)

截至2023年1月1日,殿下全村在册人口共500户1470人,其中男739人,女731人,赵姓人口889人,占60.4%,四世同堂35户。全村计82个姓氏,12个主要姓氏家族,包括:赵、林、蔡、杨、骆、鲍、刘、童、金、李、卓、毕。①

分户名录如下(排名不分先后,按户籍记录排序):

1. 户主赵守云,妻子孙冬娇

2. 户主赵晨惠,妻子李潇潇,长女赵梓伊,次子赵浩宇

3. 户主赵加文,妻子金小莲

4. 户主赵守才,妻子王文飞,次女赵婷婷

5. 户主谢小夏

6. 户主赵福生,妻子孙素莲

7. 户主赵斌峰,妻子赵云萍,长女赵悦佳,二子赵晨浩

---

① 本名录相关资料来源:殿下村档案室。

8. 户主赵连法,妻子郑菊冬

9. 户主赵国良,妻子戴莹莹,长女赵可,次子赵辰予

10. 户主赵加泉,妻子潘菊飞,外孙女郑子诺,长女赵晓肖,女婿郑帮满

11. 户主赵加宝,妻子卢金玲

12. 户主赵吉,妻子应洁,长女赵之语

13. 户主赵顺,妻子李双喜,长子赵晟羽

14. 户主赵云琴

15. 户主赵永良,妻子元丽丽,长女赵梓园,次子赵俞淇

16. 户主赵法林,妻子姜桂凤

17. 户主赵慧君,丈夫胡立富

18. 户主赵守行,妻子金玉凤

19. 户主赵启明,妻子李红卫,子项玺钰,子赵昱杰

20. 户主赵伟,妻子翁伟芬,长子赵程洋

21. 户主王小琴

22. 户主赵守敏,妻子徐玉玉,长女赵雨梦,次子赵文韬

23. 户主赵守超,妻子廖美除,长子赵宇奇

24. 户主赵坚华,妻子卢婉君,长子赵毅轩,二女赵高娴

25. 户主蔡公飞,妻子赵小萍,长子赵栩强

26. 户主赵家方,妻子李香娟

27. 户主赵国庆,妻子张海燕,长女赵冰晶,次子赵伟杰

28. 户主赵本云,妻子詹素芳

29. 户主赵军斌,妻子吴建芳,长子赵致懿,二女赵芊芊

30. 户主赵夏领

31. 户主赵海军,妻子陈我优,长子赵梓浩,次子赵子轩

32. 户主赵家东,妻子赵夏素,二女赵鲁露

33. 户主赵疆波,妻子林英英,长子赵宸毅

34. 户主赵卫云,妻子朱莎,长女赵婉仪,次子赵煜彬

35. 户主赵法顺,妻子卢彩青

36. 户主赵富增,妻子陈小娥,长女赵奕然

37. 户主李法兆,妻子江素兰,长子李文辉,孙女李可欣,孙子李明轩

38. 户主李德先

39. 户主李清军,妻子黄菊琴,长女李胤晓,次子李宇晨

40. 户主赵加方,妻子赵玉彩,长女赵婉青

41. 户主赵法满,妻子李春花,次女赵海莹,外孙女赵瑾萱,外孙赵炫均

42. 户主赵法俭,妻子徐玉莲,次子赵德华,儿媳赵群伟,孙子赵泽元,孙子赵泽文

43. 户主赵家青,妻子陈冬姐

44. 户主赵建明,妻子黄海清,长女赵赟婷,次女赵眉雅

45. 户主颜香领

46. 户主赵守德,妻子杨娇娟,长子赵昌昌,儿媳林玲玲,次女赵杨,孙女赵梓涵,孙子赵梓煜

47. 户主赵守军,妻子吕玉连

48. 户主赵文滔,妻子叶璐遥,长子赵浩权,次女赵浩朵

49. 户主张香莲

50. 户主赵学夫,妻子黄香妹,长女赵晓慧,外孙女赵曼伊

51. 户主赵安瑜,妻子金巧玲,长女赵子涵,次子赵子鸣

52. 户主赵法定,妻子赵彩菊

53. 户主赵法华,妻子卢彩凤

54. 户主赵平卫,妻子林金英,长女赵芷安,次子赵晟亦

55. 户主赵雪华

56. 户主金少慧,妻子赵静,长女金语曦

57. 户主赵国宝,妻子王珠妹

58. 户主赵鑫,长子赵晨航

59. 户主卓胜利,妻子罗孙芬,长子卓棋龙

60. 户主赵云辉,长子赵敏

61. 户主王春香

62. 户主赵小云,妻子赵素娇,二女赵晨雪

63. 户主赵晨阳,妻子赵璐婷,长女赵翌可,次子赵禹淇

64. 户主赵友根,妻子郑新香

65. 户主赵学友,妻子邵雪英,次子赵广洁

66.户主赵学松,妻子赵彩英

67.户主赵建斌,妻子赵菊玲,长女赵心宇,次子赵成浩

68.户主许小英,长子赵辉,儿媳张菊微,长孙赵浩羽,孙女赵羽诺

69.户主赵松青,妻子赵雪君,长子赵强

70.户主赵法兴

71.户主赵松谱,妻子张夏娟,长女赵佳宇,次子赵仙勇

72.户主赵法春,妻子金美香,次子赵黛琪,儿媳林彦,孙女赵若汐,孙子赵景文

73.户主赵加来,妻子卢香菊

74.户主赵江建,妻子罗丹,长女赵茹怡,次女赵茹萱,三女赵茹钰,四子赵烨彤

75.户主赵君华,长子蔡文博,二女蔡语汐

76.户主陈夏花

77.户主赵炳灵

78.户主赵美德,妻子赵玉琴

79.户主赵美勇,妻子杨春芳

80.户主赵宇灵,次女赵梓婷

81.户主赵家明,妻子赵菊英

82.户主赵一时

83.户主赵家云,妻子赵云飞,长子赵宇峰,次女赵航樱,儿媳叶梦璐,孙子赵铭哲

84.户主赵启才,妻子程彩领

85.户主赵云东,妻子李可可,长子赵尹恺,次女赵尹沫

86.户主卓玉兰

87.户主卓法美,妻子吴玉秀,长女卓宇涵

88.户主林德富,妻子鲍玉香

89.户主林杰,妻子季璐雅

90.户主赵道友,妻子潘小娟

91.户主赵士明,妻子赵海丽,二女赵雨荷,三女赵莹

92.户主赵小宝,妻子赵小娟,次子赵旭阳,孙子赵宇航,孙女赵心妍

93. 户主赵守贤,妻子谢春梅

94. 户主赵挺峰,母亲杨文润

95. 户主郑彩玲

96. 户主赵守建,妻子潘燕芽,长子赵豪晨,次女赵晗玥

97. 户主赵春香

98. 户主赵贤庆,妻子叶彩琴,长女赵婉丽,次子赵小龙

99. 户主赵小庆,妻子郑云莲,长子赵国金,儿媳王佳丹,孙子赵铄,孙女赵洛柠

100. 户主赵若舜,妻子潘素青,儿媳卢连芳,孙女赵桉

101. 户主赵仁恩,妻子林领姐

102. 户主赵守林,妻子赵雪花,次子赵瑜,儿媳凌艳

103. 户主赵守增,妻子李香娟,次子赵于军,孙女赵薪朵

104. 户主赵云富,妻子赵君辉,长子赵宇涵

105. 户主赵宗启,妻子金玉凤

106. 户主赵云军,妻子赵玲秀,长子赵鑫宇,次子赵宇轩

107. 户主王玉香

108. 户主赵富顺,妻子赵海燕,次子赵彦博,长女赵毓华

109. 户主赵有恩

110. 户主林云芽,丈夫赵茂顺

111. 户主赵茂友

112. 户主赵家林,妻子元云琴

113. 户主赵建伟

114. 户主赵美聪,三子赵灵冠,二女赵灵娜

115. 户主赵坚勇,妻子项人芹,长子赵宇航

116. 户主赵加财,长子赵灵江,儿媳蔡攀攀,长孙赵皓宇,次孙赵皓晨

117. 户主赵云富,妻子赵夏青,次子赵乾君

118. 户主赵新曦,妻子钱丹娇,长子赵瀚轩

119. 户主赵家德,妻子蔡夏姐,三子赵志,儿媳潘怩,孙女赵馨雅,孙子赵宇航

120. 户主赵本法,妻子张菊芳

121. 户主赵焕,妻子黄芳芳,长子赵予瀚,次子赵予轩

122. 户主赵加金,妻子龚艳飞,长子赵春辉

123. 户主赵来增,妻子杨巧纯,长子赵营贝

124. 户主张雪燕,丈夫张华高,长子赵高志

125. 户主张小菊

126. 户主赵建敏,妻子王小丽,长女赵凝含,次子赵宇诚

127. 户主滕凤芽,丈夫王升标,二女王倩倩

128. 户主赵守土,妻子叶彩领

129. 户主赵桂通,妻子王小微,次子赵威棋,长女赵王佳

130. 户主赵贤富,妻子吴菊凤,次子赵奔,儿媳叶露涵,孙子赵轩乐

131. 户主赵贤春,妻子叶妙领,次子赵国宇,长女赵秀秀,外孙蔡沐源

132. 户主赵荣高

133. 户主赵华有,妻子张春芽

134. 户主赵平,妻子郑君丽,长女赵琳婧,二女赵馨悦

135. 户主赵友富,妻子叶春芽,三子赵欣楠

136. 户主蔡珠凤

137. 户主赵家满,妻子赵文云

138. 户主赵胡敏,妻子杨巧燕,长子赵烽绮,次女赵泛羽

139. 户主赵华云,妻子赵彩琴,三子赵军德

140. 户主赵建林,妻子赵雪利,长子赵迪,次子赵子腾

141. 户主赵建平,妻子郑玲君,次子赵杰,儿媳金瑶,孙子赵锦

142. 户主赵益华,妻子陈香娥

143. 户主李菊兰,长子赵海顺

144. 户主赵富宝,次子赵健

145. 户主赵富林,妻子叶菊素,次子赵明明,儿媳陈怡雯,孙女赵芯念,孙子赵彦淇

146. 户主赵本顺,妻子程小花

147. 户主赵剑波,妻子潘荷芳,长子赵东升,长媳徐唯希

148. 户主赵增福,妻子谢素夏,二女赵丽阳

149. 户主赵剑,妻子陈君英,长子赵勤航,次子赵晨希

150. 户主赵家顺

151. 户主赵守方,妻子赵小丽,长子赵拯,儿媳乔婷婷,孙子赵宇涛,孙子赵宇泽

152. 户主赵守会,妻子鲍玉兰

153. 户主赵清波,妻子郑彩平,长子赵成远,次女赵晨欣

154. 户主赵清云,妻子卢香琴

155. 户主赵林斌,妻子谢怡,长子赵高泓

156. 户主赵佳怡

157. 户主赵君飞

158. 户主赵法寿,妻子叶美霜

159. 户主赵永敏,妻子金素兰,长女赵雨如,次子赵旌宇

160. 户主赵一云,妻子江凤英,长子赵伟伟,儿媳鲍琴飞,孙女赵梦洁

161. 户主赵家球,妻子谢玲香,二女赵赛赛,外孙女胡熙悦

162. 户主赵远良,妻子牟苏丹,长女赵可依

162. 户主赵家力,妻子赵赛珍

164. 户主赵远挺

165. 户主赵远青,妻子徐会丰,长子赵艺凯

166. 户主杨素琴

167. 户主赵家德,妻子陈金凤,次子赵丹伟,儿媳刘秀秀,孙子赵鑫宇

168. 户主林菊英

169. 户主赵家洪,妻子管彩花,长子赵健阳

170. 户主赵先东,长子赵瑾销

171. 户主赵春芳

172. 户主赵剑红,妻子赵平素,长子赵志伟

173. 户主赵家焕,妻子王贤飞,次子赵秋星,长女赵俐凡

174. 户主赵加仁,妻子金利华

175. 户主赵凌明,妻子徐雪丽,二女赵依婷

176. 户主赵本富

177. 户主赵军卫,妻子陈丹平,长子赵柯瑜

178. 户主毕夏青,儿媳陈柳青,孙女赵雨悦,孙女赵静娴,孙子毕仁杰,

二女赵雪琴

179.户主赵本富,妻子叶小凤,长女赵美丽

180.户主赵建国,妻子张丰华,长子赵泱诚

181.户主赵本初,妻子江菊花,长子赵旭,长孙赵堉彤

182.户主赵云桂,妻子赵萍芳

183.户主赵德,妻子胡美丽,长子赵誉恒

184.户主赵贤苏,妻子赵芳英

185.户主赵霄峰,妻子叶静静,长子赵宣涵

186.户主赵若增,妻子张桂英,次子赵亚琪

187.户主张秋生,妻子庞彩琴,长子赵道兴,次子赵张超,儿媳潘君阳,孙女赵兮瑜,孙子赵奕佐,孙子赵奕佑

188.户主阮凤仙

189.户主赵辉,妻子张丹丹,长子赵韩斌,次子赵梓晨

190.户主赵慧敏

191.户主赵贤聪,妻子郑妹领

192.户主赵启金,长女赵希佑

193.户主赵启华,妻子狄方英,长女赵佳懿

194.户主赵法聪,妻子郑菊琴,长子赵慧敏,女赵柳雅,儿媳邵弯弯,孙女赵伊樱洛

195.户主赵法清

196.户主华林,妻子叶雪琴,长女赵露茜,二女赵露雅

197.户主金香姐

198.户主赵家才

199.户主赵贤标,妻子谢美云,次子赵敏渊,长女赵雯娴

200.户主张领姐

201.户主赵贤齐,妻子王顺清

202.户主赵贤军,妻子王素飞

203.户主赵霄华

204.户主赵华明,妻子谢玲君,三子赵逸,儿媳潘佳,孙子赵轩宇

205.户主赵守尧

206. 户主赵荣伟,妻子方云嫚,次子赵倍颉,长女赵叶雯

207. 户主赵云标,妻子李玲君,长子赵晟威

208. 户主赵本尧,妻子詹素凤,长女赵君虹

209. 户主赵志禄,妻子陶檬檬,长女赵凌溪

210. 户主陈玉梅

211. 户主赵文忠,妻子叶玲君,三子赵涵阳,二女赵叶彤

212. 户主赵云平,妻子袁春花,二女赵敏慧,外孙盆景昱

213. 户主张彦兵,妻子赵肖肖,长子张轩诚

214. 户主赵云卿,妻子谢云娇,次子赵明杰

215. 户主赵明东,妻子陈小薇,长子赵干

216. 户主卫志,妻子赵菊玲,长子赵律

217. 户主赵美云,妻子王玲芳,三子赵海挺,长女赵莹莹,儿媳戴璐琼,孙子赵睿晨,孙子赵睿曦

218. 户主赵美顺,妻子赵素玲,三子赵旭峰,儿媳谢贝贝,孙女赵悠然,孙女赵心然

219. 户主赵明琥,妻子黄雪利,长子赵江徽,二女赵璐玥

220. 户主张领玉

221. 户主赵云华,妻子谢丹君,长子赵子健

222. 户主赵军福,妻子谢素花

223. 户主尤香姐

224. 户主黄玉凤

225. 户主赵家钮,妻子叶苏兰,二女赵丹娜

226. 户主赵华军,妻子张菊花

227. 户主赵春辉,妻子江玲君,长女赵颖,次子赵轩乐

228. 户主赵林祥,妻子江彩菊,长子赵卫勇,儿媳王珍峰,孙子赵玺羽

229. 户主赵一林,妻子黄春香

230. 户主赵云锋,妻子杨雪飞,长子赵靖泽

231. 户主赵法妹,妻子蒋小飞,次子赵蒋艇,长女赵蒙雅

232. 户主赵云志,妻子王彩丽,长女赵晓瑜

233. 户主赵坚勇,长子赵仁杰,妻子王长珍,女徐月月

234. 户主赵守荣,妻子鲍玉芽,儿媳陈海梅

235. 户主赵守华,妻子卢桂玉

236. 户主赵道舜,妻子江妹丽,长子赵永涛,二女赵茹茜

237. 户主许桂香

238. 户主许金花,二女赵静怡,外孙赵轩与,外孙女严琬鑫

239. 户主赵春斌,妻子胡灵燕,长子赵敏杰,二女赵璐怡

240. 户主赵荣超,妻子蔡佩君,次子赵子威,长女赵华晨

241. 户主赵华宝,妻子孙菊娇,次子赵永卫,儿媳王晶丹,孙女赵梓含,孙子赵奕搏

242. 户主赵哲明,妻子赵娅君,次子赵磊

243. 户主张冬英,二女赵雪云,女婿金学利,外孙金元翔

244. 户主赵华勇,妻子赵娇红,次子赵珂帆,长女赵珂欣

245. 户主金云芳

246. 户主赵华智,妻子李军玲,长子赵江涛,次子赵浩宇

247. 户主赵万春

248. 户主谢菊莲,长女赵玲飞

249. 户主赵青锋,妻子何蓉

250. 户主赵美玉,妻子高美清,次子赵海杰,儿媳李智慧

251. 户主赵美华,妻子谢发彩,次子赵海瑞,儿媳肖瑶

252. 户主张秀英

253. 户主赵建斌,妻子吴小萍,长女赵羽扬

254. 户主赵法明,妻子陈菊玲

255. 户主赵劲松,妻子赵小飞,长子赵毅

256. 户主赵云华,妻子王秀英

257. 户主赵赞,妻子张嫣,长子赵钧搏,次子赵钧翔

258. 户主赵守满,妻子钟冬青

259. 户主张雪敏,长女赵嘉茵,次子赵嘉俊

260. 户主赵友青,妻子赵素娟

261. 户主赵斌斌,妻子王小迪,长子赵铭搏

262. 户主赵健伟,妻子周丽华,长女赵佳琪,次子赵铭杰

263. 户主赵玉青,妻子谢阿香

264. 户主赵灵军,妻子王海燕,长子赵文豪,次女赵文嘉

265. 户主赵本连,妻子赵冬凤

266. 户主赵兴峰,妻子徐海红,长女赵蕾雅

267. 户主赵汉福,妻子潘秀云

268. 户主赵根春,妻子赵慧玲,长子赵自然

269. 户主赵一和,妻子叶香云

270. 户主赵巧波,妻子江丽君,长女赵赟暑,二女赵静源,三子赵梓博

271. 户主赵法连,妻子王香梅,二女赵丹君

272. 户主潘华培,妻子赵英姿,长女潘柯嘉

273. 户主赵振橡

274. 户主赵家开,妻子谢妙领

275. 户主徐妙根,妻子赵丹阳,长女徐赵晗,次子徐赵鑫

276. 户主赵家君,妻子潘彩香

277. 户主赵卫平,妻子卢美丽,长女赵雨佳

278. 户主王云莉,长女赵晨怡,外孙王弋宁

279. 户主赵小连,妻子张素娟,次子赵江峰,孙女赵雨彤

280. 户主赵一顺,妻子赵菊琴

281. 户主赵伟斌,妻子赵西西,儿子赵梓恒

282. 户主赵云来,妻子叶妹菊,二女赵叶玲

283. 户主赵勤伟,妻子戚蕾蕾,儿子赵浩辰

284. 户主赵法云,妻子陈素云

285. 户主赵劲华,妻子谢肖红,长子赵子韩,次子赵子轩

286. 户主赵法招,妻子方玉花;长子赵永胜,儿媳李小平,孙子赵子瑜,孙女赵孜芊;次子赵永军,儿媳胡春春,孙子赵辰轩

287. 户主邬夏春,妻子赵丽萍,三子赵宇杰,母亲鲍领芽,妹妹赵敏素

288. 户主卢领花,五子赵美玲,儿媳谢君华,孙子赵律森,孙女赵媛媛

289. 户主李夏花

290. 户主赵云德,妻子潘慧玲,次子赵腾超,长女赵婧贝

291. 户主赵永秀,妻子张雪琴,长子赵兴兴

292. 户主赵一海,妻子潘香芽,三女赵玲玲

293. 户主赵定辉,妻子陈彩红,二女赵雨露

294. 户主凌彩芽

295. 户主赵招友,长女赵佳玲

296. 户主赵万利,妻子叶茶芳,长子赵家铭

297. 户主赵宝明,妻子金领玉

298. 户主赵灵茂

299. 户主赵灵志,妻子叶卫鸿,长子赵福涛

300. 户主赵万荣,妻子林素芳,次子赵勇皓,儿媳李婷婷,孙女赵子涵,孙女赵怡轩

301. 户主赵炳稀,妻子叶伟平,长女赵梦佳,二女赵佳音

302. 户主潘夏妹

303. 户主赵卫广,妻子高香珠,长女赵颖静,次子赵高升

304. 户主赵卫忠,妻子赵剑君,长子赵冠华,次子赵昱华

305. 户主陈彩娇

306. 户主赵卫东,妻子赵丽萍,长子赵用杰,儿媳戴尚慧

307. 户主赵萍萍

308. 户主赵玲辉,妻子王晖,长子赵豪奔

309. 户主赵妹云,妻子赵菊霏,二女赵佳

310. 户主赵家才,妻子项永菊,长女赵诗诗

311. 户主赵法松,妻子谢云素

312. 户主赵灵伟,次子赵睦辰,长子赵浩哲

313. 户主赵小领,长子赵斌波,儿媳丁迎佳,孙子赵梓汀,孙子赵梓渝

314. 户主赵法顺,妻子叶领香

315. 户主赵美良,妻子张素芽

316. 户主俞夏花

317. 户主赵守康,妻子叶菊丽,次子赵勤杰

318. 户主赵守斌,妻子郑玉姐

319. 户主赵宇赞,长女赵依可,次女赵依昕,三子赵奕茗

320. 户主叶冬领

321. 户主赵守波,妻子叶彩花,长女赵燕妮,次子赵宇南

322. 户主赵云飞,妻子赵雪飞,次子赵君斌

323. 户主赵珠龙,妻子潘凤娇

324. 户主建华,妻子滕雪芳,长女赵雨欣,次子赵英杰

325. 户主赵家富

326. 户主赵守聪,妻子赵春芽,次子赵俊涛

327. 户主赵斌辉,妻子李云飞,长子赵玉杰

328. 户主赵家初,妻子林领姐

329. 户主赵军辉,妻子孙丹霞,长女赵婕,次子赵毅

330. 户主赵彩娇

331. 户主赵巧云,丈夫陈仙冰,女儿陈璟奕

332. 户主林增来,妻子赵小凤,次女林瑜,长子林招,孙女林欣,孙女林茜,儿媳谢君英

333. 户主赵法富,妻子张冬妹

334. 户主赵敏志,妻子郑慧灵,次子赵晟懿,长女赵蕾蕾

335. 户主赵一志,妻子卢彩领

336. 户主赵伟华,妻子陈永红,长女赵冰冰,次子赵轩

337. 户主赵梅兰,丈夫林大生

338. 户主叶玲香

339. 户主杨宝玉,妻子赵君清,长子赵雯瑶,次子赵梓函,儿媳钟妲玮,孙子赵钇源

340. 户主赵和春,妻子林彩霞

341. 户主赵江醒,妻子项越芬,长女赵侦羽

342. 户主赵江波,妻子李琴英,长女赵涵皙

343. 户主赵文斌,妻子赵冬芬,长子赵军超,儿媳杨思思,孙女赵曼竹

344. 户主赵照连,三女赵美玲,四子赵林金,儿媳胡灵燕,孙女赵秋逸,孙子赵辰逸

345. 户主蒋香领,二女赵程程

346. 户主赵裕智,妻子周雅萍,长女赵晨菲,次子赵伟博

347. 户主李小英,次子赵法军

348. 户主赵冬妹

349. 户主赵剑荣,妻子赵玲燕,二女赵宇梦,三子赵帅羽

350. 户主赵守雨,妻子赵云青,次子赵侨

351. 户主赵彩香,五子赵守瑞

352. 户主赵和德,妻子陈桂玲

353. 户主赵才兵,妻子叶秀飞,长子赵梓轩,次女赵思嘉

354. 户主赵妙德,妻子刘月兰,母亲王彩娇

355. 户主赵兵,长子赵晨旭

356. 户主赵丹阳,妻子刘富娇,长女赵晨汝

357. 户主赵青才,妻子赵玲芽,长子赵臻鸣

358. 户主赵家福,妻子郑彩玉,长子赵明,次子赵鑫,孙女赵杨依,儿媳陶丹艳,孙子陶家舟

359. 户主赵和海,妻子张丽丽,长女赵美娟,外孙谢艺天,外孙女谢艺桐

360. 户主赵和钿,妻子王阳爽,次子赵志

361. 户主江小花,长子赵荣,孙子赵磊

362. 户主王玉英

363. 户主赵海兵,妻子李林云,长女赵倩轶,二女赵安琪

364. 户主赵和良,妻子王菊琴,长子赵乐,儿媳林英姿

365. 户主谢小领

366. 户主赵守彩

367. 户主赵和菊,妻子赵小飞

368. 户主赵守钿,妻子蔡冬香

369. 户主赵建军,妻子谢菊萍,长女赵婉意,二女赵沁沁

370. 户主赵建明,妻子赵巧云,长子赵根强,次子赵泓翔

371. 户主李贤夫,妻子黄玉荣,长女李群燕,二女李伟洋

372. 户主赵一茂,妻子卢冬琴

373. 户主刘经记,妻子赵雪玲,二女赵刘倩

374. 户主赵家地

375. 户主赵守才,妻子赵雪萍,长子赵凌波

376. 户主赵守燕,妻子卢凤飞,次子赵凯翔

377. 户主赵友敏,妻子应香云,长女赵柳柳,母亲卢夏莲

378. 户主赵友岳,妻子满华云,长子赵海卫

379. 户主王夏香

380. 户主赵美云,妻子卢娇凤,次子赵鑫磊,长女赵晨晨

381. 户主赵冬方,妻子赵菊花

382. 户主赵军锋,妻子潘巧灵,长女赵瑞偲

383. 户主赵才富,妻子郑广丽,长女赵玲玮

384. 户主赵彩娇

385. 户主赵才军,妻子金美利,长子赵子豪

386. 户主陈春兰,儿媳赵文彬,孙子赵宏

387. 户主赵守文,妻子陈梅领

388. 户主赵建阳,长子赵荣鑫

389. 户主赵守来,妻子赵素云

390. 户主赵灵华,妻子柴晓英,长女赵佐伊

391. 户主赵志华

392. 户主赵益球,妻子赵香梅,长子赵军夫,儿媳林红,孙女赵梦婷,孙女赵梦萱

393. 户主刘照梅,妻子金菊领

394. 户主刘云波,妻子鲍雪芬,长子刘育成

395. 户主林万明,妻子潘素琴

396. 户主林挺,妻子林莉,长子林文浩,次子林溢珩

397. 户主赵大顺

398. 户主赵明勇,妻子赵英姿,长女赵悠扬,二女赵晨妤

399. 户主赵守良,妻子周冬莲

400. 户主赵家培,妻子叶香领

401. 户主卢菊芳,长女赵海虹

402. 户主赵海玲,长子赵孜豪

403. 户主蒋娇明

404. 户主赵彬辉,妻子尚红辉,长子赵雨挺

405. 户主赵一松,长子赵海剑,儿媳项雪英,孙子赵艺景

406. 户主赵云富,妻子金小芬,长女赵苫茜,二女赵馨怡

407. 户主蔡妙香,妻子鲍菊琴,长子蔡灵辉,儿媳周柳柳,孙子蔡昊均,孙子蔡昊沂

408. 户主蔡妙富,妻子张雪丽,次子蔡滨安

409. 户主蔡妙春,妻子卢法芽,长子蔡宇翔,儿媳徐晶晶

410. 户主杨云夫,妻子赵菊香,长子杨宇嘉

411. 户主杨妙根,妻子吴云君,次子杨笃胜,儿媳蔡依丽,孙子杨涛诚,孙子杨耀诚

412. 户主杨和连,妻子刘彩玉

413. 户主杨平清,妻子赵玲英,长子杨宇辉

414. 户主杨平华,妻子张玲萍,次子杨宇轩,长女杨佳颖

415. 户主赵云德,妻子方锦霞,次子赵梓迪,长女赵玲洁

416. 户主刘友法,妻子施美燕,长子刘国京

417. 户主刘照林,妻子陈小青

418. 户主刘志勤,妻子赵海红,长子刘宇鑫

419. 户主赵一顺,妻子赵守菊,二女赵虹

420. 户主赵志伟,妻子石欢,孙女赵曦瑾

421. 户主杨和顺,妻子赵彩云

422. 户主杨平富,妻子冯清菊,次子杨柳,儿媳陈莎莎,孙子杨祁谚

423. 户主林大法,妻子许妹香

424. 户主林照宋,妻子李彩菊

425. 户主林杰,妻子戚婉平,长子林博涵,二女林梓诺

426. 户主林照岳,妻子毛菊英

427. 户主林超,妻子周云荷,长子林山清,次子林新雨

428. 户主林照亨,妻子赵夏飞,长子林立

429. 户主蔡小明,妻子柏冬梅,长子蔡佳雨

430. 户主王凤姐

431. 户主赵仙春,妻子蒋凤姐

432. 户主赵海清,长子赵宇晨,妻子蒋海燕,儿媳杨安,孙子赵奕杨

433. 户主赵清,长女赵梓伊,二女赵若菲

434. 户主林增良,妻子刘夏芳,长子林刚,儿媳王霄,孙女林沁玥

435. 户主鲍林平,妻子潘静,女凌嘉慧

436. 户主赵梅芳,三子鲍红兵

437. 户主李思友,妻子赵娇花

438. 户主赵云青,妻子叶海敏,次子赵子航,长女赵佳怡

439. 户主赵守德,妻子孙兰芬

440. 户主赵辉,妻子杨清,子赵鑫磊

441. 户主赵一清,妻子蔡小彩

442. 户主余玉香

443. 户主赵林军,妻子林雪燕,次子赵梓兆,长女赵涵浙

444. 户主赵云林,妻子卢金禹,次子赵晟竹,长女赵雅婷

445. 户主蔡岳明,妻子卢云香,长女蔡洁

446. 户主蔡腾斌,妻子潘雅静,长女蔡筱筱,次子蔡景意

447. 户主林夏花

448. 户主赵守顺,妻子叶玉芽

449. 户主赵明才,妻子赵君英,次子赵翊轩,长女赵小雅

450. 户主赵家超,妻子赵燕飞,次子赵伟博

451. 户主赵荷娇

452. 户主赵宝章,妻子金美娇,长子赵优奇,儿媳赵晶晶,孙子赵锦轩,孙女赵籽麦

453. 户主赵守正,妻子林冬香,二女赵安莎

454. 户主赵波,妻子杨兰英,次子赵艺博,长女赵钊婷

455. 户主骆小春,妻子叶彩芽

456. 户主骆伟海,妻子赵灵丽,长女骆潇雨,二女骆雨茜

457. 户主杨平才,妻子金建英,长子杨楠,孙女杨亦可

458. 户主赵加章,妻子金彩娟

459. 户主赵树,妻子黄盼盼

460. 户主赵小云,妻子杨秀清

461. 户主赵彬彬,妻子丁海燕,长子赵尹睿

462. 户主赵海军,妻子赵丹晓,长女赵艺涵

463. 户主骆春富,妻子张晓飞

464. 户主骆超海,妻子潘宾莎,长女骆豫昕,次子骆钰鍪

465. 户主徐金凤

466. 户主骆剑波,妻子季雪娟,长子骆韬亦

467. 户主骆剑超,妻子吴卫玲,长女骆安琪,次女骆安珂,三子骆昱昊

468. 户主骆春芳,妻子李彩娥

469. 户主骆剑敏,妻子张送青,长子骆昱成,次子骆昱尧

470. 户主赵守忠,妻子池素玲,二女赵梦媛,外孙杨皓淇

471. 户主赵宝连,妻子黄月明,三子赵阳

472. 户主赵旭,妻子赵笑,长女赵语心,次子赵语乾

473. 户主赵宝西,女赵晓婷

474. 户主杨凤领

475. 户主骆春梅,妻子赵美玲,长女骆丹爽,外孙骆奕多,女婿吕远,外孙吕奕辰

476. 户主赵小富,妻子金女花

477. 户主赵一富,次子赵敏卫,儿媳王亚平

478. 户主赵利平,妻子柯利平,次子赵明锌,长女赵晶

479. 户主童玉林,妻子赵香菊

480. 户主童卫勇,妻子包婷婷,次子童炫恺,长女童楚涵

481. 户主童玉定,妻子赵菊青

482. 户主童利明,妻子毛慧利,次子童鑫涵,长女童欣怡

483. 户主赵骥,妻子赵香花,长子赵腾骅

484. 户主鲍夏琴

485. 户主金海英,妻子王彩凤,二女金望

486. 户主金展

487. 户主叶俊卿

488.户主赵加德,妻子赵云芳

489.户主许梅菊,子鲍炳羽

490.户主骆富春,妻子蔡彩娟

491.户主赵守林,妻子管菊云

492.户主赵瑜,妻子袁梦媚,长子赵柯毓,次子赵柯轩

493.户主金海来,妻子蔡素芳,长子金兴,儿媳张玲佳,孙女金纡伊,孙
女金姝妍

494.户主卫夏英,长女金莹,二女金倩倩

495.户主张富法,妻子赵玲玲,长子赵炎,儿媳鲍良英,孙女赵镌婼,孙
女赵思媛

496.户主赵晓波,妻子程玲香,次子赵开一

497.户主赵春庭,妻子张玲丽,长子赵新昌

498.户主赵明利,妻子程菊清,长子赵剑,儿媳赵冉冉,孙女赵梦嬅

499.户主赵小兵,妻子江云娥,长子赵宇航

500.户主潘菊芳,长女林秀,孙女林习瑶,孙习林芝

附录三　殿下村出生、死亡名录(1949—2015 年)

本名录所有数据(含小号字加注)全部录自殿下村户籍册(存储于殿下村档案室),按年份顺序排列。户籍记录顺序以当年申报时间先后为序,同时按性别分别相对集中排列。出生姓名以当年记录为准;死亡以申报为据,并注明亲人名字及身份,死亡年龄以虚岁计。重名的加注本人名号或小地名或亲属名字等以示区别。出生或死亡的日期不分阳历农历,以亲属申报记录为准;无法准确到日的尽量记录到可知时段。日期一列中的"双"指双胞胎。村民名字中有用字混乱情况,如"加/家""振/正"等,因其自身亦混用,按资料记载录载。户主一列中有多个人名的,乃为便于不同辈村民了解情况,故而有时亦填写与户主之关系;若直接填写"户主"二字,表明逝者本人为户主;五保户亦备注于本列。

1949 年

出生（21，女 14）				死亡（1）				
姓名	性别	日期	户主	姓名	性别	年龄	日期	户主
赵守荣	男	10.05	赵恭沛	赵家虞	男			赵彩娇父
赵法明	男	03.16	赵振丁					
赵宝明	男	11.02	赵振尧					
赵法夫	男	10.20	赵振桃					
赵启平	男	05.01	赵训甫					
骆小春	男	08.17	骆仙根					
赵加法	男	07.24	赵若明					
赵菊莲	女	02.09	赵振退					
赵玲花	女	07.17	赵一秋					
赵彩花	女	04.01	赵礼寿					
赵娇凤	女	08.13	赵加池（赵守尧）					
赵方球	女	07.12	赵加寿					
赵菊莲	女	12.28	赵守满					
赵春芳	女	02.04	赵加来（赵守勤）					
赵莲香	女	03.17	赵一仁（赵妙玉）					
赵香云	女	12 月	赵一池（赵加汉）					
赵春姐	女	02.14	赵一间					
杨冬妹	女	11.24	杨维友					
赵彩娟	女	11.24	赵加森					
赵兰芳	女	01.28	赵一桂					
林玉莲	女		林昌格					

1950 年

出生（28，女 14）				死亡（3）				
姓名	性别	日期	户主	姓名	性别	年龄	日期	户主
赵福生	男	07.30	赵道尧	赵礼和	男	43	10 月	赵宗启父
赵加方	男	11.18	赵一池	林正春	男	43		赵守文父

出生（28，女14）				死亡（3）				
姓名	性别	日期	户主	姓名	性别	年龄	日期	户主
赵华友	男	12.18	赵一昌	杨三妹	女			赵一良母
赵小明	男	04.10	赵法根					
赵汉福	男	06.22	赵　霞					
赵法连	男	11.09	赵一元					
赵加初	男	01.22	赵一凤					
林增来	男	01.22	林美泉					
童玉定	男	03.30	童正才					
赵友根	男	07.18	赵一奎					
赵贤正	男	07.23	赵加增					
赵桂法	男	09.19	赵一盼					
赵一海	男	08.25	赵正福					
赵贤琴	女	10月	赵一春					
赵领芽	女	03.30	赵妙林					
赵香莲	女	09.06	赵仁恩					
赵菊财	女	05.18	赵若富					
赵小凤	女	06.05	赵妙寿					
赵梅福	女	06.12	赵正元					
赵彩芳	女	02.15	赵一顺					
赵夏姐	女	01.10	赵小宽					
赵梅芳	女	01.16	赵加定					
赵贤忠	男	01.06	赵加云					
赵领娇	女	7月	赵一记					
赵香英	女	03.22	赵文法					
赵冬琴	女	11月	赵一箭					
林冬兰	女	10.23	林昌格					
赵冬领	女	11.06	赵正清					

1951 年

出生（18，女8）				死亡（2）				
姓名	性别	日期	户主	姓名	性别	年龄	日期	户主
赵加友	男	02.19	赵若明	赵美奎	男	41		赵守会父
赵加来	男	08.17	赵一桂	赵　霞	男	38		赵汉福父

续表

出生（18，女8）				死亡（2）				
姓名	性别	日期	户主	姓名	性别	年龄	日期	户主
赵道友	男	09.07	赵守仁					
赵照连	男	04.24	赵若方					
赵一增	男	05.22	赵荣庚					
赵守顺	男	03.09	赵加秋					
骆春法	男	04.26	骆小连					
林照夫	男	05.13	林大法					
赵学松	男	01.01	赵一富					
赵菊荷	女	8月	赵小桃					
赵荷兰	女	06.29	赵加云					
赵荷花	女	07.30	赵加寿					
赵妹芳	女	09.13	赵一照					
赵玉莲	女	05.07	赵一富					
赵夏领	女	09.03	赵加山					
赵玉领	女	10月	赵一海					
赵小夫	男	01.06	赵玉增					
赵美菊	女	01.04	赵达仁					

1952 年

出生（14，女7）				死亡（3）				
姓名	性别	日期	户主	姓名	性别	年龄	日期	户主
赵法初	男	07.27	赵一奇	赵若筠	男	73		赵 沛父
李德汉	男	11.05	李正祥	赵刘氏	女	75		赵 沛母
赵华云	男	09.12	赵一昌	赵一箭	男	77		赵加春父
赵增福	男	09.03	赵正退					
赵本富	男	12.25	赵小宽					
赵万春	男	01.26	赵正细					
刘照妹	男	07.23	刘四头					
赵冬妹	女	02.20	赵加富					
赵荷花	女	04.16	赵一秋					
赵莲芳	女	10.04	赵守满					
林彩娟	女	04.23	林美金					
赵彩芽	女	11月	赵礼寿					

出生(14,女7)				死亡(3)				
姓名	性别	日期	户主	姓名	性别	年龄	日期	户主
赵香莲	女	05.22	赵一儒					
赵梅兰	女	12.26	赵加定					

1953 年

出生(13,女6)				死亡(0)				
姓名	性别	日期	户主	姓名	性别	年龄	日期	户主
卓玉兰	男	09.30	卓妙德					
赵法金	男	10.21	赵一仁					
赵云清	男	04.30	赵一福					
赵冬方	男	12.17	赵正清					
童玉林	男	11.11	童正才					
林增明	男	03.21	林美泉					
赵长波	男	08.22	赵一春					
赵法彩	女	10.02	赵一义					
赵素娟	女	02.21	赵加池（赵守尧）					
赵美云	女	10 月	赵加增					
赵福云	女	4 月	赵夏连					
赵荷凤	女	01.10	赵一仁（赵加顺）					
赵领妹	女	01.27	赵一仁（赵妙玉）					

1954 年

出生(30,女10)				死亡(0)				
姓名	性别	日期	户主	姓名	性别	年龄	日期	户主
赵加财	男	11.23	赵若明					
赵法林	男	05.28	赵一顺					
赵本云	男	12.12	赵一桂					
赵学夫	男	07.18	赵一信					
赵贤庆	男	07.23	赵加池					
赵若舜	男	08.17	赵仁恩					

续表

出生(30,女10)				死亡(0)				
姓名	性别	日期	户主	姓名	性别	年龄	日期	户主
赵本富	男	08.13	赵一法					
赵云桂	男	03.10	赵加寿					
赵启根	男	12.14	赵加玉					
赵贤聪	男	12.14	赵加云					
赵玉青	男	04.17	赵一记					
赵和春	男	11.27	赵一洪					
赵和德	男	11.08	赵一富					
赵和海	男	10.15	赵一标					
赵和菊	男	02.06	赵加金					
杨和连	男	03.25	杨维友					
林照宋	男	06.05	林大法					
赵守正	男	10.10	赵加山					
赵守贤	男	08.07	赵加祥					
赵生财	男	12.09	赵正满					
赵夏领	女	11.11	赵一秋					
赵春莲	女	01.26	赵若明					
赵友琴	女	01.25	赵一奎					
赵小芳	女	01.03	赵一照					
鲍菊彩	女	01.28	鲍左凤					
赵富莲	女	11.30	赵一儒					
赵素琴	女	09.18	赵正桃					
赵菊彩	女	04.22	赵一元					
骆玉英	女	07.23	骆小连					
赵妹芳	女	9月	赵加秋					

1955 年

出生(22,女6)				死亡(2)				
姓名	性别	日期	户主	姓名	性别	年龄	日期	户主
李法兆	男	03.18	李正祥	赵一秋	男	25		赵正培
赵加林	男	09.21	赵一兵	赵春妹	女			
赵美聪	男	04.05	赵达仁					
赵本法	男	01.27	赵小宽					

出生（22，女6）				死亡（2）				
姓名	性别	日期	户主	姓名	性别	年龄	日期	户主
赵法寿	男	04.01	赵妙林					
赵华君	男	08.30	赵一宗					
赵华宝	男	07.13	赵一昌					
赵加开	男	10.05	赵一达					
赵法松	男	08.20	赵良金					
赵大顺	男	08.07	赵妙玉					
赵一顺	男	12.21	赵玉增					
赵小云	男	08.08	赵荣庚					
赵法华	男	01.17	赵一奇					
赵云初	男	06.09	赵一盼					
赵美玲	女	11.26	赵正元					
赵彩霞	女	11.08	赵济法					
赵春莲	女	2月	赵林根					
赵云芳	女	07.21	赵夏连					
林夏英	女	06.01	林昌格					
赵彩琴	女	09.18	赵正尧					
赵祖青	男	03.06	赵小连					
林万荣	男	上半年	林美泉					

1956 年

出生（19，女9）				死亡（1）				
姓名	性别	日期	户主	姓名	性别	年龄	日期	户主
赵连法	男	02.10	赵道尧	赵一油	男	70		赵彩香父
赵家明	男	10.01	赵一时					
赵小宝	男	03.02	赵守仁					
赵小庆	男	01.02	赵加池					
赵一云	男	05.16	赵正莫					
赵贤苏	男	02.14	赵加寿					
赵贤齐	男	02.15	赵加增					
赵美云	男	07.31	赵小根					
赵法云	男	01.09	赵正丁					
赵西林	男	06.18	赵一照					

续表

出生（19，女9）				死亡（1）				
姓名	性别	日期	户主	姓名	性别	年龄	日期	户主
赵春香	女	03.01	赵一团					
赵娇花	女	06.01	赵思连					
刘娇莲	女	9月	刘中标					
赵巧玲	女	12.09	赵正勇					
赵菊英	女	05.04	赵若明					
赵彩莲	女	02.16	赵正退					
赵凤娟	女	07.20	赵一仁（赵加顺）					
赵彩云	女	07.29	赵礼寿					
赵菊红	女	06.27	赵加文					

1957 年

出生（30，女12）				死亡（2）				
姓名	性别	日期	户主	姓名	性别	年龄	日期	户主
赵加宝	男	09.18	赵若明	赵礼寿	男	48		赵宗香父
赵法俭	男	05.13	赵一仁	孙小花	女			赵守土母
赵法定	男	12.09	赵一奇					
赵守增	男	09.07	赵加山					
赵本初	男	02.23	赵一法					
赵法清	男	07.28	赵加俭					
林万明	男	06.05	林美金					
赵守良	男	09.16	赵妙玉					
杨妙根	男	09.09	杨和宝					
林照岳	男	01.22	林大法					
赵守德	男	09.01	赵加秋					
骆春芳	男	02.27	骆小连					
赵宝连	男	10.01	赵玉香					
赵家德	男	02.27	赵一仁					
赵华法	男	02.04	赵一昌					
赵继夏	男	10.17	赵一春					
赵和钿	男	02.01	赵仁法					
朱为人	男	3月	赵肖云					

续表

出生（30，女12）				死亡（2）				
姓名	性别	日期	户主	姓名	性别	年龄	日期	户主
赵素贞	女	05.26	赵小连					
赵菊花	女	01.16	赵守茂					
赵守菊	女	11.04	赵加祥					
赵萍芳	女	02.27	赵一桂					
赵小娟	女	09.22	赵良金					
赵菊云	女	07.22	赵一福					
赵珠凤	女	8月	赵一洪					
赵素云	女	11.01	赵加池					
赵彩琴	女	08.15	赵一奎					
赵雪飞	女	5月	赵妙寿					
赵菊飞	女	02.12	赵若富					
赵美琴	女	12.08	赵荣庚					

1958 年

出生（20，女10）				死亡（3）				
姓名	性别	日期	户主	姓名	性别	年龄	日期	户主
赵家德	男	10.29	赵一义	赵克端	男			赵宗启祖父
赵家德	男	11.22	赵林根	赵一昌	男	61		赵仁法父
赵华明	男	06.29	赵加寿	赵谢氏	女			赵良金姆
赵友青	男	08.26	赵一记					
赵小连	男	06.03	赵一元					
赵法招	男	01.13	赵一达					
赵明初	男	01.21	赵一凤					
赵家福	男	04.20	赵一标					
骆春妹	男	04.21	骆仙根					
赵云岳	男	09.14	赵守满					
刘玲娇	女	08.07	刘四头					
赵小飞	女	11.11	赵一照					
赵夏娇	女	08.01	赵一兵					
赵彩萍	女	03.06	赵一盼					
赵玉凤	女	11月	赵一海					
赵香菊	女	06.23	赵一昌					

续表

出生(20,女10)				死亡(3)				
姓名	性别	日期	户主	姓名	性别	年龄	日期	户主
赵莲娟	女	10.06	赵守增					
赵云芽	女	11.20	赵仁恩					
赵素云	女	06.11	赵加玉					
赵菊领	女	8月	赵一时					

1959 年

出生(19,女7)				死亡(3)				
姓名	性别	日期	户主	姓名	性别	年龄	日期	户主
赵启才	男	09.01	赵守根	赵家秋	男	41		赵守德父
赵家力	男	10.04	赵小宽	无名	女	80		杨继友母
赵美顺	男	05.31	赵小根	赵黄氏	女	68		赵守文祖母
赵林祥	男	11.06	赵一儒					
赵一顺	男	09.19	赵正桃					
赵守来	男	01.07	赵加金					
赵一球	男	10.12	赵正满					
林照亨	男	12.04	林大法					
赵照来	男	07.31	赵一森					
赵友泉	男	10.23	赵顺茂					
赵美德	男	07.25	赵春法					
赵雪清	女	01.08	赵一宗					
赵妹琴	女	11.05	赵正元					
赵香娇	女	10.09	赵仁法					
杨荷芳	女	06.08	杨和宝					
赵领凤	女	07.02	赵正丁					
赵胜珠	女		赵加灯					
赵云玲	男	01.06	赵有恩					
赵琴芳	女	01.23	赵夏连					

1960 年

出生(16,女12)				死亡(1)				
姓名	性别	日期	户主	姓名	性别	年龄	日期	户主
赵法春	男	05.22	赵小桃	赵振纠	男	75		赵一桂父

续表

出生(16,女12)				死亡(1)				
姓名	性别	日期	户主	姓名	性别	年龄	日期	户主
赵家彩	男	02.12	赵一东					
赵万荣	男	01.25	赵正尧					
赵贤来	男	12月	赵加增					
赵美兰	女	12.30	赵达仁					
赵赛金	女	06.29	赵守茂					
赵彩娥	女	10.04	赵一标					
赵桂香	女	08.08	赵道尧					
赵蓉飞	女	05.17	赵南中					
赵秀芳	女	06.18	赵小玉					
赵素菊	女	06.17	赵云飞姐					
赵彩领	女	11.02	赵一玉					
赵雪芳	女	05.18	赵一桂					
赵云琴	女	04.24	赵玉增					
赵春英	女	02.11	赵加秋					
赵春花	女	09.12	赵一秋					

1961 年

出生(11,女5)				死亡(2)				
姓名	性别	日期	户主	姓名	性别	年龄	日期	户主
赵法满	男	01.21	赵一仁	林玉莲	女	15		林法明妹
赵美华	男	11.12	赵小根	林万荣	男	7		林美泉
赵云华	男	09.07	赵守满					
赵守忠	男	10.05	赵妙玉					
朱华	女	03.02	赵肖云					
赵贤平	男	05.19	赵加池					
赵莲素	女	11.15	赵守增					
赵桂莲	女	04.10	赵一富(赵和德)					
蔡美娟	女	12.15	蔡良法					
夏丽君	女	10.31	夏琴					
赵美云	男	01.28	赵正清					

1962 年

出生（32，女 13）				死亡（2）				
姓名	性别	日期	户主	姓名	性别	年龄	日期	户主
赵守云	男	06.08	赵加文	赵子行	男	65		赵阿星父
赵美初	男	09.18	赵春法	赵妙林	男	51		赵法寿父
赵家云	男	03.18	赵一时					
赵守林	男	08.15	赵加祥					
赵守方	男	08.14	赵加顺					
赵贤军	男	06.14	赵加寿					
赵招友	男	12.02	赵四妹					
赵若华	男	06.21	赵良金					
赵妙德	男	06.11	赵洪友					
赵友岳	男	11.18	赵济法					
蔡妙春	男	04.15	蔡二姐					
赵家挺	男	07.28	赵一洪					
赵宝章	男	05.18	赵玉香					
骆春富	男	05.01	骆小连					
林大行	男	08.02	林美泉					
赵云明	男	05.03	赵加玉					
卓法清	男	02.19	卓妙德					
金海波	男	08.03	金宽业					
赵亚琴	女	10.30	赵一春					
赵云飞	女	04.10	赵一清					
赵桂凤	女	11.04	赵一信					
赵增富	男	01.02	赵夏连					
赵春香	女	04.28	赵一昌					
赵法菊	女	12.01	赵一其					
赵素云	女	10.14	赵一义					
赵莲芳	女	07.15	赵林根					
赵彩球	女	03.20	赵一盼					
赵菊玲	女	12.27	赵加汉					
鲍菊香	女	03.01	鲍启法					
李菊芳	女	9 月	李五妹					
刘桂凤	女	09.13	刘四头					

出生(32,女 13)				死亡(2)				
姓名	性别	日期	户主	姓名	性别	年龄	日期	户主
杨夏香	女	04.21	杨和宝					

1963 年

出生(39,女 19)				死亡(0)				
姓名	性别	日期	户主	姓名	性别	年龄	日期	户主
赵加方	男	10.30	赵一仁					
赵守德	男	10.05	赵法达					
赵国增	男	12.31	赵一秋					
赵才友	男	07.04	赵守茂					
赵加球	男	02.16	赵小宽					
赵加才	男	08.10	赵一东					
赵本尧	男	01.11	赵一桂					
赵军福	男	07.21 双	赵一宗					
赵加德	男	07.21 双	赵一宗					
赵美玉	男	12.08	赵小根					
赵永秀	男	03.19	赵加灯					
赵卫广	男	04.23	赵一头					
赵加才	男	06.25	赵一玉					
赵守雨	男	05.12	赵加金					
赵加章	男	05.22	赵一标					
赵加泉	男	05.19	赵若明					
赵小敏	男	10 月	赵加增					
赵加方	男	10.15	赵一照					
赵守康	男		赵加友					
赵美钧	男	06.25	赵守勤					
赵素英	女	02.08	赵小连					
赵丽萍	女	07.04	赵小春					
赵文彬	女	10.25	赵振力					
鲍菊琴	女	11.17	鲍启法					
赵素清	女	08.14	赵守增					
赵彩香	女	10.12	赵一森					

续表

出生(39,女19)				死亡(0)				
姓名	性别	日期	户主	姓名	性别	年龄	日期	户主
赵桂英	女	05.03	赵一兵					
赵华芳	女	09.19	赵一顺					
赵玲娇	女	03.08	赵加顶					
赵彩云	女	01.18	赵一标					
赵彩夏	女	11.19	赵正尧					
赵彩萍	女	05.24	赵一华					
赵夏娇	女	05.05	赵一记					
赵雪飞	女	11.13	赵顺茂					
林娇夏	女	07.26	林大法					
赵美菊	女	07.10	赵正清					
赵巧巧	女	08.18	赵正勇					
杨菊萍	女	12.04	杨和顺					
赵嫒莉	女	12.27	赵南中					

1964 年

出生(30,女17)				死亡(3)				
姓名	性别	日期	户主	姓名	性别	年龄	日期	户主
赵美勇	男	10.30	赵春法	赵一岳	男	65	10.20	赵加有
卓法美	男	07.22	卓妙德	赵雪芳	女	5	11.15	赵一桂
林德富	男	02.04	林法明	无名	女			骆小连母
赵加金	男	01.13	赵一忠					
赵加钿	男	05.03	赵一儒					
赵哲明	男	09.14	赵小连					
赵云飞	男	02.13	赵正友					
蔡妙富	男	12.20	蔡二姐					
林增良	男	08.19	林美泉					
赵坚勇	男	10.18	赵一盼					
赵云福	男	11.08	赵一清					
赵凌云	男	5 月	赵加仁					
赵娇凤	女	10.06	赵加鼎					
赵香珠	女	09.08	赵守仁					
赵妹菊	女	01.30	赵正元					

续表

出生(30,女 17)				死亡(3)				
姓名	性别	日期	户主	姓名	性别	年龄	日期	户主
赵云飞	女	12.29	赵加玉					
赵美玲	女	10.16	赵小玉					
赵领芽	女	06.18	赵正顶					
赵素菊	女	02.16	赵一德					
赵素云	女	01.31	赵一桃					
赵美菊	女	12.15	赵加汉					
赵法聪	男	01.04	赵加俭					
朱　君	女	02.02	赵肖云					
赵香芽	女	03.05	赵仁法					
童美云	女	03.30	童正才					
赵云素	女	09.26	赵玉增					
蔡美娇	女	04.13	蔡良法					
赵素琴	女	02.13	赵一彩					
赵菊香	女	06.14	赵道尧					
赵美娟	女	01.22	赵达仁					

1965 年

出生(35,女 17)				死亡(8)				
姓名	性别	日期	户主	姓名	性别	年龄	日期	户主
赵守才	男	11.19	赵加文	赵美君	女	3	06.18	赵守勤
赵加东	男	06.02	赵一昌	赵家德	男	3	08.07	赵一宗
赵来增	男	09.19	赵一标	赵小江	男	71	11.27	赵一头
赵加满	男	10.26	赵一良	无名	男	2		赵妙玉
赵加洪	男	02.14	赵林根	无名	女	1	05.03	赵守明
赵若增	男	03.02	赵良金	无名	女	1	08.28	赵加顺
赵贤标	男	07.13	赵加寿	无名	男	1	11.29	赵一义
赵旭智	男	10.08	赵南中	无名	男	1		赵若明
赵守康	男	08.09	赵加有					
赵和良	男	08.07	赵一富					
蔡岳明	男	06.06	蔡良法					
赵加超	男	12.20	赵一洪					
赵守林	男	09.01	赵妙玉					

续表

出生(35,女17)				死亡(8)				
姓名	性别	日期	户主	姓名	性别	年龄	日期	户主
赵明利	男	04.19	赵妙寿					
卓法财	男		卓妙德					
赵宝西	男	01.24	赵玉香					
无名	男		赵洪友					
赵小萍	女	07.06	赵守增					
赵慧敏	女	09.14	赵正梯					
无名	男		赵小根					
赵菊莲	女	01.26	赵加和					
赵敏素	女	08.21	赵小春					
赵玲芳	女	12.07	赵一仁					
赵桂芳	女	08.14	赵一信					
赵慧英	女	09.14	赵一兵					
赵菊飞	女	12.01	赵小宽					
赵素莲	女	03.20	赵一时					
赵美兰	女	09.13	赵正清					
李彩云	女	10.14	李五妹					
林彩玲	女	05.12	林美金					
杨夏琴	女	05.01	杨和宝					
赵云芽	女	10.19	赵一秀					
李冬莲	女	05.10	李正祥					
赵云琴	女	09.22	赵法顺					
赵云飞	女		赵有恩					

1966 年

出生(36,女17)				死亡(13)				
姓名	性别	日期	户主	姓名	性别	年龄	日期	户主
赵贤富	男	03.25	赵加鼎	鲍大姐	女	66	02.21	赵洪友母
赵富宝	男	03.24	赵小歪	赵妹头	男	44	03.21	赵加兵兄
赵凌明	男	10.07	赵加仁	赵云飞	女	2	08.31	赵有恩
赵华林	男	05.09	赵一东	张妹兰	女	66	09.18	赵加祥母
赵云卿	男	10.12	赵加美	赵小桃	男	48	12.03	赵法兴父
赵明东	男	04.20	守赵勤	王四妹	女	64	12.12	赵一文母

续表

出生(36,女17)				死亡(13)				
姓名	性别	日期	户主	姓名	性别	年龄	日期	户主
赵荣超	男	11.28	赵小玉	陈荷英	女	82	12.31	赵四连母
赵明富	男	12.15	赵法良	无名	男	2		赵小根
赵云德	男	03.21	赵守明	无名	女	1		赵一照
赵守斌	男	03.13	赵加春	无名	男	1	06.17	金红花
赵丹阳	男	08.23	赵加有	无名	男	1	07.23	赵家顺
赵建阳	男	03.29	赵守文	无名	女	1	09.17	项二姐
杨平富	男	03.16	杨和顺	无名	男	1	12.18	赵一森
赵　骥	男	02.15	赵仁法					
赵云康	男	02.06	赵有恩					
赵玉彩	女	06.05	赵一海					
赵玲玲	女	05.26	赵振勇					
赵雪彬	女	02.21	赵法达					
赵莲清	女	05.31	赵一启					
赵守女	女	02.12	赵加祥					
赵素清	女	01.11	赵一凤					
赵彩菊	女	07.06	赵一华					
赵桂芳	女	11.28	赵守土					
赵桂芬	女	07.28	赵正英					
赵彩云	女	04.25	赵一玉					
赵菊清	女	02.03	赵加金					
赵素萍	女	07.14	赵济法					
赵慧芳	女	11.06	赵法海					
赵杏元	女	12.01	赵一友					
鲍云香	女	07.02	鲍妙东					
赵夫云	男	69 岁亡	赵一福					
无名	女		赵一照					
无名	男	03.30	金红花					
无名	男		赵家顺					
无名	女		赵一桃					
无名	男		赵一森					

1967 年

出生（34，女 17）				死亡（7）				
姓名	性别	日期	户主	姓名	性别	年龄	日期	户主
赵小云	男	09.27	赵一桃	杨三妹	女	78	03.02	赵家定母
赵云富	男	10.12	赵一彩	无名	男	3	05.28	赵洪友母
赵明琥	男	11.09	赵小朋	张菊彩	女	12	08.31	赵小歪继女
赵云来	男	09.09	赵正顶	张三妹	女	75	09.21	赵加祥母
赵定辉	男	02.03	赵四妹	金玉莲	女	69	11.25	赵一桂母
赵万利	男	12.09	赵正尧	林香	女	66	12.12	赵南中母
赵卫东	男	12.06	赵守元	卓法财	男	3		卓妙德
赵美良	男	12.25	赵法顺					
赵文斌	男	04.03	赵加汉					
赵守燕	男	08.30	赵加地					
赵才富	男	06.20	赵友飞					
赵云德	男	02.16	赵加和					
赵利平	男	09.17	赵一富					
骆富春	男	11.28	骆小连					
赵学友	男	02.05	赵一奎					
赵明友	男	10.11	赵一鉴					
赵夏素	女	04.08	赵守根					
赵君清	女	02.26	赵加唐					
赵素菊	女	05.08	赵一义					
赵丽萍	女	08.28	赵加顺					
赵玲彬	女	5 月	赵一要					
赵小琴	女	01.04	赵守增					
赵巧云	女	03.26	赵振力					
赵美琴	女	04.10	赵小根					
赵玉嫦	女	05.14	赵一头					
卓凤花	女	07.13	卓妙德					
毕雪芳	女	04.16	毕夏清					
赵妹丽	女	01.23	赵正元					
赵娇云	女	08.18	赵一志					
蔡美菊	女	11.15	蔡良法					
赵素清	女	12.24	赵仙春					

出生(34,女17)				死亡(7)				
姓名	性别	日期	户主	姓名	性别	年龄	日期	户主
赵敏彩	女	02.20	赵小春					
赵国宝	男		赵一秋					
无名	女		赵加林					

1968 年

出生(21,女6)				死亡(8)				
姓名	性别	日期	户主	姓名	性别	年龄	日期	户主
赵松谱	男	07.10	赵法兴	王二妹	女	77	02.28	赵玉香母
赵富顺	男	08.18	赵宗香	赵守利	男	6	05.02	赵家有长子
赵友富	男	02.23	赵一良	张领香	女	52	06.25	赵守根母
赵建平	男	11.22	赵一华	赵振芳	男	66	08.01	赵一兵父
赵富祥	男	08.04	赵小歪	无名	男	婴儿		赵一启子
赵家焕	男	01.02	赵一德	无名	男	婴儿		赵法先子
赵文忠	男	11.23	赵振力	无名	男	婴儿		赵一松子
赵卫志	男	02.23	赵守勤	无名	女	2		赵加林
蔡妙春	男	01.27	蔡二姐					
鲍林平	男	12.21	鲍妙东					
赵云林	男	06.22	赵一秀					
赵军敏	男	12.13	赵加钿					
赵敏	男	02.18	赵加启					
赵妹云	男	02.22	赵正元					
赵贤桂	男	05.29	赵洪友					
赵赛君	女	10.03	赵守增					
赵云娇	女	01.30	赵一森					
赵桂琴	女	05.28	赵守土					
赵君飞	女	11.16	赵守明					
赵巧敏	女	10.03	赵一和					
赵巧玲	女	03.11	赵家友					

1969 年

出生(39,女17)				死亡(5)				
姓名	性别	日期	户主	姓名	性别	年龄	日期	户主
赵守军	男	10.10	赵加青	赵夫云	男	4	02.20	赵一福
卓胜利	男	07.13	卓妙德	无名	男	婴儿	01.03	赵法达
赵云辉	男	11.23	赵一桃	无名	男	婴儿	08.03	赵加春
赵贤春	男	03.11	赵加鼎	无名	男	婴儿	12.11	赵仁恩
毕雪琴	女	02.11	毕夏清	无名	男	婴儿	12.17	赵家林大
赵云志	男	05.28	赵守清					
赵华智	男	11.29	赵加勤					
赵建斌	男	10.21	赵法先					
赵玲辉	男	11.16	赵萍萍					
赵加生	男	08.28	赵一玉					
赵守聪	男	07.30	赵加富					
赵守瑞	男	12.01	赵加金					
赵青才	男	02.20	赵加有					
赵友敏	男	01.30	赵济法					
赵海清	男	05.18	赵仙春					
杨平才	男	07.21	杨和顺					
赵晓波	男	01.11	赵正更					
赵小兵	男	06.30	赵妙寿					
赵伟明	男	05.19	赵一要					
赵美林	男	09.20	赵小根					
赵仁慧	男	11.13	赵法云					
林巧燕	女	02.06	林法明					
赵云芳	女	01.19	赵法海					
赵道林	男	03.24	赵守华					
赵菊领	女	03.14	赵若明					
赵云芳	女	04.04	赵一信					
赵佩芳	女	06.23	赵有恩					
赵玲君	女	08.11	赵一东					
赵雪君	女	12.25	赵法增					
赵凤兰	女	12.01	赵加地					
赵玉琴	女	05.15	赵友飞					

出生(39,女 17)				死亡(5)				
姓名	性别	日期	户主	姓名	性别	年龄	日期	户主
鲍菊丽	女	04.09	鲍启法					
李云芽	女	06.26	李五妹					
赵雪琴	女	12.27	赵加美					
赵淑贞	女	03.17	赵守文					
赵君辉	女	11.20	赵加唐					
赵海清	女	04.07	赵一正					
赵慧芳	女		赵本顺					
无名	男		赵一松					

1970 年

出生(31,女 20)				死亡(8)				
姓名	性别	日期	户主	姓名	性别	年龄	日期	户主
赵守敏	男	04.22	赵加亨	赵慧芳	女	2	03.06	赵本顺女
赵法妹	男	06.29	赵正福	无名	男	2	03.09	赵一松子
赵巧波	男	04.18	赵一和	赵一忠	男	48	04.29	赵家金父
赵卫忠	男	07.24	赵守元	赵振友	男	51	10.04	赵云飞父
赵守波	男	09.21	赵加春	许二姐	女	72	11.16	赵家金岳母
蔡小明	男	12.07	蔡二姐	刘大姐	女	70	12.06	杨继法妻
赵红波	男	10.08	赵若林	谢三妹	女	75	12.28	赵一彩母
赵富斌	男	08.10	赵宗香	无名	女	婴儿	12.11	赵振力女
赵玲东	男	12.26	赵一正					
赵友金	男	11.30	赵顺茂					
赵君飞	女	04.27	赵妙玉					
赵红彬	女	09.16	赵法达					
赵小丽	女	07.15	赵一森					
赵云莲	女	05.16	赵一启					
赵素芳	女	06.29	赵一义					
赵敏丽	女	11.07	赵茂顺					
赵素琴	女	03.30	赵一福					
赵素娥	女	07.30	赵守根					
赵琴飞	女	11.08	赵正元					
赵薇薇	女	01.20	赵南中					

续表

出生(31,女20)				死亡(8)				
姓名	性别	日期	户主	姓名	性别	年龄	日期	户主
赵云桃	男	07.31	赵正友					
赵杏慧	女	01.08	赵一友					
赵丹红	女	11.30	赵一保					
赵君清	女	10.05	赵守明					
赵美玲	女	11.18	赵加有					
赵敏珠	女	08.13	赵小春					
赵雪娇	女	11.18	赵一茂					
赵娇明	女	12.30	赵一志					
赵小玲	女	12.11	赵正勇					
赵云芽	女	10.05	赵法顺					
赵海英	女	10.08	赵守华					

1971 年

出生(24,11)				死亡(8)				
姓名	性别	日期	户主	姓名	性别	年龄	日期	户主
赵启明	男	01.15	赵守行	赵一东	男	40	03.23	赵一秋弟
赵建斌	男	10.01	赵学松	赵扶士	男	79	05.20	赵五妹父
赵桂通	男	05.02	赵守土	赵一连	男	67	07.01	赵加仁父
赵剑波	男	08.02	赵本顺	赵云康	男	6		赵有恩
赵云标	男	08.25	赵守清	金小凤	女	74		赵守尧祖母
赵灵茂	男	07.31	赵宝明	无名	女	婴儿		赵小根
赵炳烯	男	12.22	赵一头	无名	女	婴儿		赵小根
赵海兵	男	09.22	赵家有	无名	男	2		赵正友
杨云富	男	05.31	杨和宝					
赵林军	男	12.05	赵一秀					
赵云华	男	03.08	赵小朋					
赵剑红	男	08.16	赵法林					
赵君琴	女	04.24	赵一彩					
赵贤群	女	02.11	赵洪友					
赵玲芳	女	05.19	赵有恩					
赵玲珍	女	01.09	赵守茂					
赵雪妹	女	04.13	毕夏清					

续表

出生（24,11）				死亡（8）				
姓名	性别	日期	户主	姓名	性别	年龄	日期	户主
赵彩虹	女	08.16	赵萍萍					
林巧飞	女	10.18	林法明					
赵君娇	女	05.18	赵法友					
赵瑞英	女	10.02	赵守文					
赵君清	女	07.21	赵仙春					
赵慧莲	女	06.22	赵一松					
赵仁富	男	04.28	赵法云					

1972 年

出生（20,女8）				死亡（11）				
姓名	性别	日期	户主	姓名	性别	年龄	日期	户主
赵建明	男	07.20	赵加青	郑秀英	女	77		赵加现母
赵松青	男	11.09	赵法兴	王四妹	女	81	03.06	赵加灯母
赵云富	男	01.08	赵宗启	谢领凤	女	56	06.12	杨和宝母
赵建林	男	02.04	赵一华	赵正宝	男	70	08.14	赵法顺父
赵清云	男	08.24	赵守会	赵正好	男	72	10.15	赵法彩父
赵华勇	男	06.21	赵加勤	赵正培	男	79	12.07	赵一森父
赵斌辉	男	04.25	赵加富	赵荣庚	男	60	12.09	赵一松父
赵建军	男	05.19	赵守钿	无名	女	婴儿	01.07	赵法海
赵守才	男	08.26	赵加地	无名	女	婴儿	01.09	赵一林
赵才军	男	02.09	赵友飞	无名	男	婴儿		赵守增
赵敏军	男	07.19	赵茂顺	无名	女	婴儿		李五妹
赵菊玲	女	02.27	赵一鉴					
赵秀娟	女	05.26	赵加亨					
赵雪彬	女	07.06	赵守尧					
赵丹菁	女	11.04	赵一堂					
赵　祯	女	11.17	赵小东					
赵丽君	女	10.10	赵照连					
赵丹君	女	02.18	赵加林（大）					
赵晓岚	女	09.20	赵正更					
赵海滨	男		赵守堂					

1973 年

出生(17,女 6)				死亡(10)				
姓名	性别	日期	户主	姓名	性别	年龄	日期	户主
赵先东	男	05.19	赵法海	林小女	女	81	02.22	赵一福母
毕方富	男	09.13	毕夏清	潘小妹	女	79	03.03	赵若信妻
赵道舜	男	02.08	赵守华	赵克华	男	77	03.26	赵正更父
赵卫平	男	09.16	赵加君	赵正松	男	75	03.27	赵妙寿父
赵伟华	男	12.12	赵一志	赵一盈	男	59	04.07	户主
赵剑荣	男	06.11	赵法友	潘四妹	女	75	09.18	赵一富母
刘志勤	男	01.28	刘照林	赵守仁	男	59	11.12	赵道友父
鲍红兵	男	03.27	鲍妙东	赵一浩	男	85	11.17	赵加俭父
赵锐	男	07.04	赵加启	无名	男	婴儿	12.03	赵照连子
赵玲丽	女	11.30	赵友根	无名	女	婴儿	12.09	赵一友女
赵雪凤	女	06.06	赵一林					
赵建素	女	04.18	赵加唐					
童丽君	女	07.30	童玉定					
林雪慧	女	12.17	林大生					
赵美虹	女	05.5	赵珠龙					
赵士明	男	01.11	赵道友					
无名	男		赵法增					

1974 年

出生(13,女 7)				死亡(4)				
姓名	性别	日期	户主	姓名	性别	年龄	日期	户主
赵云军	男	04.02	赵宗启	赵云娇	女	8	04.08	赵一森
赵荣伟	男	11.06	赵守尧	钟小春	女	86	07.09	户主
赵劲松	男	07.29	赵法明	俞领妹	女	83	11.23	赵一昌母
赵建明	男	04.07	赵守钿	无名	女	2		赵法增
赵彬辉	男	02.13	赵一友					
赵雪玲	女	01.04	刘经记					
赵雪萍	女	05.05	赵小明					
赵素云	女	01.18	赵守顺					
赵海丽	女	12.12	赵小夫（笑箕）					
赵建君	女	11.26	赵本顺					

出生（13，女7）				死亡（4）				
姓名	性别	日期	户主	姓名	性别	年龄	日期	户主
赵玲君	女	10.10	赵法顺					
赵小云	女		赵守增					
赵士明	男	01.11	赵道友					

1975 年

出生（11，女5）				死亡（8）				
姓名	性别	日期	户主	姓名	性别	年龄	日期	户主
赵斌峰	男	09.24	赵福生	赵一德	男	83	01.08	赵家富父
赵建华	男	10.31	赵珠龙	潘夏姐	女	83	01.29	赵守顺母
林招	男	04.26	林增来	鲍三妹	女	78	04.03	赵正尧母
李贤富	男	02.03	李五妹	赵妙寿	男	51	07.06	赵明利父
杨平清	男	10.31	杨和连	赵正志	男	90	08.22	赵一彩父
赵军毅	男		赵家钿	无名	女	婴儿		赵华有
赵君	女	11.20	赵法富	无名	女	婴儿		赵加林
骆海萍	女	04.26	骆小春	无名	男	婴儿		赵照连
赵雪萍	女	11.27	赵贤忠					
赵君英	女	08.19	赵法连					
赵玲莉	女	12.09	赵照连					

1976 年

出生（17，女5）				死亡（9）				
姓名	性别	日期	户主	姓名	性别	年龄	日期	户主
赵守超	男	05.08	赵加亨	赵家来	男	75	01.02	赵守勤父
赵云峰	男	12.16	赵一林	赵振方	男	84	07.12	赵一宗父
赵灵军	男	09.23	赵玉青	赵一团	男	67		赵春香父
赵根春	男	03.02	赵先福	赵道林	男	7		赵守华子
刘云波	男	02.23	刘照妹	赵克信	男	89	10.12	赵仁恩继父
赵海剑	男	06.10	赵一松	赵家宽	男	84	10.26	赵守增继父
刘友法	男	07.14	刘照林	李冬莲	女	12	10.30	李正祥
赵云青	男	02.26	李思友	无名	男	婴儿		赵一海
赵明才	男	12.04	赵守顺	无名	女	婴儿		赵正勇
赵宇翔	男	03.16	赵一堂					

续表

出生(17,女5)				死亡(9)				
姓名	性别	日期	户主	姓名	性别	年龄	日期	户主
赵永斌	男	02.25	赵法增					
赵建敏	男	01.03	赵若林					
赵雪云	女	07.22	赵小明					
赵玲飞	女	05.06	赵小夫					
赵巧燕	女	11.19	赵本富(大)					
林　秀	女	03.05	林照富					
赵雪丽	女	01.10	赵华有					

1977 年

出生(17,女8)				死亡(14)				
姓名	性别	日期	户主	姓名	性别	年龄	日期	户主
赵坚勇	男	01.21	赵加友	赵守志	男	39	01.10	赵守会兄
赵伟善	男	10.10	赵小夫	杨继法	男	79	01.28	户主
赵兴峰	男	01.01	赵本连	张三妹	女	71	02.27	赵加仁母
赵敏志	男	11.13	赵法富	赵一玉	男	84	03.10	赵道尧父
童利明	男	02.07	童玉定	孙彩娇	女	39	03.11	赵春法
林　勇	男	10.23	林大生	王三妹	女	79	04.19	赵正更母
骆剑波	男	05.26	骆春法	赵一间	男	66	05.10	赵法宝父
赵军锋	男	07.06	赵东方	赵家福	男	78	10.05	赵守明父
赵敏卫	男	07.04	赵一夫	赵一海	男	61	10.24	赵玉彩父
赵玲美	女	05.09	赵友根	谢妹领	女	65	10.29	赵小明母
赵海燕	女	04.01	赵学松	赵若信	男	59	11.05	赵照连伯父
赵春风	女	06.02	赵云清	林二妹	女	50	12.25	赵一盼
赵剑飞	女	07.19	赵一茂	无名	女	婴儿	11.18	赵华有
赵美玲	女	12.24	赵照连	无名	男	婴儿	12.27	赵增福
赵丹虹	女	08.16	赵和菊					
林　慧	女	12.25	林增来					
赵巧慧	女	01.13	赵和德					

1978 年

出生(28,女16)				死亡(7)				
姓名	性别	日期	户主	姓名	性别	年龄	日期	户主
李清军	男	08.13	李德先	赵一良	男	43	03.31	赵加满父
赵建伟	男	08.04	赵加林	赵济法	男	49	05.07	赵友岳父
赵清波	男	11.22	赵守会	章妙领	女	72	12.24	赵妙寿母
赵青峰	男	10.05	赵小富	无名	男	婴儿	01.02	李思友
赵灵志	男	12.21	赵宝明	无名	女	婴儿	05.20	赵华有
赵军辉	男	12.17	赵加初	无名	女	婴儿	05.28	赵加开
林　杰	男	02.26	林照宋	无名	女	婴儿		赵本富
骆伟海	男	01.08	骆小春					
赵洪春	男	08.05	赵友根					
赵坚刚	男	07.14	赵若舜					
赵群熙	男	11.24	赵加明					
赵君清	女	06.24	赵本云					
赵君丽	女	08.20	赵加来					
赵敏燕	女	12.30	赵道友					
赵君飞	女	05.19	赵华云					
赵丹阳	女	11.18	赵法寿					
赵美丽	女	02.05	赵本富					
赵娇云	女	12.03	赵小明					
赵丹君	女	01.04	赵法连					
赵君慧	女	03.08	赵一海					
赵瑞燕	女	06.19	赵西林					
赵海虹	女	02.26	赵一增					
赵伟虹	女	11.07	赵小宝					
赵节飞	女	04.14	赵贤金					
赵媛媛	女	11.00	郑和友					
赵小薇	女	12.06	赵家唐					
赵玲超	女	01.16	赵法顺					
赵　志	男	12.19	赵一炬					

1979 年

出生(27,女 11)				死亡(10)				
姓名	性别	日期	户主	姓名	性别	年龄	日期	户主
赵坚华	男	09.10	赵加友	许小姐	女	78		赵斯伦母
赵平	男	12.11	赵华友	赵正尧	男	59		赵宝明父
赵剑	男	05.14	赵增福	赵正退	男	78		赵增福父
赵建国	男	12.25	赵本富	陈领花	女	78		赵顺茂母
赵德	男	02.05 双	赵云桂	蒋香梅	女	85		五保户
赵建艳	女	02.07 双	赵云桂	叶领香	女	77		赵小歪母
赵启华	男	02.27	赵贤聪	徐小香	女	80		赵林根母
赵春斌	男	03.13	赵华君	鲍凤英	女	70		赵仁法母
赵勤华	男	12.12	赵法云	无名	男	2	09.15	赵守行
赵法军	男	04.21	赵家林	无名	女	婴儿	12.24	赵启根
赵明勇	男	01.03	赵大顺					
杨平华	男	10.17	杨和连					
赵晓宇	男	03.18	赵春香					
赵阳	男	12.27	赵贤齐					
赵军志	男	01.08	赵玉青					
赵玲金	男	11.01	赵照连					
赵清	男	02.02	赵仙春					
赵雪芬	女	01.24	赵贤忠					
赵慧君	女	09.15	赵法林					
赵君霞	女	09.12	赵法初					
赵晓慧	女	05.30	赵学夫					
赵春燕	女	10.26	赵法先					
赵丹阳	女	11.07	赵加开					
赵胭脂	女	03.09	赵和德					
刘雪丽	女	09.08	刘照梅					
赵慧珠	女	01.25	赵一松					
赵菊飞	女	12.31	李思友					

1980 年

出生(11,女 4)				死亡(6)				
姓名	性别	日期	户主	姓名	性别	年龄	日期	户主
赵伟	男	09.08	赵守行	卢彩芽	女	89	02.18	五保户

续表

出生(11,女4)				死亡(6)				
姓名	性别	日期	户主	姓名	性别	年龄	日期	户主
赵辉	男	12.02	赵法林	赵小领	女	60	03.14	李德先母
赵旭阳	男	11.25	赵小宝	林领	女	79	09.02	赵守满母
赵军卫	男	07.23	赵本富	朱妹姐	女	63		赵春香母
赵荣	男	06.26	江小花	赵小云	女	7	12.30	赵守增
赵国平	男	07.01	赵守贤	无名	女	婴儿		郑和友
赵衡	男	09.09	赵小东					
赵敏慧	女	10.12	赵一海					
赵丹玲	女	11.18	赵美聪					
林莉	女	11.00	林照富					
无名	女		赵贤忠					

1981 年

出生(22,女9)				死亡(7)				
姓名	性别	日期	户主	姓名	性别	年龄	日期	户主
骆剑勇	男	04.12	骆春法	叶领凤	女	75	01.03	赵一东母
赵国良	男	06.21	赵连法	叶领香	女	79	01.24	赵一奎母
赵军斌	男	08.05	赵本云	赵贤桂	男	14	03.09	洪友母
赵安瑜	男	08.04	赵学夫	赵克彩	男	88	04.18	赵玉香父
赵辉	男	08.16	赵启根	赵夏连	男	48	07.09	赵增富父
赵才兵	男	08.17	赵和德	杨继友	男	73		杨和宝父
林挺	男	12.09	林万明	李老五	女	82	09.24	赵达仁母
赵海玲	男	01.30	赵一增					
赵辉	男	02.14	赵守德					
赵波	男	11.23	赵守正					
赵海军	男	12.09	赵小云					
赵建伟	男	06.26	赵和菊					
鲍平刚	男	06.30	鲍洪明					
赵丹琴	女	09.05	赵若舜					
赵君芳	女	10.04	赵华云					
赵丽阳	女	11.05	赵增福					
赵丹君	女	01.11	赵华宝					
赵英姿	女	01.23	赵法连					

续表

出生(22,女9)				死亡(7)				
姓名	性别	日期	户主	姓名	性别	年龄	日期	户主
赵慧锋	女	05.26	赵法松					
赵 丹	女	12.13	赵一顺(殿下)					
童卫萍	女	09.04	童玉林					
赵丹清	女	01.03	赵本法					

1982 年

出生(19,女9)				死亡(10)				
姓名	性别	日期	户主	姓名	性别	年龄	日期	户主
赵富增	男	10.13	赵法顺	杨领花	女	42	05.01	赵家美
赵永敏	男	02.02	赵法寿	赵一通	男	70	05.04	赵加开伯父
赵春辉	男	07.06	赵华君	赵妹姐	女	47	07.08	赵夏连
赵永卫	男	08.05	赵华宝	张小妹	女	55	08.19	赵一炬母
赵健伟	男	12.16	赵友青	赵一头	男	51	12.26	赵卫广父
赵 兵	男	10.15	赵妙德	林秀英	女	81	12.29	赵洪烈母
郑 敏	男	03.24	郑和友	赵一连	男	69	12.29	赵加地父
赵剑华	男	04.11	赵家德(笕篁)	骆剑勇	男	2		骆春法
赵明星	男	11.05	赵贤齐	无名	女	2		赵贤忠
赵长河	男	11.01	赵美德	无名	女	婴儿		赵和春
赵晓红	女	04.26	赵福生					
赵君华	女	08.05	赵加来					
赵 英	女	07.21	赵照来					
赵春晓	女	04.01	赵云清					
赵慧慧	女	09.08	赵贤苏					
赵玲霞	女	09.01	赵法清					
赵肖肖	女	09.11	赵云平					
赵玲玲	女	10.16	赵一海					
林 敏	女	05.19	林照岳					

1983 年

出生（18，女7）				死亡（7）				
姓名	性别	日期	户主	姓名	性别	年龄	日期	户主
赵永良	男	03.12	赵贤忠	叶领凤	女	66	01.26	赵加喧
李文辉	男	02.07	李法兆	赵云芳	女	29	03.04	杨和连
赵伟伟	男	03.08	赵一云	林昌格	男	80	04.27	林法明父
赵道正	男	03.08	赵守荣	赵加池	男	75	07.29	赵贤庆父
赵江波	男	02.10	赵和春	赵一记	男	67	11.13	赵玉青父
赵裕智	男	03.28	赵西林	赵彩球	女	22	10.28	赵一盼女
赵明	男	09.14	赵加福	赵一照	男	61		赵西林父
赵志	男	03.11	赵和钿					
赵春庭	男	08.22	赵保连					
赵卫利	女	07.17	赵法初					
赵赛飞	女	01.22	赵加林					
赵慧玲	女	03.19	赵加德（赵一义）					
赵巧慧	女	08.20	赵华明					
赵伟君	女	07.13	赵法连					
赵群	女	03.09	赵小连					
骆丹爽	女	11.24	骆春妹					
赵永良	男		赵贤忠					
赵伟卫	男		赵家青					

1984 年

出生（25，女16）				死亡（7）				
姓名	性别	日期	户主	姓名	性别	年龄	日期	户主
赵顺	男	02.27	赵加宝	叶领	女	90	01.07	赵加兵母
赵军德	男	02.06	赵华云	王夏花	女	66		赵一岳
赵兴	男	04.13	赵云清	王夏妹	女	57	03.10	赵家焕母
赵卫勇	男	03.30	赵林祥	赵生财	男	31	12.01	赵一志
赵永胜	男	12.26	赵法照	王三姐	女	72	05.10	赵四连
赵江醒	男	12.24	赵和春	赵增富	男	23		赵夏连
赵灵华	男	05.02	赵守来	林美地	男	82		林大法父
林超	男	02.12	林照岳					
赵婉萍	女	08.05	赵法俭					

续表

出生(25,女16)				死亡(7)				
姓名	性别	日期	户主	姓名	性别	年龄	日期	户主
赵文伟	女	02.03	赵照来					
赵赛平	女	12.15	赵守增					
赵丹平	女	01.15	赵家德					
赵京晶	女	04.13	赵法清					
赵彬彬	女	11.01	赵守荣					
赵丹晓	女	03.18	赵家德					
赵丹敏	女	07.07	赵加开					
赵玲鑫	女	11.19	邬夏春					
赵敏	女	06.18	赵万荣					
赵娟	女	11.29	赵妙德					
林丹	女	06.13	林万明					
杨秀玲	女	11.10	杨妙根					
童慧清	女	03.01	童玉林					
赵玲萍	女	11.11	赵加德(赵一义)					
赵霞霞	女		赵华明					
赵卫勇	男		赵法初					

1985 年

出生(20,女8)				死亡(7)				
姓名	性别	日期	户主	姓名	性别	年龄	日期	户主
赵启金	男	09.20	赵贤聪	王彩领	女	73	12.29	赵加春母
赵卫云	男	01.26	赵法初	赵家新	男	77	10.27	赵萍萍
赵江建	男	02.22	赵加来	盛花	女	81	3月	赵良金母
赵远青	男	12.70	赵加力	赵阿星	男	55	11.21	赵伯青
赵丹伟	男	09.03	赵加德(赵林根)	李正祥	男	75		李德先父
赵旭	男	08.23	赵本初	王小姐	女			赵一和母
金兴	男	10.04	金海来	赵一池	男	81		赵加富父
赵江峰	男	02.28	赵小连					

出生(20,女8)				死亡(7)				
姓名	性别	日期	户主	姓名	性别	年龄	日期	户主
赵　鑫	男	10.23	赵家福					
林　立	男	11.08	林照亨					
赵彬彬	男	07.16	赵小云					
赵　伟	男	07.21	赵守忠					
李　玲	女	01.23	李法兆					
赵海云	女	09.06	赵法满					
赵黛雅	女	10.02	赵法春					
赵君虹	女	09.20	赵本尧					
赵丹晓	女	12.03	赵加开					
赵丹峰	女	03.31	赵一顺					
赵慧艳	女	04.25	赵东方					
赵黎黎	女	11.03	赵启才					

1986 年

出生(26,女8)				死亡(3)				
姓名	性别	日期	户主	姓名	性别	年龄	日期	户主
童卫勇	男	12.07	童玉林	赵加定	男	76	01.15	赵守元父
赵卫军	男	03.09	赵加章	卓妙德	男	63	12.21	卓玉兰父
赵兴兴	男	01.13	赵永秀	王三妹	女	87		赵正福母
赵晨惠	男	05.22	赵守云					
赵宇峰	男	07.25	赵加云					
赵建翊	男	10.30	赵春香					
赵国金	男	09.03	赵小庆					
赵灵江	男	09.16	赵加财					
赵　志	男	10.28	赵家德					
赵　焕	男	07.03	赵本法					
赵　拯	男	09.14	赵守方					
赵桂顺	男	12.04	赵法清					
赵灵伟	男	10.01	赵法松					
赵志华	男	07.08	赵守来					
赵军夫	男	06.04	赵一球					

续表

出生(26,女8)				死亡(3)				
姓名	性别	日期	户主	姓名	性别	年龄	日期	户主
赵晨光	男	05.06	赵家挺					
蔡灵辉	男	11.01	蔡妙春					
赵鑫伟	男	02.19	赵云玲					
赵晨佳	女	07.14	赵云福					
赵巧萍	女	12.01	赵明初					
赵薇薇	女	02.05	赵华法					
赵灵霄	女	10.09	赵法华					
赵莹莹	女	03.04	赵美云					
赵露莎	女	08.02	赵美顺					
赵晨曦	女	08.31	邬夏春					
骆超风	女	08.28	骆春富					

1987 年

出生(22,女8)				死亡(13)				
姓名	性别	日期	户主	姓名	性别	年龄	日期	户主
赵炳灵	男	02.17	赵美初	赵高凤	女	69	01.24	赵一其
赵 赞	男	03.02	赵云华	叶玲凤	女	37	01.04	赵家富
金 展	男	03.18	金海英	陈小英	女	77		赵领玉母
赵斌波	男	05.15	赵若华	赵慧莲	女	17	03.21	赵一松
赵道兴	男	08.14	庞彩琴	陈夏英	女	79	05.26	赵守会母
赵霄峰	男	09.24	赵贤苏	赵家喧	男	72	08.09	郑和友继
赵德华	男	05.11	赵法俭	戴领凤	女	71	10.17	赵法宝母
赵优奇	男	01.30	赵宝章	赵家富	男	67	10.17	赵冬妹父
赵雯瑶	男	10.08	赵宝玉	赵云明	男	26	08.18	赵启根弟
赵昌昌	男	11.14	赵守德	赵如家	男	89	09.01	赵茂友父
赵 吉	男	12.03	赵加宝	赵阿五	男	74	8 月	赵云平叔公
赵 宏	男	12.11	赵加方	金领香	女	77	9 月	赵一时母
赵慧敏	男	08.01	赵法聪	赵一池	男	82		赵加富父
赵勇皓	男	12.07	赵万荣					
赵婷婷	女	02.14	赵贤军					
赵晓肖	女	07.23	赵加泉					
骆丹君	女	10.08	骆春妹					

续表

出生（22，女8）				死亡（13）				
姓名	性别	日期	户主	姓名	性别	年龄	日期	户主
赵　虹	女	11.12	赵一顺					
赵灵娜	女	03.11	赵美聪					
赵　琼	女	01.22	赵守林					
陈　瑛	女	07.15	赵达仁（赵美娟）					
林丹华	女	01.06	林德富					

1988 年

出生（34，女18）				死亡（2）				
姓名	性别	日期	户主	姓名	性别	年龄	日期	户主
骆剑超	男	02.06	骆春法	潘小梅	女	72		赵家华
赵疆波	男	02.05	赵加东	王领妹	女	77	12.22	赵家朋母
赵伟斌	男	02.27	赵一顺					
赵宇杰	男	02.21	邬夏春					
赵　阳	男	02.06 双	赵宝连					
赵　旭	男	02.06 双	赵宝连					
林　刚	男	08.29	林增良					
赵远良	男	09.05	赵加球					
赵志伟	男	01.09	赵守才					
赵永军	男	10.11	赵法照					
赵灵冠	男	10.22	赵美聪					
赵于军	男	12.05	赵守增					
赵　炎	男	07.08	张富法					
赵海军	男	04.27	赵华法					
赵　树	男	04.03	赵加章					
赵丽娜	女	01.28	赵美华					
蔡　洁	女	02.24	蔡岳明					
赵婉青	女	03.05	赵玉彩					
赵无名	女		蔡妙富					
赵美娟	女	03.06	赵和海					
赵丽娜	女	07.02	赵家钿					
赵　赛	女	11.25	赵军福					

续表

出生(34,女18)				死亡(2)				
姓名	性别	日期	户主	姓名	性别	年龄	日期	户主
赵婉蓉	女	09.28	赵小庆					
金莹	女	10.10	金波					
赵静	女	09.19	赵华明					
赵伊娜	女	11.22	赵加挺					
赵莎莎	女	12.11	赵本尧					
赵海鸳	女	12.06	赵加泉					
赵黎慧	女	08.21	赵启才					
赵丹丹	女	12.01	赵美云					
赵敏慧	女	11.07	赵云平					
赵晨汝	女	11.19	赵丹阳					
赵丽莎	女	11.11	张富林					
赵剑	男	07.03	赵明利					

1989 年

出生(26,女13)				死亡(10)				
姓名	性别	日期	户主	姓名	性别	年龄	日期	户主
赵蒲	男	03.03	赵守德	赵一池	男	81	02.05	赵家汉父
赵瑜	男	01.26	赵守林	赵正丁	男	67	02.10	赵法明父
赵滕骅	男	01.24	赵骥	赵道尧	男	65	02.14	赵福生父
赵黛琪	男	01.03	赵法春	江三姐	女	72	05.24	赵若信
赵逸	男	08.20	赵华明	赵一元	男	83	06.07	赵法良父
赵斌斌	男	03.22	赵友青	林彩花	女	31	06.24	赵大顺妻
赵宇赞	男	08.08	赵守斌	张妹儿	女	70	07.11	赵一志母
杨笃胜	男	11.28	杨妙根	李冬英	女	63	10.03	赵法明母
金望	男	10.26	金海英	赵振斯	男	84	12.18	赵仙春
赵云东	男	07.30	赵启才	无名	女	2		蔡妙富
赵宇灵	男	01.31	赵美勇					
骆超海	男	01.10	骆富春					
赵剑	男	08.14	赵明利					
赵静怡	女	02.09	赵旭智					
赵安莎	女	07.04	赵守正					
赵珊珊	女	02.26	赵守雨					

续表

出生(26,女13)				死亡(10)				
姓名	性别	日期	户主	姓名	性别	年龄	日期	户主
杨　瑾	女	12.13	杨平富					
赵露敏	女	03.31	赵美顺					
赵柳燕	女	01.15	赵哲明					
赵巧云	女	04.03	赵明初					
赵婧贝	女	07.29	赵云德					
赵　芬	女	08.04	赵贤富					
赵夏萍	女	07.06	赵云卿					
群　雅	女	07.27	赵守良					
赵婷婷	女	11.25	赵守才					
赵　静	女	12.19	赵国增					

1990 年

出生(17,女10)				死亡(6)				
姓名	性别	日期	户主	姓名	性别	年龄	日期	户主
赵旭峰	男	06.26	赵美顺	郑夏领	女	64	02.18	赵明利母
赵　瑜	男	03.17	赵守林	陈小花	女	84	03.01	赵一林母
赵胡敏	男	01.23	赵家满	林美泉	男	73	08.30	林增来父
赵　鑫	男	02.17	赵国宝	赵家山	男	73	11.11	赵守正父
骆剑敏	男	06.29	骆春芳	赵一东	男	58	11.30	赵家彩父
赵海挺	男	08.23	赵美云	赵菊生	男	52		户主
蔡腾斌	男	10.14	蔡岳明					
赵梦媛	女	02.04	赵守忠					
赵鲁露	女	02.21	赵加东					
蔡蓉蓉	女	05.20	蔡妙富					
赵诗诗	女	02.16	赵家才					
赵　晶	女	02.26	赵利平					
金倩倩	女	07.28	金海波					
赵聪聪	女	02.04	赵美玉					
赵莹晓	女	12.04	赵守康					
赵赛赛	女	06.20	赵加球					
赵伊娜	女		赵加挺					

1991 年

姓名	性别	日期	户主	姓名	性别	年龄	日期	户主
	出生(22,女10)				死亡(8)			
赵勤伟	男	01.11	赵云来	赵斯连	男	86		赵娇花父
赵晨阳	男	07.31	赵小云	赵正满	男	81	01.18	赵一志
赵营贝	男	05.09	赵来增	罗四妹	女	93	04.15	林大法母
赵乐	男	05.01	赵和良	赵昌启	男	78	08.21	户主
赵霄华	男	08.31	赵贤军	林文香	女	70	03.29	赵一桂
赵磊	男	03.06	赵哲明	赵一德	男	79	07.18	赵家焕父
赵海卫	男	10.16	赵友岳	胡五妹	女	86	06.27	赵小美母
赵海瑞	男	09.25	赵美华	林三姐	女	75	09.23	赵家茂
赵干	男	12.04	赵明东					
赵远挺	男	02.11	赵家力					
赵志伟	男	06.11	赵一顺					
赵张超	男	06.25	张秋生					
赵海莹	女	03.07	赵法满					
赵晨晨	女	04.03	赵美云					
赵雯娴	女	09.08	赵贤标					
赵雅婷	女	11.05	赵若增					
赵涵芬	女	10.07	赵连法					
鲍静薇	女	11.07	鲍林平					
赵慧慧	女	05.16	赵云飞					
赵慧婷	女	11.04	赵凌明					
林洁	女	04.07	林大行					
赵婷婷	女	03.09	赵友富					

1992 年

姓名	性别	日期	户主	姓名	性别	年龄	日期	户主
	出生(16,女8)				死亡(4)			
赵明锌	男	02.26	赵利平	谢小女	女	90	04.17	赵加美母
林杰	男	07.30	林德富	张玉英	女	75	9.22	赵克桃
赵明明	男	09.24	张富林	郑三妹	女	95	10.29	赵加俭母
赵仁杰	男	08.24	赵坚勇	赵克桃	男	88	11月	赵云平外公
赵宇晨	男	02.23	赵海清					

续表

出生（16，女8）				死亡（4）				
姓名	性别	日期	户主	姓名	性别	年龄	日期	户主
赵伟军	男	08.28	赵美良					
赵用杰	男	04.04	赵卫东					
赵臻鸣	男	07.04	赵青才					
赵晨怡	女	01.16	赵明富					
赵佳宇	女	03.19	赵松谱					
赵玲雅	女	08.02	赵学友					
赵盼晶	女	10.25	赵富宝					
赵华晨	女	05.10	赵云超					
赵雅婷	女	06.06	赵云林					
赵璐璐	女	11.05	赵友富					
赵丹妮	女	12.18	赵家超					

1993 年

出生（19，女11）				死亡（8）				
姓名	性别	日期	户主	姓名	性别	年龄	日期	户主
赵新曦	男	01.13	赵云富	蔡仁朋	男	90	01.31	蔡良法父
赵文滔	男	03.25	赵守军	张三妹	女	77	03.28	赵贤庆母
赵军超	男	01.23	赵文斌	赵法根	男	83	05.19	赵小玉父
赵栩强	男	07.29	蔡公飞	赵华法	男	37	05.24	赵海军父
赵健阳	男	07.07	赵加洪	赵正桃	男	81	08.13	赵法先父
赵江徽	男	10.22	赵明琥	赵姐头	女	74	08.26	刘照林母
杨 楠	男	10.10	杨平才	赵家华	男	82	11.05	赵加方继父
赵叶倩	女	02.04	赵文忠	杨玉领	女	87		五保户
赵秀秀	女	01.08	赵贤春					
赵颖静	女	02.07	赵卫广					
赵羽扬	女	02.16	赵建斌					
赵婉丽	女	04.28	赵贤庆					
赵晨微	女	07.04	赵丹阳					
赵薇雅	女	10.31	赵妹云					
无名	女	10.21	赵建阳					
赵陈佳	女	12.05	赵定辉					
赵梦馨	女	12.31	赵守聪					

续表

出生(19,女 11)				死亡(8)				
姓名	性别	日期	户主	姓名	性别	年龄	日期	户主
赵玲玮	女	09.01	赵才富					
赵伟卫	男		赵加青					

1994 年

出生(11,女 4)				死亡(8)				
姓名	性别	日期	户主	姓名	性别	年龄	日期	户主
赵奔	男	04.21	赵贤富	郑夏香	女	67	02.02	赵加金母
蔡玉翔	男	06.29	蔡妙春	赵一法	男	79	03.19	赵本连父
赵东昇	男	01.20	赵剑波	翁小领	女	90	03.30	赵一标母
赵明杰	男	08.20	赵云卿	赵一友	男	57	05,16	赵彬辉父
赵海杰	男	09.26	赵美玉	林美金	男	74	11.09	林万明父
赵敏	男	04.23	赵云辉	叶妹凤	女		07.23	赵家启母
杨洪	男	03.06	杨平富	无名	女	婴儿		赵云德女
赵静娴	女	04.09	毕方富	无名	女	2		赵建阳
赵丹娜	女	10.25	赵家钿					
赵俐凡	女	06.13	赵家焕					
赵梦莎	女	03.06	赵建平					

1995 年

出生(16,女 7)				死亡(11)				
姓名	性别	日期	户主	姓名	性别	年龄	日期	户主
赵荣高	男	02.03	才友	赵一玉	男	79	01.16	赵加生父
赵春晖	男	01.26	家金	林二姐	女	83	01.25	赵加林母
赵律	男	05.16	赵卫志	赵一彩	男	59	08.02	赵云富父
赵杰	男	06.19	赵建平	蒋妹英	女	89	08.31	赵家汉母
赵挺峰	男	08.23	赵法金	陈三姐	女	92	09.15	赵有恩母
赵海顺	男	11.29	赵富祥	毛三妹	女	82	09.23	赵守茂母
赵亚琪	男	08.15	赵若增	蒋春姐	女	80	10.13	赵加地母
赵林斌	男	07.18	赵清云	柯珠妹	女	85	10.18	蔡二姐母
赵迪	男	12.07	赵建林	刘小英	女	91	11.15	赵茂顺母
赵媛媛	女	05.08	赵美玲	赵友飞	男	52	11.17	赵才富父
赵柳柳	女	02.23	赵友敏	罗领姐	女	76	12.28	赵彩娇母

出生（16，女7）				死亡（11）				
姓名	性别	日期	户主	姓名	性别	年龄	日期	户主
赵健源	女	01.30	赵军福					
赵赟暑	女	07.24	赵巧波					
郑美妮	女	10.15	赵仙春（赵君清）					
赵晨雪	女	06.22	赵小云					
赵安琪	女	12.10	赵士明					

1996 年

出生（10，女5）				死亡（6）				
姓名	性别	日期	户主	姓名	性别	年龄	日期	户主
赵小龙	男	01.22	赵贤庆	陈四姐	女	70	04.02	赵福生母
赵江涛	男	03.19	赵华智	陈四姐	女	72	06.27	赵宗香母
赵普凡	男	09.29	赵敏军	赵家寿	男	78	06.28	赵贤苏父
赵志伟	男	09.04	赵剑红	赵一顺	男	80	10.27	赵法林父
赵瑾销	男	08.27	赵先东	王彩芽	女	75	11.19	赵本连母
赵珍艺	女	01.30	赵建阳	刘四头	男	82	12.20	刘照妹父
王杏枝	女	09.22	赵茂顺（赵敏丽）					
赵晓瑜	女	09.29	赵云志					
赵雨梦	女	11.10	赵守敏					
赵　婷	女	02.14	赵国增					

1997 年

出生（17，女9）				死亡（11）				
姓名	性别	日期	户主	姓名	性别	年龄	日期	户主
赵华强	男	02.24	赵红波	赵一其	男	87	01.13	赵法达父
赵子建	男	03.26	赵云华	鲍香女	女	75	01.16	赵学松母
赵豪奔	男	03.01	赵玲辉	赵振玉	男	84	01.18	赵斯连父
赵冠华	男	01.11	赵卫忠	赵守根	男	60	01.31	赵启才父
赵梓涵	男	06.23	杨宝玉	张领姐	女	89	03.30	赵一保母
赵腾超	男	10.08	赵云德	赵一鉴	男	55	04.26	赵明友父
蔡滨安	男	10.24	蔡妙富	叶凤姐	男	87	07.30	赵春法母

续表

出生（17，女9）				死亡（11）				
姓名	性别	日期	户主	姓名	性别	年龄	日期	户主
赵宇航	男	07.10	赵小兵	赵宗香	男	59	08.26	赵富顺父
赵媛媛	女	02.12	赵富斌	赵小春	男	61	09.07	赵丽萍父
卓宇涵	女	04.10	卓法美	赵富斌	男	28	09.20	赵富顺父
赵梦雅	女	08.27	刘经记	赵红波	男	28	10.12	赵华强父
赵燕妮	女	08.02	赵守波					
赵心宇	女	05.07	赵建斌（赵学松）					
赵杭樱	女	10.30	赵家云					
赵梦雅	女	03.25	赵法妹					
赵曼如	女	09.10	赵晓波					
骆青青	女	04.18	骆富春					

1998 年

出生（17，女3）				死亡（9）				
姓名	性别	日期	户主	姓名	性别	年龄	日期	户主
赵乾君	男	12.25	赵云富	赵宗炳	男	67	12.30	赵宗启兄
赵国宇	男	04.08	赵贤春	赵若明	男	77	06.28	赵加宝父
赵广洁	男	03.31	赵学友	赵小朋	男	59	03.18	赵明琥父
赵子威	男	04.21	赵荣超	赵一宗	男	68	08.31	赵华君父
赵明峰	男	05.06	赵建斌	陈娇凤	女	43	01.10	赵美聪
刘宇鑫	男	07.18	刘志勤	赵仁法	男	65	05.20	赵和细父
赵侨	男	07.20	赵守雨	赵一秀	男	57	09.29	赵云林父
赵晟威	男	08.17	赵云标	赵加祥	男	72	11.10	赵守林父
赵永涛	男	08.19	赵道舜	赵正清	男	72	11.26	赵冬方父
赵伟博	男	07.27	赵家超					
赵高升	男	07.01	赵卫广					
赵鑫磊	男	09.12	赵美云					
赵凌波	男	07.01	赵守才					
蔡佳雨	男	11.21	蔡小明					
赵玲洁	女	04.30	赵云德					
赵珂欣	女	05.29	赵华勇					
赵王佳	女	08.16	赵桂通					

1999 年

出生（12，女 8）				死亡（8）				
姓名	性别	日期	户主	姓名	性别	年龄	日期	户主
赵　健	男	01.01	赵富宝	赵家朋	男	66	8 月	户主
赵　强	男	06.02	赵松青	赵法彩	女	51	01.13	毕夏清
赵玉杰	男	10.14	赵斌辉（赵加夫）	赵一仁	男	85	02.05	赵妙玉父
赵勤杰	男	11.21	赵守康	陈小领	女	82	05.08	赵守勤母
赵露茜	女	09.30	赵华林	赵昌友	男	93	07.16	赵加文父
赵梦佳	女	03.25	赵炳希	赵文法	男	91	08.17	赵一和父
赵雨露	女	06.01	赵定辉	赵一洪	男	70	10.09	赵和春父
赵毓华	女	10.12	赵富顺	赵一富	男	83	11.15	赵学松父
赵雨荷	女	07.25	赵士明					
赵雨佳	女	08.21	赵卫平					
李群燕	女	10.31	李贤富					
赵叶玲	女	03.07	赵云来					

注：是年，火化开始，赵昌友、赵一富 2 人免费。

2000 年

出生（14，女 7）				死亡（9）				
姓名	性别	日期	户主	姓名	性别	年龄	日期	户主
赵敏渊	男	02.12	赵贤标	叶妹凤	女	84	11.06	赵一启母
卓棋龙	男	04.09	卓胜利	赵一仁	男	89	农历十二月	赵家顺父
赵根强	男	05.30	赵建明（赵守田）	潘彩姐	女	72	11.08	赵国增母
赵欣楠	男	06.29	赵友富	赵守元	男	57	11.05	赵卫东父
赵秋星	男	08.07	赵家焕	赵一儒	男	75	06.23	赵林祥父
赵雨挺	男	12.01	赵彬辉（赵一友）	赵良金	男	70	12.17	赵法松父
赵君斌	男	12.18	赵云飞	赵一兵	男	69	01.24	赵加林父
赵　佳	女	01.22	赵妹云	王四妹	女	81	04.07	赵一松母
赵涵浙	女	03.29	赵林军	潘夏兰	女	70		赵照来母
赵婉意	女	07.18	赵建军					
赵宇婷	女	09.06	赵加生					
赵乐文	女	09.07	赵启明					

续表

出生(14，女7)				死亡(9)				
姓名	性别	日期	户主	姓名	性别	年龄	日期	户主
赵依婷	女	08.11	赵凌明					
赵雨欣	女	11.27	赵建华					

2001 年

出生(12，女6)				死亡(8)				
姓名	性别	日期	户主	姓名	性别	年龄	日期	户主
杨宇嘉	男	01.16	杨云富	孙玉领	女	83	09.07	赵加顺母
赵仙勇	男	03.24	赵松谱	叶三妹	女	88	07.14	赵夏清母
赵毅	男	08.31	赵勤松	谢夏香	女	55	12.31	赵守清母
赵靖泽	男	04.30	赵云峰	谢小女	女	84	07.24	林法明母
王大乐	男	07.23	赵君飞（赵华法）	胡彩花	女	64	09.11	杨和宝
赵敏杰	男	05.18	赵春斌（赵华君）	赵家现	男	75	12.30	户主
赵冰冰	女	03.20	赵伟华（赵一志）	赵法宝	男	56	12.29	户主
林欣	女	10.25	林招	赵正灯	男	90		赵夏连父
赵宇琪	女	03.05	赵剑荣					
赵叶雯	女	12.21	赵荣伟					
赵佳玲	女	01.07	赵招友					
赵嘉茵	女	08.26	赵友金					

2002 年

出生(10，女10)				死亡(8)				
姓名	性别	日期	户主	姓名	性别	年龄	日期	户主
赵悦佳	女	04.12	赵斌峰（赵福生）	赵小根	男	72	05.17	赵美玉父
赵蕾蕾	女	09.20	赵敏志	赵一奎	男	82	11.09	赵友根父
徐赵晗	女	11.03	徐妙根（赵加开）	孙小凤	女	74	03.29	赵宝明母
赵冰晶	女	11.25	赵国庆（赵加方）	赵一仁	男	74	05.01	赵法俭父

出生（10，女 10）				死亡（8）				
姓名	性别	日期	户主	姓名	性别	年龄	日期	户主
赵悠扬	女	07.23	赵明勇（赵大顺）	张小妹	女	77	05.08	童玉定母
赵小雅	女	06.27	赵明才（赵守顺）	林春兰	女	73	07.01	赵正勇
赵佳怡	女	12.29	赵云青（筶筶）	赵二妹	女	85	04.23	鲍妙东母
陈研欣	女	01.02	赵君丽（赵加来）	周冬姐	女	69	10.15	赵有恩
赵凝含	女	12.22	赵建敏					
王倩倩	女	02.13	王升标					

2003 年

出生（16，女 7）				死亡（9）				
姓名	性别	日期	户主	姓名	性别	年龄	日期	户主
赵珂帆	男	07.28	赵华勇	骆小连	男	80	05.05	骆春法父
赵鑫宇	男	06.10	赵云军	蔡花	女	77	12.27	赵道友母
杨宇辉	男	06.28	杨平清	赵一达	男	85	12.26	赵家开父
赵宇南	男	08.07	赵守波	赵家春	男	68	02.02	
赵福涛	男	11.23	赵灵志	江小妹	女	93	01.03	赵守华母
刘育成	男	02.23	刘云波	赵一富	男	77	07.25	赵和德父
赵艺景	男	10.22	赵海剑（赵一松）	王姐头	女	93	07.19	赵加文继母
赵宇凡	男	12.13	赵桂通	卢夏芳	女	51	08.27	赵照连
赵勤航	男	09.26	赵剑（赵增福）	赵明峰	男	6	02.19	赵建斌
李伟泽	女	06.02	李贤夫					
童欣怡	女	04.27	童利明					
李胤晓	女	06.28	李清军					
赵芷安	女	08.03	赵平卫（赵清华）					
赵桉	女	05.25	赵坚刚					

续表

出生(16,女7)				死亡(9)				
姓名	性别	日期	户主	姓名	性别	年龄	日期	户主
赵 婕	女	05.10	赵军辉 (赵加初)					
赵倩轶	女	02.18	赵海兵 (赵加有)					

2004 年

出生(14,女7)				死亡(13)				
姓名	性别	日期	户主	姓名	性别	年龄	日期	户主
赵致懿	男	12.16	赵军斌	张玉凤	女	78	07.05	赵法林母
赵毅轩	男	03.28	赵坚华	赵家云	男	84	10.07	赵守土父
赵倍颉	男	11.11	赵荣伟	赵一桂	男	85		赵李顺父
赵 磊	男	11.26	赵 荣 (江小花)	林荷花	女	85		赵法良母
赵宇奇	男	07.05	赵守超	赵一盼	男	80	11.26	赵云初父
赵浩羽	男	05.31	赵 辉 (许小英)	赵加玉	男	73		赵启根父
赵成浩	男	07.25	赵建斌 (赵守松)	林夏兰	女	85	02.23	赵妹云母
毕雨悦	女	06.09	毕方富	赵正莫	男	86	01.01	赵一炬父
赵佳音	女	01.11	赵炳希	林梅兰	女	76	07.24	赵法松母
赵珂璐	女	12.02	赵 清 (赵仙春)	叶桂夏	女	71	01.21	赵一义
骆潇雨	女	07.15	骆伟海	赵家兴	男	65	09.07	赵仁法弟
赵琳婧	女	07.13	赵 平 (赵华有)	卢彩玉	女	85	01.05	赵加唐母
赵叶彤	女	03.14	赵文忠	蔡二姐	男	73	07.13	蔡妙富父
赵蕾雅	女	10.01	赵兴峰					

2005 年

出生(21,女9)				死亡(4)				
姓名	性别	日期	户主	姓名	性别	年龄	日期	户主
赵荣鑫	男	08.27	赵建阳	仇娇夏	女	78	09.17	赵加生母

续表

出生(21,女9)				死亡(4)				
姓名	性别	日期	户主	姓名	性别	年龄	日期	户主
赵　颖	男	12.15	赵春辉（赵华君）	叶小娇	女	64	01.06	赵加和
赵蒋艇	男	12.25	赵法妹	赵守勤	男	68	07.17	赵明东父
赵泓翔	男	12.28	赵建明（赵守田）	谢玉凤	女	77	06.12	赵正福
赵考豪	男	12.29	赵海玲（赵一增）					
赵新昌	男	03.30	赵春庭					
赵彦博	男	09.19	赵富顺					
赵子腾	男	12.17	赵建林（赵一华）					
赵成远	男	11.23	赵清波					
赵誉恒	男	09.05	赵　德（赵云桂）					
赵子韩	男	08.21	赵劲华（赵法云）					
赵静源	女	08.05	赵巧波					
赵刘倩	女	01.25	刘经记					
赵剑婷	女	06.11	赵　波（赵守正）					
赵　珂	女	08.03	赵国良					
赵　莹	女	03.06	赵士明					
赵秋逸	女	09.24	赵林金（赵照连）					
赵沁沁	女	06.15	赵建军（赵守田）					
杨佳颖	女	11.21	杨平华					
赵佳懿	女	11.14	赵启华					
曲小宇	男	12.26	赵守顺					

2006 年

出生(14,女 3)				死亡(8)				
姓名	性别	日期	户主	姓名	性别	年龄	日期	户主
赵晟懿	男	07.05	赵敏志	朱玉姐	女	90		赵法寿母
赵英杰	男	09.27	赵建华(赵珠龙)	赵一昌	男	82	10.27	赵华有父
林文浩	男	02.08	林 挺(林万明)	鲍领香	女	65	10.09	赵家顺父
赵晨旭	男	08.11	赵 兵(赵妙德)	李领芳	女	60	03.11	赵法兴
刘国京	男	12.30	刘友法	赵家亨	男	69	08.05	赵守敏父
赵宇航	男	01.14	赵旭阳	潘二妹	女	90	02.22	赵家富母
赵涵阳	男	02.08	赵文忠	赵 沛	男	93	12.31	赵守华父
赵文豪	男	11.15	赵灵军(赵玉青)	张领姐	女	82	04.26	林增来母
林博涵	男	04.19	林 杰					
赵晟竹	男	09.01	赵云林					
赵开一	男	12.20	赵晓波					
赵赟婷	女	06.18	赵建明					
赵子涵	女	01.14	赵安瑜(赵学夫)					
赵佳琪	女	03.05	赵健伟					

2007 年

出生(13,女 3)				死亡(7)				
姓名	性别	日期	户主	姓名	性别	年龄	日期	户主
赵俊涛	男	11.03	赵守聪	赵家彩	男	48	10.12	赵一东母
赵文韬	男	10.01	赵守敏	王玉姐	女	82	08.01	赵斯伦
赵宇涵	男	05.22	赵云富(赵一启)	赵启根	男	54	07.31	赵 辉父
赵晨浩	男	05.21	赵斌峰(赵福生)	卢娇英	女	87	10.19	赵正好
赵程洋	男	02.12	赵 伟(赵守行)	赵一凤	男	87	04.09	赵加初父
赵豪晨	男	01.11	赵守建	谢 莲	女	83	11.09	赵一海

出生（13，女3）				死亡（7）				
姓名	性别	日期	户主	姓名	性别	年龄	日期	户主
赵梓博	男	08.30	赵巧波	赵一标	男	86		赵家唐父
赵凯翔	男	07.05	赵守燕					
杨宇轩	男	08.10	杨平华					
蔡文博	男	09.21	赵君华（赵加来）					
赵梓园	女	08.22	赵永良（赵贤忠）					
赵婉怡	女	08.14	赵卫云（赵法初）					
赵涵哲	女	08.16	赵江波（赵和春）					

2008 年

出生（17，女6）				死亡（4）				
姓名	性别	日期	户主	姓名	性别	年龄	日期	户主
赵家铭	男	03.26	赵万利	谢小领	女	85	03.07	赵守清母
赵梓迪	男	04.19	赵云德（箕箕）	潘素玲	女	39	08.28	赵云辉
赵子航	男	06.16	赵云青（箕箕）	王小姐	女	95	10.31	赵一和母
赵鑫磊	男	06.03	赵　辉（赵守德）	赵家兵	男	82	11.04	赵守增叔父
徐赵鑫	男	04.18	徐妙根					
骆吕言	男	08.03	吕　远（骆丹爽）					
赵宇轩	男	07.25	赵云军（赵一启）					
赵柯瑜	男	06.30	赵军卫					
赵锦涛	男	08.29	赵华智					
赵嘉俊	男	08.17	赵友金					
赵梓博	男	12.23	赵林军（赵一秀）					

续表

出生（17，女6）				死亡（4）				
姓名	性别	日期	户主	姓名	性别	年龄	日期	户主
赵露雅	女	04.25	赵华林					
赵 芯	女	02.02	赵永敏					
赵若萌	女	10.06	赵江醒					
赵奕然	女	12.31	赵富增					
潘 好	女	07.08	潘华培（赵法连）					
赵艺涵	女	02.20	赵海军（赵小云）					

2009 年

出生（12，女3）				死亡（9）				
姓名	性别	日期	户主	姓名	性别	年龄	日期	户主
赵宇星	男	02.23	赵 顺	骆仙根	男	95	02.03	骆小春父
童鑫涵	男	03.25	童利明	杨宗杰	男	70	02.06	赵家满义父
赵子鸣	男	10.04	赵安瑜	许美彩	女	75	03.07	赵正梯
赵韩斌	男	08.21	赵 辉（赵启根）	赵家俭	男	86	04.21	赵法清父
赵伟杰	男	10.25	赵国庆（赵加方）	赵玉增	男	95	05.21	赵一顺父
赵晟亦	男	12.14	赵平卫（赵法华）	叶彩芽	女	80	07.10	赵若明
赵宇航	男	05.27	赵坚勇	杨和宝	男	73	10.20	杨妙根父
赵昱华	男	08.30	赵卫忠	赵若富	男	88	10.24	赵加勤父
赵艺博	男	03.30	赵 波（赵守正）	赵贤忠	男	62	10.27	赵永良父
李可欣	女	03.13	李文辉					
赵馨悦	女	05.21	赵 平					
赵梓含	女	06.05	赵永卫（赵华宝）					

2010 年

出生(13,女 4)				死亡(3)				
姓名	性别	日期	户主	姓名	性别	年龄	日期	户主
赵梓轩	男	06.27 双	赵才兵	管香英	女	85	08.10	赵贤苏母
赵思嘉	女	06.27 双	赵才兵	林小英	女	82	01.15	赵小歪
赵翊轩	男	08.04	赵明才（赵守顺）	鲍妙东	男	69	农历十二月	鲍林平父
赵 毅	男	06.06	赵军辉（赵加初）					
赵玺羽	男	10.05	赵卫勇（赵林祥）					
赵浩哲	男	01.17	赵灵伟（赵法松）					
赵泱诚	男	08.30	赵建国（赵本富）					
赵晨曦	男	01.30	赵 剑（赵增福）					
盆景昱	男	09.28	赵敏慧（赵云平）					
赵子瑜	男	07.09	赵永胜（赵法招）					
赵雨彤	女	04.07	赵江峰（赵小连）					
骆雨茜	女	07.09	骆伟海					
赵宇梦	女	06.05	赵剑荣（赵法友）					

2011 年

出生(17,女 8)				死亡(13)				
姓名	性别	日期	户主	姓名	性别	年龄	日期	户主
赵铭杰	男	05.13	赵健伟	鲍姐妹	女	93	02.04	赵增福母
赵梓浩	男	09.20	赵海军（赵华法）	谢二妹	女	90	02.11	赵守元母
赵予瀚	男	09.27	赵 焕（赵本法）	赵一义	男	79	03.08	赵加德父

续表

出生(17,女8)				死亡(13)				
姓名	性别	日期	户主	姓名	性别	年龄	日期	户主
赵梓晨	男	12.29	赵　辉（赵启根）	赵洪友	男	75	03.29	赵妙德父
赵自然	男	04.19	赵根春	王玉姐	女	80	06.20	赵照连母
赵子轩	男	05.20	赵劲华（赵法云）	林娇凤	女	81	07.02	赵妹云母
赵柯毓	男	11.11	赵　瑜（箕箕）	林　芳	女	45	08.21	赵坚勇
赵堉彤	男	05.17	赵　旭（赵本初）	赵家丁	男	82	09.15	赵贤春父
赵宇涛	男	08.20	赵　拯（赵守方）	赵五妹	男	80	09.05	赵加玉叔
赵梦婷	女	11.20	赵军夫（赵一球）	王领娇	女	62	10.09	赵法海
赵梓涵	女	10.15	赵守德（赵法达）	毕小彩	女	75	10.29	赵一兵父
金泯含	女	08.08	金　展	杨彩娟	女	51		赵招友
赵金花	女	10.22	赵江建（赵加来）	赵一保	男	76		
赵银花	女	10.22	赵江建（赵加来）					
赵玉花	女	10.22	赵江建（赵加来）					
赵馨雅	女	02.14	赵　志（赵加德）					
赵晨婷	女	09.27	赵明勇（赵大顺）					

2012 年

出生(19,女7)				死亡(13)				
姓名	性别	日期	户主	姓名	性别	年龄	日期	户主
赵皓宇	男	05.24	赵灵江（赵加财）	张小妹	女	83	02.15	赵本法母

续表

出生（19，女7）				死亡（13）				
姓名	性别	日期	户主	姓名	性别	年龄	日期	户主
赵艺凯	男	06.13	赵远青（赵加力）	赵家灯	男	87	03.03	赵永秀父
赵鑫宇	男	10.20	赵丹伟（赵家德）	赵家林	男	72	03.07	赵法军父
赵梓煜	男	11.13	赵昌昌（赵守德）	赵若方	男	83	03.24	赵照连父
金杨杰	男	12.07	金　展（金海英）	赵旭智	男	47	03.28	赵南中儿
蔡昊均	男	12.07	蔡灵辉（蔡妙香）	朱素琴	女	77	04.14	赵守茂母
张轩诚	男	03.21	张彦兵（张云平）	赵守清	男	69	05.01	赵云志父
赵泽恺	男	02.13	赵道正（赵守荣）	杨梅香	女	78	12.20	卓玉兰母
赵铭博	男	03.23	赵斌斌（赵友青）	王妹英	女	92	08.11	赵法兴母
赵梓恒	男	10.25	赵伟斌（赵一顺）	张彩云	女	82	11.03	赵加丁
赵梓汀	男	05.09 双	赵斌波（赵若华）	徐玉领	女	78	11.05	赵加祥母
赵梓渝	男	05.09 双	赵斌波（赵若华）	赵家勤	男	66	12.18	赵华勇父
赵晨菲	女	12.30	赵裕智（赵西林）	赵家和	男			赵云德父
骆豫昕	女	01.03	骆超海					
赵梓伊	女	06.10	赵晨惠（赵守云）					
赵紫懿	女	12.30	赵宇灵（赵美勇）					
赵茹茜	女	10.24	赵道舜（赵守华）					

续表

出生（19，女7）				死亡（13）				
姓名	性别	日期	户主	姓名	性别	年龄	日期	户主
赵考芊	女	01.09	赵永胜（赵法招）					
赵扬依	女	09.11	赵 鑫（赵加福）					

2013 年

出生（21，女9）				死亡（17）				
姓名	性别	日期	户主	姓名	性别	年龄	日期	户主
赵 轩	男	07.13	赵伟华（赵一志）	叶 娇	女	88	04.06	赵家俭
赵辰骏	男	01.25	赵胡敏（赵家满）	赵桂香	女	94	04.23	骆仙根
杨涛诚	男	05.21	杨笃胜	林法明	男	75	04.25	林德富父
赵子豪	男	10.22	赵才军	赵一秋	男	92	05.13	赵国增父
林山清	男	11.05	林 超（林照岳）	潘彩领	女	85	06.19	赵家初母
赵辰益	男	01.04	赵国良	赵正元	男	88	07.17	赵妹云父
赵俞淇	男	05.06	赵永良	赵守顺	男	79	8月	赵道友叔父
李瑾瑜	男	12.25	李文辉	谢素琴	女	56	09.26	赵加财
赵泽元	男	07.31	赵德华（赵法俭）	赵加金	男	82	10.24	赵守雨父
赵辰逸	男	11.01	赵林金（赵照连）	赵小宽	男	91	12.05	赵加球父
姜胤竹	男	10.07	赵慧慧（赵贤苏）	谢冬姐	女	71	12.07	赵一标母
赵轩乐	男	03.13	赵春辉（赵华君）	蔡良法	男	76	05.30	蔡岳明父
严琬鑫	女	11.15	赵静怡（赵旭志）	鲍小领	女	94	07.12	赵仙春娘妗
赵若菲	女	07.08	赵 清	柯彩英	女	88	12.13	赵汉福娘
赵翌可	女	02.28	赵晨阳（赵小云）	赵法初	男	62		赵卫云父

出生（21，女9）				死亡（17）				
姓名	性别	日期	户主	姓名	性别	年龄	日期	户主
赵高娴	女	08.14	赵坚华	孙领凤	女	82		赵友根母
赵安琪	女	08.06	赵海兵（赵加有）	赵四妹	男	73	8月	赵招友父
骆安琪	女	07.27	骆剑超					
赵之语	女	12.20	赵　吉（赵家宝）					
赵芊芊	女	12.15	赵军斌（赵本云）					
赵若汐	女	05.13	赵黛琪（赵法春）					

2014 年

出生（15，女8）				死亡（6）				
姓名	性别	日期	户主	姓名	性别	年龄	日期	户主
赵柯楠	男	04.17	赵　瑜（箂箘）	叶素芳	女	65	04.11	赵萍萍
赵钇源	男	05.18	赵雯瑶（赵宝玉）	卢彩姐	女	77	07.19	赵茂友
赵宇船	男	10.14	赵　志（赵加德）	赵正福	男	88	12.02	赵一海父
赵旌宇	男	03.21	赵永敏（赵法寿）	赵美初	男	53	09.24	赵炳灵父
赵钧博	男	12.13双	赵　赞（赵云华）	童正财	男	102		童玉定父
赵钧翔	男	12.13双	赵　赞（赵云华）	赵家增	男	87		赵贤正父
赵梓豪	男	04.15	赵启明					
陈璟奕	女	05.28	赵巧云（赵明初）					
赵伊樱	女	02.05	赵慧敏（赵法聪）					

续表

出生(15,女 8)				死亡(6)				
姓名	性别	日期	户主	姓名	性别	年龄	日期	户主
赵悠然	女	04.18	赵旭峰 (赵美顺)					
赵依可	女	05.09	赵宇赞 (赵守斌)					
赵婉亦	女	02.09	赵 志 (赵和钿)					
赵馨怡	女	09.17	赵 乐 (赵和良)					
赵语心	女	02.25	赵 旭 (赵保连)					
金行伊	女	02.25	金 兴 (金海来)					

2015 年

出生(13,女 10)				死亡(16)				
姓名	性别	日期	户主	姓名	性别	年龄	日期	户主
赵 铄	男	09.03	赵国金 (赵小庆)	赵才友	男	51	03.02	赵守茂儿
赵浩宇	男	05.05	赵晨惠 (赵守云)	杨荷花	女	86	03.07	赵艳燕母
赵之宁	男	04.21	赵优奇 (赵宝章)	谢玲素	女	65	03.14	赵守尧祖母
林梓诺	女	05.27	林 杰	赵小连	男	85	03.26	赵哲明父
骆安珂	女	01.23	骆剑超	卢小花	女	75	04.12	赵云富母
赵羽诺	女	10.12	赵照才 (赵法林)	杨菊香	女	60	05.05	李德先
赵心研	女	02.11	赵旭阳 (赵小宝)	赵加友	男	64	06.02	赵坚华父
赵梦洁	女	10.04	赵伟伟 (赵一云)	许小花	女	83	06.03	赵达仁
赵兮瑜	女	10.21	赵道兴 (赵秋生)	赵云清	男	63	07.15	赵 兴父

出生(13,女10)				死亡(16)				
姓名	性别	日期	户主	姓名	性别	年龄	日期	户主
赵文嘉	女	01.08	赵灵君（赵玉青）	李五妹	男	83	7月	李贤夫父
蔡筱筱	女	08.09	蔡腾斌	赵小夫	男	67	08.15	赵青峰父
童楚涵	女	05.12	童卫勇	赵法金	男	63		赵挺峰父
赵镌婼	女	09.19	赵炎（张富法）	李玉姐	女	90	12.16	赵守正母
				姜领姐	女	84		赵一福
				林照富	男	64	05.28	
				赵祖青	男	61	04.19	

附录四　殿下村恢复高考制度后大学本科及以上文化程度名录（1977—2022 年）

序号	姓名	毕业院校等信息	工作单位等信息	备注
1	赵晨惠	浙江财政学院		赵守云儿子
2	李潇潇	郑州大学		赵守云儿媳
3	赵志伟	浙江医科大学	温岭市人民医院	赵守才儿子
4	赵悦佳	杭州农林大学		赵福生孙女
5	赵启正	杭州师范学院	台州广电	赵贤聪次子
6	余巍	台州学院	乡镇干部	赵贤聪儿媳
7	赵佳宇	浙江万里学院	温岭市人民法院	赵松谱长女
8	赵强	中国传媒大学南广学院		赵松青儿子
9	赵黛雅	中山大学(硕士)	公安部,副处级	赵法春长女
10	赵黛琪	南昌理工学院		赵法春儿子
11	林彦	浙江商学院		赵法春儿媳
12	赵晖	浙江财经大学		赵家法儿子
13	赵晓肖	湖州大学		赵家泉长女
14	赵海鸳	中央财经大学		赵家泉次女

续表

序号	姓 名	毕业院校等信息	工作单位等信息	备 注
15	赵江建	湖北师范学院		赵家来儿子
16	罗 丹	湖北师范学院		赵家来儿媳
17	陶檬檬	马来西亚吉隆坡国荣创业大学		赵本尧儿媳
18	郑晓宇	浙江工商大学		赵友根儿媳
19	赵广洁	上海医科大学		赵学友儿子
20	赵玲雅	台州学院		赵学友女儿
21	赵栅强	河南理工大学		赵公飞儿子
22	赵 拯	浙江师范大学		赵守方儿子
23	乔婷婷	浙江师范大学		赵守方儿媳
24	赵文滔	浙江理工学院		赵守军儿子
25	赵心宇	湖北医科大学		赵建斌儿子
26	赵群熙	南京气象学院		赵家明儿子
27	赵 鑫	长春大学		赵国宝儿子
28	赵 杰	华北电力大学（保定）		赵建平儿子
29	林 杰	浙江工商大学		林德富儿子
30	赵 迪	河北师范大学		赵建林长子
31	金 莹	宁波大学		金海波女儿
32	赵普凡	江苏警官学院		赵敏军儿子
33	赵欣楠	浙江工业大学之江学院		赵有富儿子
34	赵璐璐	浙江工业大学		赵有富次女
35	赵秋星	中国计量大学		赵加焕儿子
36	赵俐凡	沈阳航空航天大学		赵加焕女儿
37	赵用斌	台州学院		赵庆云儿子
38	赵晨河	吉林大学		赵美德儿子
39	冯竞尹	重庆工商大学		赵美德儿媳
40	赵宇灵	浙江科技学院		赵美勇儿子
41	赵 芬	浙江树人学院		赵美勇儿媳
42	赵 兴	浙江工商大学	台州市椒江区人力资源和社会保障局	赵云卿儿子
43	季璐雅	华中农业大学		林德富儿媳
44	赵乾君	河海大学		赵云富次子
45	赵建翊	浙江大学（硕士）	宁波烟草公司	郑平平儿子
46	冯佳媛	杭州电子科技大学		郑平平儿媳

序号	姓　名	毕业院校等信息	工作单位等信息	备　注
47	潘燕芽	杭州师范大学		赵照来儿媳
48	赵剑刚	浙江财经大学		赵若舜儿子
49	赵国平	宁波大学		赵守贤儿子
50	凌　艳	浙江理工大学		赵守林儿媳
51	赵鑫伟	浙江理工大学		赵云林儿子
52	习东发	宁波大学		林秀丈夫（箓箓）
53	赵叶倩	温州医科大学		赵文忠女儿
54	赵健源	上海工程技术大学		赵军福儿子
55	赵茜茜	上海商学院		赵军福女儿
56	赵柳燕	吉林农业大学		赵哲明女儿
57	赵江涛	杭州商学院		赵华智长子
58	赵彬彬	云南大学	上海浦东发展银行	赵守荣女儿
59	赵道正	杭州应用工程技术学院		赵守荣儿子
60	赵霄锋	中国人民大学		赵贤苏儿子
61	赵凌云	杭州师范学院	台州市教科所，所长	赵加仁长子
62	何丽君	浙江教育学院	台州市统计局	赵凌云妻子
63	赵　越	英国牛津大学（硕士）		赵凌云女儿
64	赵　逸	绍兴文理学院		赵华明儿子
65	赵敏渊	景德镇学院		赵贤标儿子
66	赵婷婷	台州学院		赵贤君女儿
67	张彦兵	湖南工业大学		赵云平女婿
68	赵伟伟	北京科技大学		赵法清儿子
69	赵玲霞	浙江师范大学		赵法清长女
70	赵京晶	对外经济贸易大学		赵法清次女
71	赵丹娜	中国计量大学		赵加钿次女
72	赵菁菁	衢州学院		赵一平女儿
73	赵宇翔	宁波大学		赵一堂儿子
74	郑海燕	浙江教育学院		赵一堂儿媳
75	赵华晨	浙江理工大学		赵小玉孙女
76	赵昀莹	中国石油大学		赵军女儿
77	赵洁飞	湖北农学院		赵贤正女儿
79	黄　玮	浙江师范大学（硕士）		赵贤齐儿媳

续表

序号	姓 名	毕业院校等信息	工作单位等信息	备 注
80	赵明星	浙江省委党校(研究生)	台州市商务局,局长级	赵贤齐次子
81	叶一颖	四川政法大学(硕士)	台州政法委,局长级	赵贤齐儿媳
82	王晓燕	台州学院	温岭市第一人民医院	赵贤来妻子
83	赵文浩	湖南财政经济学院	传化集团,财务经理	赵贤来儿子
84	柯旦蕾	中国计量大学	杭州联合银行	赵贤来儿媳
85	赵小敏	中央党校(研究生)	浙江省工商联,副主席	赵家增儿子
86	祝巧臣	中央党校	杭州市拱墅区卫生局	赵小敏妻子
87	赵寒昕	浙江大学(博士生)		赵小敏女儿
88	赵巧云	浙江医科大学	温岭泽国医院	赵振力次女
89	赵晓瑜	杭州师范大学		赵云志女儿
90	赵 干	长沙学院		赵明东儿子
91	赵 艺	英国伯明翰大学		赵友泉儿女
92	潘华培	中南财政政法大学		赵法连女婿
93	赵曼如	中国美术学院		赵晓波女儿
94	赵羽杨	杭州师范大学		赵建斌女儿
95	应慧婉	杭州电子科技大学		金海英儿媳
96	戴璐琼	温州大学		赵美云儿媳
97	赵露莎	乐山师范学院		赵美顺长女
98	赵露敏	台州学院		赵美顺次女
99	谢贝贝	上海大学		赵美顺儿媳
100	赵海瑞	西北工业大学		赵美华儿子
101	赵丽娜	河北科技师范学院		赵美华女儿
102	赵豪奔	武汉工商学院		赵萍萍孙子
103	赵冠华	江西大学		赵卫忠长子
104	赵 飞	南昌大学(日本留学,双学位)		赵守富儿子
105	赵 舸	广东外语外贸大学(硕士)		赵守富女儿
106	赵巧平	浙江财经大学		赵明初长女
107	赵志刚	浙江警察学院		赵一祥儿子
108	赵玉杰	武汉大学		赵家夫孙子
109	赵斌斌	河北建筑工程学院		赵友青次子
110	赵永胜	杭州大学		赵法招长子
111	赵婧贝	温州大学	台州银行	赵云德女儿

序号	姓　名	毕业院校等信息	工作单位等信息	备　注
112	赵陈佳	吉林师范大学		赵定辉长女
113	赵雨露	浙江中医药大学		赵定辉次女
114	赵　斌	浙江大学		赵一保儿子
115	赵康欣	英国伦敦政治经济学院（本科），伦敦帝国理工学院（硕士）		赵一保孙女
116	赵勇皓	南京炮兵学院		赵万荣儿子
117	陆飞云	中国计量大学		赵本初儿媳
118	赵守赞	浙江工业大学之江学院		赵守斌儿子
119	赵刚立	温州大学		赵云岳儿子
120	赵　赞	温州大学		赵云华儿子
121	张　嫣	温州大学		赵云华儿媳
122	赵亚琪	中国医科大学		赵若增儿子
123	赵雅婷	嘉兴学院		赵若增女儿
124	赵群雅	东南大学	城南土管所，所长	赵守良女儿
125	赵　薇	温州医学院	温岭泽国医院	赵守忠儿媳
126	袁梦媚	湖州大学		赵守林儿媳
127	赵　敏	舟山水产学院	温岭市委常委、统战部部长	赵加启儿子
128	赵旸鹤	浙江大学	浙江体育中心象棋队，国家一级运动员，象棋大师	赵加启孙子
129	赵　锐	海军指挥学院	副团级中校，浙江省工商局副处级调研员	赵加启次子
130	赵剑华	太原重型机械学院		赵家德儿子
131	张　晓	宁波大学		赵家德儿媳
132	林　红	温州大学		赵一球儿媳
133	赵道臻	浙江师范学院		赵贤燕次子
134	郑　敏	浙江大学	台州市公安局网警支队，副支队长	郑和友儿子
135	王约娜	杭州电子科技大学		赵和友儿媳
136	赵程程	嘉兴学院		赵西林女儿
137	赵　宏	杭州电子科技大学（硕士）		赵加方儿子
138	赵　乐	绍兴文理学院		赵和良儿子
139	丁海燕	华东师范大学		赵小云儿媳

续表

序号	姓名	毕业院校等信息	工作单位等信息	备注
140	赵宾	重庆煤矿工业学院		赵梧香儿子
141	赵钰	浙江树人学院		赵宾女儿
142	赵柳柳	浙江师范大学		赵有敏女儿
143	项越芬	嘉兴学院		赵和春儿媳
144	赵伟博	加拿大多伦多大学		赵加超儿子
145	赵丹妮	加拿大多伦多大学		赵加超女儿
146	赵卫君	中国人民公安大学	台州市公安局交通警察局	赵加章长子
147	梁艳	丽水学院	台州恩泽医院	赵加章儿媳
148	陈莹	杭州电子科技大学		赵加章儿媳
149	赵丹华	西北工业大学	台州市特种设备检验检测工程师	赵和菊儿子
150	林倩倩	台州学院		赵和菊儿媳
151	赵丹红	中国人民解放军空军雷达学院	台州交警队	赵和菊女儿
152	赵志华	浙江工业大学		赵守来次子
153	赵晨汝	同济大学		赵丹阳长女
154	赵晨薇	温州大学		赵丹阳次女
155	赵杨	浙江工业大学		赵云方儿子
156	赵志程	浙江工商大学		赵云林儿子
157	赵雅婷	江苏大学		赵云林女儿
158	赵涵淅	嘉兴学院		赵灵军女儿
159	赵明锌	海南大学		赵利平儿子
160	蔡艳颖	台州学院		赵小富儿媳
161	赵晓婷	杭州大学		赵宝璋女儿
162	赵晶晶	台州学院		赵宝璋儿媳
163	鲍良英	台州学院		赵富法儿媳
164	赵剑刚	浙江财经大学		赵若舜儿子
165	赵曼如	中国美术学院		赵晓波女儿
166	林洁	上海建桥学院		林大行女儿
167	赵鑫杰	温州医学院		赵家田次子
168	赵宇峰	空军第一航空学院		赵家云儿子
169	赵杭樱	美国加州大学		赵家云女儿
170	赵伟虹	南京理工大学	中国银行台州支行椒江分行，副行长	赵小宝女儿

序号	姓　名	毕业院校等信息	工作单位等信息	备　注
171	赵昌昌	浙江大学城市学院		赵守德儿子（殿下）
172	蔡荣荣	重庆工商大学		蔡妙富女儿
173	蔡　吉	温州医学院		蔡岳明女儿
174	潘欧雅	厦门大学		蔡岳明儿媳
175	叶瑶瑶	湖州师范学院		赵守军儿媳
176	王陈艺	济南大学		赵育才儿媳
177	赵咸林	郑州大学		赵贤燕孙子
178	林　秀	北京医科大学		林照富长女
179	林　莉	台州学院		林照富次女
180	赵仁杰	湖州师范学院		赵坚勇儿子
181	林　泠	温州师范学院(本科),英国利兹贝克特大学国际经济与贸易（硕士）	台州职业技术学院	林增明女儿

注：表格排名不分先后。信息由赵守正访谈,数据采信村民自报报告,无明确大学名称的未予录入。

捐助榜

　　《殿下志》是回龙山儿女必备的"小红书"。它忠实记述了殿下村的历史沿革，自然环境与社会发展现状，政治、经济、文化演进历史，各主要姓氏家族历代发展脉络，帮助殿下村民及子子孙孙全面系统了解殿下村和本姓氏家族演变历史，讲好殿下故事。

　　《殿下志》的出版是殿下村的一件大事、好事，也是事关殿下村家家户户的要事、喜事。殿下村的企业户、经商户、村民及社会各界人士闻讯而动，纷纷为村志出版慷慨解囊，热情高涨，共计121户捐款，总额达258048元。在此，殿下村"两委"谨向全体捐款村民表示衷心感谢！

　　捐资不在多少，表达的是村民们的一片诚心。功在当代，恩泽子孙。殿下村"两委"决定，全部捐款名单录入本志，以志表彰，以昭后人弘扬大善！

　　附：捐助名录

中共殿下村支部委员会

殿下村村民委员会

2023年8月

附：

捐助名录

（排名不分先后，相同款额原则上以姓氏笔画为序）

捐资 20000 元：

赵守云　赵守聪　赵晓波　赵健伟

捐资 10000 元：

金海英　赵丹阳　赵华智　赵贤富　赵宝章

捐资 8800 元：

赵守贤

捐资 5000 元：

赵友金

捐资 3000 元：

赵本富（赵建国父）　赵灵伟　赵松谱　赵家超

捐资 2280 元：

赵和菊

捐资 2200 元：

杨笃胜　赵卫东　赵卫忠　赵守建

捐资 2000 元：

林万明　赵一堂　赵小宝　赵小敏　赵卫平　赵加启　赵守斌　赵军辉

赵妙德　赵明友　赵贤正　赵贤齐　赵贤苏　赵贤来　赵国庆　赵春辉

赵敏军　赵富林　蔡妙香　蔡妙春

捐资 1688 元：

赵肖芸

捐资 1580 元：

赵宇灵

捐资 1280 元：

赵友敏　赵美勇

捐资 1200 元：

赵守忠　赵守林（笑箫）　赵法清

捐资 1000 元：

习东发　张秋生　金海来　赵　赞　赵一球　赵文忠　赵加方(笑簦)
赵江醒　赵守华　赵军福　赵坚勇　赵秀君　骆春富　鲍洪明　蔡小明
蔡妙富

捐资 880 元：

赵勇皓

捐资 800 元：

赵加德　赵守林　赵江波　赵明富　赵道友　赵福生

捐资 680 元：

赵建平　赵鑫伟

捐资 600 元：

赵云德　赵本云　赵建明(笑簦)

捐资 500 元：

林照亨　林照宋　林照岳　郑平平　赵　军　赵一顺(笑簦)　赵云富
赵云德(笑簦)　赵巧波　赵本尧　赵本顺　赵加宝　赵有恩　赵守正
赵启才　赵劲伟　赵贤春　赵法明　赵美顺　赵彬辉　赵德华　谢贝贝
蔡岳明

捐资 300 元：

吴玉秀　林大生　赵小富(笑簦)　赵友根　赵汉福　赵加仁
赵守才(笑簦)　赵哲明　赵清波

捐资 200 元：

杨平清　杨和连　张富法　林增来　赵一志　赵一松　赵云军　赵本连
赵华明　赵贤标　赵和良　赵建军　赵剑荣

捐资 100 元：

赵明利

以上共计 258048 元。

后记:主编的话

2015年2月19日,春节,时任殿下村党支部书记赵守云主持召开了一个特殊的文化建设专题会议——殿下村志编纂筹备会,预示着由赵守正提议,赵守云、赵守正共同发起,经殿下村党支部、村委会会议决定,经过半年酝酿讨论发动的殿下村志编纂工作进入实质性启动阶段。

八年来,一批村志编纂工作的热心人,赵守云、赵一堂、赵守正、赵晓波、赵军、赵有恩、赵本富、赵守建、赵清波、赵法明、赵勇皓、赵坚勇、赵玉青、赵本顺等,或领导编纂班子、协调各方关系、组织撰写力量,或调查事实真相、访谈当事人员、踏勘现场状况,或翻阅会计档案、查找文书资料、搜集民间逸文;或口述原委、提供信息、撰写文稿,或发动筹资、联络奔走、保障后勤……正是由于他们坚守初心、坚持不懈、辛勤付出,才有了今天的村志完稿出版!

八年来,曾经为村志撰写出了大力的赵春法、赵振更、赵斯伦、赵玉香、林照富、赵南中、赵家美、赵家顺等,访谈时的音容笑貌历历犹在,他们的身影却永远地离开了我们,但他们把自己的智慧留在了村志中!

八年来,殿下的1500位父老乡亲,也在为村志的成功出版,不求报酬地默默地奉献一己之力——慷慨捐款捐物,提供家族谱牒材料,沟通村史人文信息,询问亲戚朋友亲历人事,不胜枚举!更有殿下村第十届、第十一届、第十二届"两委",一如既往地重视村志的撰写工作,及时地帮助解决编纂工作中的困难和问题,尤其是发动企业、工商户和村民捐资，为村志出版筹资做了大量的工作。

八年来，浙江大学教授、博士生导师林家骊博士，欣然担起了村志的审稿重任，并给予具体的历史编修指导；台州职业技术学院党委副书记、校长、教授、硕士研究生导师章伟博士亲自为村志撰写序言；温岭市政协原主席黄海斌提笔写下"殿下志"书名；台州职业技术学院研究员邱熠亲历村志访谈，并担任了村志的审稿；音乐专家、温岭文化馆林梦研究员、台州学院罗永良教授和大溪二中叶华斌老师，对殿下莲花作了专业的剖析；台州赵氏商会会长赵清福亲临殿下考察，畅谈了殿下史实采信应注意的问题；《大溪镇志》主编陈士良热情指导村志的具体编写工作，提出了20多条修改意见，并提供了多幅殿下风貌摄影作品；殿下籍诸位乡贤，浙江省工商联党组成员、副主席赵小敏，台州市六届人大常委会委员、社会建设工作委员会主任赵明友，台州市民政局党组成员、副局长赵敏，路桥区委常委、统战部部长叶一颖，浙江省市场监督管理局信用监督管理处四级调研员赵锐等，都为提升殿下村志的撰写质量作出了重要贡献。

八年来，大溪镇人民政府及职能部门、大溪中学、大溪二中、方山小学、大溪镇幼儿园、台州供电公司洋城110kV变电站、冠屿山公园·赤龙园的建设者们，以及大溪青炜摄影、椒江王乙照相馆商业街店等等，对殿下村志的撰写给予了热情的帮助和支持！

在村志编写过程中，编写者参阅了《大溪镇志》《冠山赵氏宗谱》《太平县志》《台州古旧地图集》等大量相关资料，恕不一一注明。在此，一并向所有关心、支持、帮助殿下村志编纂、出版的领导和朋友们，表示最诚挚的感谢！

最后，我真诚地向赵守云、赵守正、赵有恩三位老乡道一声："谢谢！"因为，是你们八年来的无私帮助，才让我如今圆满地完成了《殿下志》的资料收集、访谈、修改、统稿、编撰、校正和出版，终于为生我养我的回龙山、月溪河、箬溪河献上殿下儿子的一捧丹心。谢谢！

是为后记。

林增明

2023年8月于殿下